吴广明 主编

同济『五老』风采

同济大学出版社
TONGJI UNIVERSITY PRESS
·上海·

图书在版编目（CIP）数据

同济“五老”风采 / 吴广明主编 . -- 上海：同济大学出版社，2024.11. -- ISBN 978-7-5765-1321-9

Ⅰ. K828.2

中国国家版本馆 CIP 数据核字第 2024FS8923 号

同济“五老”风采

吴广明　主编

出 品 人：金英伟
责任编辑：熊磊丽
责任校对：徐春莲
封面设计：张　微

出版发行：同济大学出版社
地　　址：上海市杨浦区四平路 1239 号
电　　话：021- 65985622
邮　　编：200092
网　　址：www.tongjipress.com.cn
经　　销：全国各地新华书店
印　　刷：上海安枫印务有限公司
开　　本：710mm × 1000mm　1/16
印　　张：27
字　　数：387 000
版　　次：2024 年 11 月第 1 版
印　　次：2024 年 11 月第 1 次印刷
书　　号：ISBN 978-7-5765-1321-9
定　　价：120.00 元

《同济“五老”风采》编委会

序

莫道桑榆晚，为霞尚满天。“五老”是党和国家的宝贵财富，是关心下一代工作的重要力量。“五老”风采是关工委卓越工作成效的最佳体现。同济大学关工委继出版《同济的故事》《同济学子话恩师》后，首次将目光聚焦自身，推出《同济“五老”风采》。本书既回顾了同济大学关工委走过的历程，总结了关心下一代工作的成功经验；又展望了新时代同济大学关工委的新使命与新任务，为培养德智体美劳全面发展的社会主义建设者和接班人再建新功，着实可喜可贺！

1992年，同济大学关工委应时代之需而生，32年来，奋力前行，始终走在全国高校同行的前列。特别是党的十八大以来，同济众多“五老”深入学习习近平总书记关于关心下一代工作的重要讲话、指示批示精神，贯彻落实党和国家一系列相关文件精神，坚持“急党政所急，想青少年所需，尽关工委所能”和“围绕中心、配合补充，主动作为、协同创新，立足基层、注重实效”的工作方针，紧紧围绕学校立德树人根本任务，求实创新，踔厉奋发，为助力大学生成长成才，开展了众多特色鲜明、成效显著的工作和活动，逐步形成了具有较大社会影响力的工作品牌。同济大学关工委网站荣获教育部关工委“基层教育关工委优秀网站”一等奖；“三区融合，共同育人”项目入选教育部关工委十大优秀案例；关工委多次获得全国和教育部、上海市“关心下一代工作先进集体”荣誉称号；多位老同志获得市级以上关工委工作先进个人殊荣。这些成绩都凝聚了广大“五老”的智慧和辛勤付出，读者们可以在本书中清晰地看到一代代“五老”坚实的足迹。

学校的老同志有积极投身于关心下一代事业的优良传统。他们把退休以后的宝贵时光继续奉献给教育事业，给大学生和青年教师们送去无私的关爱和帮助。本书收录的沈枋、王平、周朝海、李国安、吴杏云、万腓力等老同志的文章，字里行间充分体现了“忠诚敬业、关爱后代、务实创新、无私奉献”的“五老”精神。

《同济“五老”风采》的出版，对于更好地宣传“五老”、学习“五老”，继承与发扬“五老”优良传统和作风具有重要意义；对于宣传关工委，让更多人了解关工委，支持关工委工作同样意义非凡。我衷心希望老同志在保重身体、安度晚年的同时，继续保持老骥伏枥的健康心态、老当益壮的进取精神。祝愿关工委团结带领广大老同志继续开拓奋进、不断取得新的成绩。同时，也希望全校上下以及社会各界进一步关心、支持关工委工作，为关工委开展工作创造更多有利条件，共同谱写“三全育人”工作的崭新篇章。

方守恩

2024 年 10 月

目　录

回忆篇

奉 献 篇

附　录

关怀篇

教育部关工委主任李卫红
在同济大学关工委成立30周年大会上的讲话

各位领导、各位老同志：

大家好！

在全国上下喜迎党的二十大召开之际，同济大学召开关工委成立30周年大会，总结部署工作，交流分享经验，对推动学校关工委工作高质量发展具有重要意义。在此，我代表教育部关工委向大会的召开表示热烈的祝贺！向学校广大“五老”致以诚挚的敬意！向一贯重视、支持和关心关工委工作的上海市教育系统关工委、同济大学党政领导和各部门表示衷心的感谢！

党的十八大以来，习近平总书记两次对关心下一代工作作出重要指示，指出广大“五老”是党和国家的宝贵财富，是加强青少年思想政治工作的重要力量，强调要支持更多老同志参加关心下一代工作，为培养社会主义建设者和接班人作出新的更大贡献。30年来，同济大学关心下一代工作在历任领导和一批又一批老同志的努力下，工作有思路、有平台、有队伍，呈现出组织健全、领导有力、主动作为、勇于创新的特点，工作富有成效，走在了全国高校关工委的前列。一是党政领导重视突出。学校党委在教育部直属高校中率先出台贯彻落实教育部党组34号文件实施方案，完善关工委工作条例，设立学院关工委兼职秘书岗，落实办公条件和活动经费，为加强关工委工作提供了有力指导和坚强保障。二是立德树人成效突出。充分发挥“五老”政治、经历、经验优势，担任学生党建辅导员，搭建师生面对面交流平台，编撰《同济的故事》《同济学子话恩师》读本，有效助力主渠道抓实做好大学生党建工作、思政工作。三是理论与实践研究突出。老同志率先运用互联网对大学生开展思想政治教育和引导，着力“高校关工委线上教育工作现状研究”，为关工委运用网络新媒体开展工作总结经验、探索新路。四是辐射带动作用突出。“三区融合，共同育人”模式，深海探索馆、物理实验站等科普基地，将高校人才资源、教育资源向中小学辐射、向周边社区辐射，形成了青少年暑期科技夏令营、“同飞蓝天”、外来务工人员子女“彩虹计划”等一批特色项目，使关工委工作在新时代焕发出旺盛的生命力。

当前，我们正处于一个快速而深刻变化的世界中。面对相互交织的百年变局，高校培养拥护中国共产党领导和我国社会主义制度、立志为中国特色社会主义事业奋斗终身的有用人才，使命更加明确、责任更加重大。中共中央办公厅、国务院办公厅《关于加强新时代关心下一代工作委员会工作的意见》（以下简称《意见》）的印发，赋予了关工委新的职责任务，是新时代关心下一代工作的行动纲领。站在30年再出发的新起点上，我们要立足新时代、认清新形势、把握新特点、作出新贡献。希望学校党委一如既往地重视和支持关工委工作，按照《意见》和部党组34号文件要求，切实为老同志发挥作用多搭平台、多给保障，使关工委工作更好地融入学校大党建、大思政格局，为学生健康成长作出新的更大贡献。希望学校关工委围绕立德树人根本任务，聚焦理想信念教育和爱国主义教育，着力品牌活动时代价值和有效性提升，深挖“五老”资源，用心用情用力谋划学校关工委工作高质量发展。希望广大“五老”不忘初心、牢记使命，肩负起党中央赋予的重大使命和光荣的政治责任，在关心下一代的广阔舞台上继续老有所为、发光发热。

最后，祝愿大会圆满成功！祝各位老同志身体健康、节日快乐！

2022年9月30日

上海市教育系统关工委执行主任高德毅
在同济大学关工委成立30周年大会上的讲话

各位领导、各位老师、各位同学：

今天我非常高兴参加同济大学关工委成立30周年庆祝大会。首先我代表上海市教育系统关工委对大会表示祝贺，向30年来参加关心下一代工作的“五老”表示衷心的敬意！

自1992年成立以来，同济大学关工委在历届党委的高度重视和领导下，队伍组织健全，制度完备，工作出色。同济大学关工委始终贯彻落实党中央精神，围绕学校中心工作，积极配合。在开展立德树人的工作中，坚持因地制宜、主动配合，立足基层、注重实效。同时，结合新时期工作特点和要求，大胆实践、积极探索，打造了工作品牌。我去年（2021年）还参加了同济大学关工委承办的“高校关工委线上工作理论与实践研讨会”，讨论以“互联网+”模式服务于广大师生团体，会上大家讨论积极热烈。

同济大学关工委在教育部和上海市教育系统关工委推进“院士回母校”“读懂中国”“课题研究”等专项活动中成绩突出，曾获得多个奖项，先后两次被评为全国先进集体单位。

这次会议是在党的二十大会议召开之前召开，是对过去工作的总结，对明确今后工作方向更具特别意义，可以进一步激励更多的“五老”加入“立德树人”的队伍，助力学校“三全育人”。

实践告诉我们，要坚持党的领导，坚持围绕中心、服务大局的工作定位，坚持立德树人根本任务，坚持解放思想、守正创新的工作理念，坚持依靠基层、服务基层的鲜明导向，关工委工作才能行稳致远、健康发展。希望同济大学关工委今后能继续践行新思想，积累新经验，再上新台阶。

2022年9月30日

初　心

同济大学原党委书记、原校关工委主任　王建云

同济大学关工委成立30周年了。我作为第一任关工委主任，回顾这30年来关工委走过的历程，心情非常振奋。同济大学关工委在一批批老同志的努力下，始终铭记初心，为关心呵护青少年和大学生健康成长作出了应有的贡献。

同济大学关工委成立的初期，主要做了两方面的工作：一是明确了关工委的宗旨和主要任务；二是建立了一支由老干部、老战士、老专家、老教师、老模范等组成的关心下一代工作队伍。

关工委的主要任务是在马克思主义、毛泽东思想、邓小平理论和“三个代表”重要思想的指导下，深入贯彻落实科学发展观，以习近平新时代中国特色社会主义思想为行动指南，针对大学生的实际，坚持以德育为主线，以社会主义核心价值体系全面推进素质教育，全面关心青少年和大学生健康成长，努力把他们培养成为有理想、有道德、有文化、有纪律、身心健康的社会主义建设者和接班人。

教育是一个系统工程，全社会都要来关心和支持。关心下一代工作是教育系统工程中不可缺少的一个重要组成部分。关工委作为以离退休老同志为主体，以大学生为工作对象的群众性工作组织，应该充分发挥“五老”作用，积极主动地做好关心下一代工作。要当好参谋和助手，用心、用力、用情做力所能及的工作。要抓住重点，充分依靠和发挥老同志特有的优势，积极与职能部门密切配合，从大学生的特点出发，把主要精力用在抓好大学生思想道德建设，抓好社会主义荣辱观教育，抓好构建社会主义和谐社会和和谐校园。结合形势发展和需要，一个时期抓住一两个重点，抓深、抓细、抓实，抓出成效。对广大老同志来说，要量力而行，做一件、两件

不为少，贵在坚持。

1992 年 5 月 8 日，学校党委发文正式成立同济大学关心下一代工作委员会，由党委和行政各部门的负责人和许多离退休老同志组成。他们充分发挥自己党性强、人生经验丰富、专业知识深厚的优势，为大学生作报告、上党课、讲传统、谈理想，全心全意为培养下一代，践行一个老共产党员的使命。其中学校离退休干部王平、李国安、唐培吉等同志在关心教育下一代工作中，做了很多工作。他们重视对青少年和大学生的思想道德建设，从增强爱国情感做起，弘扬和培育以爱国主义为核心的伟大民族精神；深入进行中华民族优良传统教育和中国革命传统教育、中国历史特别是近现代史教育，引导他们认识中华民族的历史和传统，了解近代以来中华民族的深重灾难和中国人民进行的英勇斗争，从小树立起民族自尊心、自信心和自豪感。尤其是王平同志，从 20 世纪 80 年代起，手拄双拐深入院系、班级作报告，还应邀到中小学开展革命传统教育，累计达 300 多场，一直到他生命的终点都在做关心下一代的工作。他多次被评为上海市和教育部关心下一代工作的先进个人，2008 年被评为“感动同济十大人物”。

2022 年 9 月 30 日

耕 耘

同济大学原党委书记、原校关工委主任　周家伦

在全校师生庆祝同济大学建校 115 周年之际，我们也在纪念学校关工委成立 30 周年。此时此刻我的心情和大家一样激动，因为我与关工委的老同志共同经历了一段不平凡的历程。

记得我在 2001 年接任学校党委书记，同时也担任校关工委主任，在这个岗位上整整 10 年，留下了很多难忘的记忆。时任学校关工委常务副主任沈枋同志说，关工委老同志和学校党政领导的关系很融洽，这确实也是我的感受。我们领导班子对关工委的地位和作用的认识是到位的，关工委在学校的人才培养工作中发挥了独特作用，是对党政工作很好的配合与补充。学校在关工委的经费、办公场地、队伍建设等方面给予了切实的支持，助力关工委工作有了长足的发展。在党委的推动下，学校几乎所有的学院都建立了完善的学院关工委机构，使得工作进展有了组织保障。我和学校党委分管领导参与了关工委的重要决策和许多重要活动，也见证了关工委老同志在学生思想教育领域努力耕耘的丰硕成果。

给我印象深刻的是关工委的网站建设。我们学校关心下一代网站虽然起步不算早，但在老同志们的共同努力下，短短几年就成为全国教育系统关工委的特色示范项目，相关研究论文多次在全国和上海获奖，最近又成为上海教育系统理论研究基地。还有“三区融合，共同育人”的活动项目，最初只是与杨浦区一所中学的合作，后在各个学院关工委的大力配合下，迅速发展成为学校关工委与杨浦区教育系统关工委的全面合作项目，参与单位包括了同济大学 10 多个学院和杨浦区 10 多所中小学，是全国有影响力的关工委活动品牌。这期间关工委还建立了“师生面对面”、报告团等工作平台，在学生思想教育中发挥了积极的作用。学校关工委的工作得到

了上海市有关部门的肯定和同行的广泛认可。在这10年中，学校关工委荣获过“全国关心下一代工作先进集体”的称号，还有2次“全国教育系统关心下一代工作先进集体”称号、3次“上海市教育系统关心下一代工作先进集体”称号。

这些成绩的取得，关键靠的是学校多年来形成的一支“五老”高素质队伍，他们在离退休以后继续在关心下一代工作中付出辛勤劳动，作出了无私的奉献，我为他们的精神所感动。在这里我要特别回忆去年去世的沈枋同志，他在负责关工委工作中任劳任怨，很有开拓精神，为学校关工委保持全国先进打下了扎实的基础。他在视网膜剥落导致几乎失明的情况下，仍坚持工作，我们经常沟通工作情况的场景至今历历在目。接任沈枋书记工作的是老领导金正基同志，他有境界、有目标，又脚踏实地，开拓性地推进了很多工作。由此看来，关工委的工作除了党委重视，“一号老同志”的作用是明显的，他带领的以“五老”为主体的高素质队伍工作成效是明显的。

虽然我离开学校工作岗位多年，但我仍然在关注学校关工委的发展进步，为关工委取得的新成绩而高兴。特别是党的十八大以来，习近平总书记对关心下一代工作作出一系列重要指示，为关工委工作注入了强大的动力，指明了前进的方向。新时代新机遇，新征程，新作为，祝老同志们雄心不减，顺势而为，发挥优势，再立新功！

2022年9月30日

践 行

同济大学原党委书记、原校关工委主任　杨贤金

尊敬的各位老师，我于2014年12月至2017年5月在同济大学工作，这是我非常难忘的工作经历，特别是与关工委老同志们一起，共同践行习近平总书记对关心下一代工作的殷殷嘱托。2015年，在中国关工委成立25周年之际，习近平总书记作出重要指示，他指出，十年树木、百年树人。祖国的未来属于下一代。各级党委和政府要关心和支持下一代工作，支持更多老同志参加关心下一代工作，在时代的舞台上老有所为、发光发热。

我和老同志们共同深入学习习近平总书记重要指示精神，研究如何把总书记的要求贯彻落实到关心下一代的工作中。我们以传承同济的红色基因为切入点，以讲好同济故事为抓手，向青年学生大力宣传“与祖国同行，以科教济世”的百年同济文化和传统。在学校大力支持下，2015年正式出版了关工委老同志们精心编写的《同济的故事》，并将这些书赠送给当年入校的新同学。这本书已成为历年新生入学教育必读书之一。

我记得2016年学校关工委组织了几项很有意义的活动，使红色基因教育更加丰富多彩，更有实效。2016年4月份校关工委邀请新四军老战士拂晓剧团来校举办主题为“缅怀先辈革命魂，老少齐唱中国梦”的演出，老同志和青年学生500余人参加和观看了演出，那种台上台下共鸣的热烈氛围感人至深。2016年12月教育部关工委“院士回母校”活动总结大会暨再动员大会在学校举行，校友魏敦山、段宁两位院士回母校和学生们交流对话。当时我就坐在台下，深切感受到同济人浓浓的报国情怀。学校关工委还组织老同志们参观南京大屠杀遇难同胞纪念馆、瞻仰雨花台烈士陵园、参观南湖革命纪念馆、学习“红船精神”等。通过这些活动，关工委老同志自身也更加坚定了理想信念。

关工委的工作成效不仅得到全校师生认可，也得到教育部关工委和上海教育系统关工委的肯定。学校关工委被评为“2015 年全国教育系统关心下一代工作先进集体”；学校关工委网站荣获教育部关工委“基层教育关工委优秀网站”一等奖。2015 年 10 月教育部关工委李卫红主任到上海调研，座谈会就在同济大学召开，她在会上对同济大学关工委工作给予了充分肯定。

我还清晰地记得，在离开同济校园的前夕，校关工委召开学习全国高校思想政治工作会议精神的座谈会。在座谈会上，我和老同志们共同学习总书记重要讲话精神，谋划如何更好发挥老同志们的独特作用，把立德树人这个根本任务落实好。离开同济以后，我一直关注着学校的发展，也牵挂着同济关工委的老朋友们。很高兴地了解到，同济关工委一直保持着开拓创新的工作热情，一直是全国高校关工委工作的排头兵。

最后我衷心祝愿关工委老同志们身体健康，幸福美满，在贯彻落实党的教育方针，为国家培养更多高素质拔尖创新人才中作出新的贡献。

2022 年 9 月 30 日

新 愿

同济大学党委书记、校关工委主任　方守恩

今年（2022 年）是我校关工委成立 30 周年，我代表学校党委对关工委和老同志积极参与学校教育综合改革和“三全育人”工作，为学校事业发展和青年学生健康成长作出的卓越奉献，表示衷心感谢！

习近平总书记强调，广大老同志是党和国家的宝贵财富，是加强青少年思想政治工作的重要力量。老同志们政治观念强、理想坚定，阅历丰富、师德高尚，学校历届党委都高度重视关工委工作，注重在青年学生的思想教育中发挥好关工委和老同志的作用，鼓励老同志积极发挥特长，深入开展革命传统教育，积极参与学校教育教学活动，取得了很好的效果。

近年来，学校关工委紧紧围绕立德树人根本任务，创建了“院士回母校”“读懂中国”“同济的故事”“感恩教育”“三区融合，共同育人”等品牌项目，帮助青年学生解决思想问题和学习生活中的实际困难，建立了高廷耀基金等资助项目，全力帮助优秀青年学子成长成才。在党史学习教育、“四史”宣传教育和长效机制建设中组织开展讲述入党故事，老党员寄语新党员等活动，举办主题征文等比赛，编写了《同济的故事》《同济学子话恩师》等书，激发青年爱党、爱国、爱校热情，发挥了不可替代的作用。

面向新征程，学校将深入贯彻落实中办、国办印发的《关于加强新时代关心下一代工作委员会工作的意见》和教育部党组 34 号文件精神，不断加强关工委建设，做好老同志的服务工作。希望关工委老同志们在新的形势下，深入学习贯彻习近平新时代中国特色社会主义思想，发挥好政治优势、经验优势、威望优势，在关心下一代的广阔舞台上主动作为，改革创新，为培养堪当民族复兴大任的时代新人，为传承弘扬同济天下、崇尚科学、创新引领、追求卓越的新时代同济文化作出新的更大的贡献，以优异成绩迎接党的二十大胜利召开。

2022 年 9 月 30 日

展示篇

爱岗敬业　不懈努力

——记同济大学关工委原秘书长丁经纹同志*

丁经纹

同济大学关工委原秘书长

* 本文摘自“情系教育　关心奉献”2010年上海市教育系统关心下一代工作、关心教育下一代荣誉奖事迹汇编。（书中摘自其他来源的文章均保留成稿时的时间提法）

2001 年 3 月，在学校党委主持下，学校组建了新一届同济大学关工委，由丁经纹同志兼任秘书长，主持关工委办公室工作。通过学习先进、认真反思、夯实基础，抓好基层、矢志创新、努力开拓，同济大学关工委的工作沿着一条逐步上升的轨迹，攀上一个个新的平台，相继被评为上海市、上海市教育系统、全国教育系统及全国关心下一代工作先进集体。这些成绩的取得，与丁经纹同志的爱岗敬业、不懈努力是分不开的。

关爱两代

丁经纹同志原在上海铁道大学担任离退休工作处处长；上海铁道大学与同济大学并校后，任离退休干部党委副书记兼离退休工作办公室副主任。他多年主管老干部工作，熟知老干部工作的政治意义和政策法规。长期以来他尊重、关心、爱护老同志，工作出色、成绩显著，深得老同志爱戴，多次受到表彰。

自兼任关工委秘书长后，丁经纹深刻认识到关工委工作的主体对象是离退休老同志，老同志是党和国家的宝贵财富，关心爱护老同志是他的职责所在。而关工委工作的主要对象是大学生、青年教师，关爱他们是新的使命，责无旁贷。他下决心做到关爱两代人，既要关爱老一代，又要关爱下一代，在关爱老一代的基础上关爱下一代，在关爱下一代的同时渗透着对老一代的尊重、呵护和关心。

多年来，丁经纹同志在组织“关心”工作活动中，对老同志关怀备至，十分关心老同志健康状况。无论是打电话或见面，他总要叙长问短，在调查研究、参会讨论、学习考察等具体工作中时时提醒老同志注意保健、量力而行。有老同志生病或住院时，他和办公室的同志就会带上慰问品上门或去医院慰问。有时因出席会议或突发事情不能脱身，他就委托办公室的同志上门慰问。

丁经纹同志善于从细微处关怀老同志，宁愿自己多出力，也要照顾老同志。为了解学生的思想动态，关工委约请学生党支部的学生，直接面对面交流或问卷调查，因这些活动只能在学生有空的午饭后或晚间进行，凡此情况，他总是会参与，或仅邀请个别较年轻的老同志一同前往，让其他老同志好好休息。团委、分党校的活动一般都安排在晚饭后，凡邀请关工委参加，丁经纹几乎次次必到；要求两人以上出席时，他尽量安排就近、相对年轻的老同志参加。他家住沪西校区，往返四平路校区单程需要1~1.5 小时，学校活动结束后，到家就很晚了。他既要考虑到关心下一代的思想健康，更要关心老同志的身体健康，宁愿自己多辛苦一次，也要让老同志多休息一次。

注重协调

关工委在日常工作中，往往与学校领导、职能部门、院系之间会有许多接触、联系，不少工作需要协调、对话、沟通。丁经纹多年来默默地发挥了桥梁作用，主动向领导汇报，与职能部门交流，使关工委工作顺利开展，老同志心情愉快。

关工委重要事项的决定权在党委及主管领导，日常工作的决定权在关工委常务组，秘书长只是常务组成员之一，但丁经纹是关工委挂靠部门负责人之一，又不同于其他常务组成员，他提出的工作草案和建议，往往举足轻重。所以，要当好建言人，必须深思熟虑，既要考虑工作的必要性，又要权衡可行性。丁经纹任秘书长以来，工作计划安排、常务会议议程、外出考察等大都由他拟稿或提出建议。草稿的撰写、建议的提出，都需要有经验的积累、科学的依据、务实的基础、才力的保障，要“胸中有数”，在这些工作中他花费了大量心血。

开拓创新

关工委工作的开拓创新，取决于常务班子，其中秘书长的作用不言而喻。丁经纹在同济大学关工委开拓创新工作中，发挥了独特作用。他多次建议抓基层组织建设，将成功的经验在全校推广，推进学校的“关心”工作。2006年12月，同济大学关工委举办“关心下一代工作理论研讨会”，他和一位老同志联手撰写论文，从理论上阐述和分析工作经验，再对工作的发展提出意见和建议。该论文后在《关心下一代》杂志上发表。

自2003年，同济大学环境科学与工程学院和三门中学实现“三区联动”共建，此后七年共拓展到六个学院与社区中、小学联手共建，其间仅“共建”会就召开十多次，丁经纹每会必到。有的学校在会签共建协议前，往往要联系协商多次，他不厌其烦参与洽商，直到双方形成共识。

为了从源头上介入“关心”工作，丁经纹在2009年7月常务组会议上首先提出关工委主动参与新生接待工作，并积极与学工部、教务处联系落实具体实施细节，实践证明效果甚好，深受学生及其家长的欢迎与好评。2010年的新生接待，在2009年基础上又出新招，增加了关工委与新生班主任、辅导员联络，并主动写信给班主任、辅导员，介绍关工委的工作内容、活动项目，既协助班主任、辅导员做好学生工作，又不断拓展关工委的活动领域。

（撰稿：同济大学关工委）

切实重视、支持关工委工作

——记同济大学原党委副书记马锦明同志*

马锦明

同济大学原党委副书记、原校关工委副主任

* 本文摘自“情系教育　关心奉献”2010年上海市教育系统关心下一代工作、关心教育下一代荣誉奖事迹汇编。

马锦明同志自2005年起担任同济大学党委副书记，兼任校关工委副主任。之后的六年里，在校党委领导下，她把关心下一代工作作为自己分管工作的一个重要部分，认识到位、工作到位，重视、支持关工委工作，认真落实教育部、市教关工委的有关精神，把同济大学关心下一代工作一步步向前推进。

马锦明副书记负责分管学生口工作伊始，就多次召开相关部门与关工委的联席会议，协调各方工作，为关工委“铺路搭桥”，对关工委各项工作总是给予有力支持。

上海市教育系统关工委给学校关工委下达筹建关工委网站的研究课题后，她与党委其他领导一起听取汇报，作出提供物力、人力、财力支持的决定，使这个项目的研究顺利开展，关工委网站的建设如期完成。网站建成、举行开通仪式前，她与学校党委宣传部、学工部、研工部协调给予关工委具体、有力的支持，使关工委网站开通仪式热烈隆重。当“师生面对面”交流谈心活动在报道渠道不畅通时，她与宣传新闻部门协调，使得问题很快得以解决。多年来，校关工委在开展活动遇到难题时，只要向她报告，她总是认真听取，及时与相关部门沟通，迅速解决。

中共教育部党组颁发《关于加强全国教育系统关心下一代工作委员会建设的意见》后，马锦明和关工委秘书长商量如何学习、贯彻、落实，并委托校关工委常务组起草全面贯彻教育部党组文件的意见，加强同济大学关心下一代工作委员会建设。校关工委常务组反复学习，并专题讨论研究了贯彻提纲。马锦明与秘书处同志仔细讨论，5次提出修改意见，使文件更准确、完善。2010年5月10日，她召集学生口、宣传口、挂靠职能处室领导及校关工委常务组成员就《关于进一步加强关心下一代工作委员会建设的意见》进行专题研究，与会同志一致认为校党委这一文件有必要、很及时，表示一定支持关工委工作。马锦明作会议小结，要求职能部门进一步为关工委工作创造条件、搭建平台、大力支持；指出关工委要健全体系，完善机制，持续发展，稳步前进。

校党委下发《关于进一步加强关心下一代工作委员会建设的意见》后，

各学院分会贯彻落实的情况参差不齐，有的分会成效显著，有的分会进展缓慢，有的分会毫无进展。校关工委常务组决定以调研形式对二级分会进行全面了解和推动，马锦明十分支持，亲任调研组组长，带领各关工委副主任及常务组成员到学院分会调研。

马锦明平时重视关工委工作，只要有可能就积极参与关工委的各项活动。无论“三区联动”的外校挂牌仪式，还是“师生面对面”交流谈心启动仪式，或是教育部关工委来校调研、外省市关工委来校交流，等等，她都应邀参加，并发表讲话、致辞，或发言介绍情况、交流经验。教育部直属高校关工委第四协作组第一次交流会在同济大学召开，在筹备及整个会议期间，马锦明十分关心，对活动全过程进行了解，对解决会议经费落实等问题提出指导意见，并参加会议开幕式，介绍关工委情况，使整个活动顺利圆满进行。

马锦明为人谦和，平易近人，尊重老同志。无论是开会或是平时与老同志见面，总是关照老同志身体状况，见到认识的老同志总是先打招呼。她非常支持在大学生中开展生命与安全教育，为老同志开展工作提供方便条件。土木工程学院分会老同志见到马锦明，顺便告诉她关工委土木工程学院分会网站已改版，投入试运行，希望她提出一些建设性意见，她认真地记住了这件事情，在以后见面时及时反馈有关信息。近两年，关工委老同志设点接待新生，她都会到现场慰问，每逢春节她总要和老同志聚会。

（撰稿：同济大学关工委）

立足岩溶地质，扎根祖国大地
——“喀斯特卢”的报国岁月*

卢耀如院士

同济大学土木工程学院

* 本文获评 2019 年教育部关工委“读懂中国”活动最佳征文。

“喀斯特卢”不是一个外国人的名字，而是国内外岩溶（喀斯特）专家对中国工程院院士、同济大学教授卢耀如的尊称，以赞誉卢院士在岩溶地质方面的研究成果。卢院士自1950年进入清华大学地质系学习，从事地质事业至今已有69个春秋了，几乎和共和国的年龄一样长。其间，卢院士从一个青年学生成长为岩溶领域的泰山北斗，为国家的重大工程建设呕心沥血，拳拳爱国心、殷殷报国志，给这段流金岁月打上了耀眼的印记。

卢耀如出生在九一八事变之前，因此自小就目睹了中国遭受日本侵略时的种种惨象。他认识的一位青年小郑在参加抗日活动时不幸牺牲，此事对他影响极大。家乡沦陷的那段时间，为了减少伤亡，学校下午四点钟后才开始上课，又在墙上刷上美国国旗以作伪装，珍珠港事件后又赶紧把美国国旗刷掉，这一系列无奈之举让他早早地树立了自强之志：这么大的国家靠谁都不行，只有靠自己才有出路！

中国人民苦战多年，日本鬼子终于被打跑了，但国民党又挑起内战，顿时物价飞涨，民不聊生。思想进步的卢耀如逐渐受到共产党的影响，开始带领学生争平米价，几次运动都身先士卒，不顾个人安危，积极地与国民党反动派作斗争。不久，在人民的苦苦盼望中，家乡福州终于迎来了解放。

为了摘取“皇冠上的明珠”，青年卢耀如考进了清华大学，却因考前大病一场而与数学系失之交臂，被选入了地质系。正当他想转去数学系时，系主任袁复礼教授向他介绍了地质在国家建设上的重要性和当时地质人才紧缺的现状，希望他能带头留下。为了建设新中国，卢耀如放弃了自己心心念念的“哥德巴赫猜想”，坚定不移地踏上了地质之路。

大学学习结束之后，青年卢耀如来到了浙江新安江水库工地，最初他被安排在苏联专家身边，后来他主动提出要去工地上。在施工现场，他和同事们对新安江水库及周边地区的地质条件进行了深入的调查研究，白天四处勘探，晚上就在船里休息，在如此艰苦的条件下，最终圆满地完成了任务，为水库建设提供了精准的地质保障。

三年困难时期，国家粮食供应十分紧张，但卢耀如还是不忘祖国的建设，继续坚持跑野外，为工程建设而连续奔波，最终身体出现了浮肿，连走路都十分艰难。病情稍微一好转，他又急急忙忙地跑云南、贵州开展研究。他明白，个人的奋斗关乎国家的未来，国家的命运连着个人的命运，唯有舍身报国，国家才有力量，民族才有希望！

20 世纪 80 年代初，卢耀如在乌江渡库区考察时，接到一份家里发来的电报，原来是老母亲去世了。他在招待所里哭了半天，考虑到第二天还要开会发言，便抹干净眼泪，开始准备第二天的工作。虽为人子，但为了服务新中国，直到 1984 年初，他才回到母亲坟前祭奠。

在建设祖国之余，卢耀如还为国家悉心培养了多位青年英才。对于学生他非常注重言传身教，用“学为人师，行为世范”这八个字来形容他的教育工作再贴切不过。在野外教学和科学研究时，面对学生嫌脏、嫌黑的溶洞，他戴着头灯，一手拿着地质锤，一手拿着手电筒，毫不犹豫地钻进去，在其中匍匐前进，为学生讲解地球科学的奥秘。他用那种勤勤恳恳、求真务实的精神感染了青年后学，用自己的身体力行鼓舞后辈学人在地质学上勇攀高峰，这正是大师之大啊！

2019 年，这位可敬的老人拿出毕生的全部积蓄，共计 360 万元人民币，在同济大学设立“卢耀如生态环境与地质工程激励基金”，用于支持生态环境与地质工程相关学科的人才培养、科学研究及成果转化工作。69 年前怀揣着同事们捐赠的 29.5 元“巨款”北上求学的他，如今以这种方式来传递当年的爱心，也以这种方式来回应当年报效祖国、服务人民的志向。

高房大床，人之所钟；布衣蔬食，人之所恶。如果有人能抛弃这么良好的条件而投身尘土之中，那必然是有崇高的信仰和坚定的意志。如今，历史的接力棒传递到我们这一代人手上了，踩在前人的脚印上，我们虽然“压力山大”，但丝毫不敢辱没过往的成就。面对未来，我们要像习近平总书记所说的那样“在担当中历练，在尽责中成长”，“勇做走在时代前列的奋进者、开拓者、奉献者”，学习卢院士那种“爱国爱党，求真务实，自强不息”的精神，努力学习科学文化知识和专业技能，将论文写在祖国大地上，用青春谱写新时代的乐章，用奋斗续写新征程的辉煌！

（撰稿：同济大学土木工程学院　胡毓浩）

读懂乡愁读懂你

——致敬古城卫士阮仪三教授

阮仪三教授

同济大学建筑与城市规划学院

倘若您去过平遥，便一定会沉醉于古城的古色古香。倘若你去过周庄，便一定会陶醉于古镇的如诗如画。如今造访古城的人越来越多，却鲜有人知晓“掘井人”的存在。“刀下救平遥”“以死保周庄”，若非此人耗尽半生投入古城镇保护工作，让人流连忘返的平遥、周庄恐不复存在，若非此人孜孜不倦地传道解惑，积极保护历史建筑的理念，恐不会如此深入人心。他便是中国历史文化名城保护专家委员会委员、同济大学国家历史文化名城研究中心主任阮仪三教授。

自1956年考入同济大学建筑与城乡规划系以来，阮仪三教授便将他的人生全数奉献给了中国的历史建筑保护事业。1979年九华山上，为了留住千年古寺与大片古树，阮老带领学生和九华山僧人一道，阻止了乱砍滥伐行为。20世纪80年代的平遥，在柏油马路凿穿古城墙，现代性即将侵袭这座历史古城的千钧一发之际，阮仪三站出来，奔走于山西与北京两地，多方周旋，在“刀下”救下了平遥古镇。为了保护平遥古城，阮仪三又自掏腰包，在同济大学办培训班，为平遥市各级领导上课，增强他们保护古迹的意识并让他们掌握古城保护的方法；为了保住周庄，面对铲车他勇敢地挡在车前，“要在周庄开路，先让车从我身上压过去。”

除此之外，在首批公布的全国十大历史文化名镇中，周庄、同里、角直、乌镇和西塘五个镇的保护规划均出自阮老之手，在丽江申报世界文化遗产的背后，也有阮老四处奔走周旋所付出的不懈努力；今天上海外滩城市天际线的保存、南京路“十里洋场”的保护，阮老在其中也起着重要的作用。为了保护我国更多古迹，他经常自费到各地考察古城规划和保护情况。“古城卫士”“古城保护神”的称号，阮老受之无愧。

鉴于阮仪三在古建筑保护方面作出的杰出贡献，他获得了联合国教科文组织遗产保护委员会颁发的2003年亚太地区文化遗产保护杰出成就奖、2005年度联合国教科文组织亚太文化遗产保护荣誉奖、法国文化部颁发的“法兰西共和国艺术与文学骑士勋章”。2014年，成为首位荣获“亨利·霍普·里德奖”的亚洲人。

倡导古城保护，是保护古代文明和文化建设的必然要求，对于阮仪三来说，那是担当，是职责。

阮仪三先生说，“修旧如故，以存其真，国人才能记住历史，留得住乡愁”；“留住乡愁，也就留住自己的对故乡的恋情，由这里推展到对家与国的情怀”；“要留住那些古城古村，因为古城古村是建设新城市新农村的土壤”。

历史遗迹是文化的载体，建筑是文明的见证，人类文明在沉积中发展，在守护中前行。他说，爱祖国、爱民族、爱家乡，就该了解国家、民族和家乡的特点，这些无形的精神内涵，都体现在过往历史的实物环境中。留下历史的真实环境，就是留下我们民族文化的根。

“越保护，就越会发现需要保护的更多。”

虽然已是耋耄之年，在保护古代建筑的战线上，阮仪三仍然觉得有做不完的工作。让他忧虑的是，我们对历史文化遗产保护和发展研究的关注远远不够，对古迹保护方面的投入还太少。在阮仪三的奔走和倡议下，上海成立了阮仪三城市遗产保护基金会，目前已到位基金 200 万元，对于全国濒危遗产的抢救和保护虽然是杯水车薪，但是，他看到了希望，因为人们的保护意识已越来越强。

作为“五老”杰出代表，阮仪三先生的可贵精神值得我们学习。我们应当学习他作为知识分子的坚守，守住知识的净土，提升自己的科学文化修养，为社会主义物质文明建设和精神文明建设贡献自己的力量。我们应当把祖先留给我们的这些具体的，能够代表国家、民族、地方特点的遗产保留下来，让人们认识到中国传统文化重要的历史特征和文化内涵，并且把这些东西很好地留存下去，一代代留存下去，承前启后、继往开来。我们应当维护精神净土，重视对传统文化、优秀传统和中华民族伟大精神的继承和发展，提升个人的思想道德修养，坚定理想信念，为社会主义精神文明建设注入新的活力，砥砺前行，努力奋进，共同促成中国梦的早日实现。

（撰稿：同济大学人文学院　张永强；
同济大学建筑与城市规划学院　贾蔚怡）

李杰教授的“生命线工程”*

李杰院士

同济大学土木工程学院

* 本文获评 2022 年教育部关工委“读懂中国”活动优秀征文。

李杰教授是一位科学家，生命线工程是他研究的重要领域。李杰教授是一位大学教师，为国家培养又红又专的建设人才是他的又一项生命线工程。

作为恢复高考后的第一批大学生，李杰教授学习的是当时最热门的工民建专业，其后40多年他一直在土木结构工程领域默默耕耘。他不求在雨后春笋般的新建筑上留名，而是选择扎根于结构工程领域的基础理论研究。“板凳甘坐十年冷”，李杰教授带领着他的研究团队，深耕混凝土随机损伤力学，使中国人对混凝土的研究水平达到世界前列；他和学生提出的“广义概率密度演化方程”被国外学者称为“李–陈方程”；他和团队创立的大型生命线工程网络可靠性分析理论成为国际同行广泛认可的“RDA方法”。凭借这些开创性的研究成果，李杰教授于2021年当选为中国科学院院士。

2005年前后，随着我国城市化进程的发展和极端天气的频繁出现，发展服务城市防灾减灾的“生命线工程”已经迫在眉睫。这一年，李老师接任上海防灾救灾研究所所长，从此他的名字便和“生命线工程”紧密地联系在一起。当时关于大型城市防灾预警系统的建设，国内外几乎没有任何参考资料。李老师带领研究团队，经过多年的理论攻关和工程实践，初步建成了上海市多种灾害风险预警与管理系统，将我国的城市防灾预警系统带到了世界领先位置。其中，“供水管网灾害预测系统”准确预测了2020年和2021年的连续两次寒潮侵袭，为保障上海市供水系统的正常运行作出了突出贡献，更为今后的极端天气应对提供了实用高效的科学对策与减灾技术。李老师常说，不能满足于现象的规律，更要搞清楚其中的关键问题和物理机制。基础理论的研究往往是枯燥而漫长的，而怀揣着对我国结构工程事业强大的历史责任感，李老师几十年如一日，带领研究团队取得了国际同行公认的高水平成果：数十部学术著作、近千篇学术论文，总学术引用量达到34000多次。他也成为可靠性领域最高学术成就奖——Freudenthal奖章的首位亚洲获奖学者。在充满艰辛和未知的科研道路上，李老师始终对党、国家以及科研事业保持赤诚之心。这份坚持和热爱，正是一位老党员对自己入党誓词的忠贞践行。

作为学者，李老师锐意进取，成就斐然；作为师者，李老师更是全情投入，如师如父，以实际行动做青年学生的知心人、引路人，为了我们国家科研事业的持续发展、后继有人而呕心沥血。他诠释“甘为人梯”的教育理念时说：“作为导师，你自己要先蹲下身子，扶起学生，一步步把他放到自己的肩上，之后你再站起来，把学生推上山峰。”李老师是这么说的，更是这么做的。作为学界泰斗，事务繁忙，李老师仍然坚持每天抽出时间与学生们一对一面谈交流、探讨问题，并且都会细心做好记录，整理归档。对在国外交流的学生，他每周一次电话指导，从不爽约。有次他与大洋彼岸的学生因为学术问题“吵”了一个多小时，甚至摔了电话。稍微冷静后李老师就给学生回电，继续循循善诱，小心翼翼地保护着学生的个性。天长日久，办公室的书柜里整齐地摆满了学生的档案盒，每个档案盒都记录和见证了学生从入学到毕业的点滴成长。迄今为止，李老师指导的 72 名博士毕业生中，很多已成为相关领域的领军人物，其中 18 人晋升正教授，2 人获得国家自然科学基金委杰出青年基金。李老师以身立教、以德树人的精神也伴随着莘莘学子奔赴五湖四海，在更广阔的天地间生根、发芽。

入党 36 年初心不改，李杰老师的党性修养早已内化于心、外化于行，或身教、或言传，李老师的赤子之心和家国情怀深深打动着每一名学生。李老师的学生、土木工程防灾国家重点实验室副主任陈建兵教授回忆：2006 年 6 月他出国深造前夕，正在北京出差的李老师专程带他来到人民英雄纪念碑前，满怀敬意地向着纪念碑鞠躬三次。夕阳下的侧影，让他感动万分，人生道理尽在不言之中。从那时起，陈教授更加坚定了学成归来报效祖国的决心。李杰教授当选院士之后，工作更加繁忙，很多时候连按时吃饭都无法保证，但他依然精心为全校师生准备了一场题为“党史中的科学精神”的讲座，分享自己在党的百年奋斗征程中汲取的精神力量。讲座中他声情并茂地朗诵了自己在井冈山参观时所作的两首诗——《黄洋界》和《谒烈士墓》，结合自己的科研经历，联系实事求是、创新精神和自我革命这些党史中的科学精神，启发师生们在学习和工作中坚持初心宗旨。

讲座时间不长，在同济校园里产生的影响却很悠远。作为一名老党员，李杰院士始终把国家和人民的需要放在首位，为广大青年作出了杰出表率。

作为李杰教授的博士生，院士科研团队的一员，我们为能够近距离接受导师在思想和专业上全面的教诲，感到非常幸运。习近平总书记在党的二十大报告中指出：“当代中国青年生逢其时，施展才干的舞台无比广阔，实现梦想的前景无比光明。”有党的英明领导，有李杰教授为楷模，我们一定要努力成才。在社会主义现代化建设的道路上，“生命线”精神将代代相承。

（撰稿：同济大学土木工程学院　吕筱菲、周锦、徐迟）

初心如磐托未来*

张万顺

志愿军老战士、原上海航空工业学校（后划归同济大学）
党支部书记

* 本文成稿于 2021 年。

2021年3月，我们怀着无比崇敬的心情，敲开了抗美援朝老兵张万顺的家门。当得知我们是前来采访他的入党故事时，年过九旬的张老非常热情。往事如潮水，从老人家的记忆中奔流而出，我们强烈地感受到，纵然岁月变迁，那依然是老人家生命中刻骨铭心的一段岁月。

时间倒流回70多年前，那是1950年，朝鲜战争爆发。看到身边很多人都积极响应党和祖国的号召加入抗美援朝志愿军队伍，满腔热血在19岁的张万顺心中翻腾。从小在革命老区长大，参加过抗日战争儿童团的他，便积极响应党和国家的号召，跟着一位同乡，义无反顾地告别父母和家乡，报名前往朝鲜战场。

部队领导见张万顺读过小学，算是有文化的人，便把他安排在战场后方工作，专门负责为前线提供后勤保障。虽然没有直接上前线，但危险随时在身边发生。记得有一次，张万顺正在烧火做饭，突然听到门外惊声四起：“不好啦！美军的飞机来了！”张万顺丢下灶台上正在煮的锅子，连忙跑了出来，只见一架敌机“嗡”地呈四十五度俯冲下来。“炸弹，卧倒！”说时迟那时快，他迅速抱头卧倒在地，瞬间，爆炸声、扫射声，在身边轰隆四起。透过漫天飞扬的黄沙，他看见灶房刹那间被炸得瓦片四溅。等到敌轰炸机飞走后，侥幸躲过的张万顺，才发现后脑勺隐隐发热，隔着帽子一摸，满手都是鲜血。

前线危险更甚。他记得有一天陪同领导去前线开会，随车护送伤员返回后方已是晚上，为了赶路，司机开了车灯，没料到亮闪的灯光诱来了正在空中寻觅的美军飞机。“快熄灯！飞机来了！”张万顺及时察觉，几乎在他大声呼喊的瞬间，弹雨随即洒下。他们匍匐在土坑里，默默地等待这场暴风雨的结束，过了许久，确认美军这只“黄蜂”飞远后，才重新发动卡车。再次启程，他们脱下衣服蒙在车灯上，只留一丝微弱的光芒，凭感觉摸索着慢慢地往回开。

每天都是硝烟弥漫，每天都有同志牺牲，看到无数志愿军战士在异国他乡风餐露宿浴血奋战，为捍卫和平做好随时牺牲的准备，年轻的张万顺被战友们这种舍生忘死的无畏精神深深地震撼了。同仇敌忾、团结一心，保卫祖国、保卫家乡，于是，他的信念更加坚定，都恨不得每天投入十二分的力气来干好自己负责的后勤工作，好让前线战友有力气去冲锋陷阵。

由于张万顺表现突出，很快团支部就推荐张万顺入党。

“推荐我入党？我是盼着入党，但够格吗？”张万顺向找他谈话的党员坦诚自己内心的想法，因为他觉得自己跟那些牺牲的英雄们相比做得还不够，虽然内心里做梦都盼望着能成为一名光荣的共产党员。

在党组织的鼓励和肯定下，张万顺怀揣着激动的心情提交了入党申请书。每次队里组织听党课，他都是积极参加，一丝不苟地记笔记。虽然现在90多岁的高龄，老人家还始终记得当时党课上所说的“三头”考验。他说，一是共产党员要经得起“埋头”的考验，党组织安排你什么工作，你就要埋头苦干，认真把它做好；二是要经得起“抬头”的考验，当组织发现你有一定才干，交给你更重要的工作，这时你不要骄傲自满，忘乎所以；三是要经得起“杀头”的考验，作为战士在前方打仗，就要冲锋在前。

1953年7月朝鲜战争结束，中国人民志愿军返回祖国。回国后，他接受了党的安排前往志愿军第一中学学习文化知识。同年11月，张万顺终于正式被发展为预备党员。那一刻，他热泪盈眶，举起右手庄严向党旗宣誓，从此将誓言牢记在心中，落实在行动中。

几十年来，从上海中国人民解放军军事医学科学研究所到上海航空工业学校（后划归同济大学），从青年干部到党支部书记，从在岗到离休，张万顺始终牢记着当初党课上老师所讲的“三头”考验，牢记着自己当初入党的初心和使命，无论在何种岗位，无论做何种工作，他都兢兢业业、勤勤恳恳地做好，在生活上也一直保持艰苦朴素、自警自律的革命本色。

回忆起自己的入党初心，张老说：“初心，对于那时的我来说就是保家卫国，坚持国家的利益至上，听党指挥，能打胜仗。”

而对于当代青年，张老勉励我们：“要懂得珍惜今天的幸福生活，努力学习知识，学以致用，为社会主义建设作贡献，为祖国的繁荣富强添砖加瓦，用青春力量托举起一个更加美好的中国。”

作别张老，返校的路上，我们的脑海里始终挥之不去的都是张老所讲的故事、张老家中墙壁上的“光荣之家”、红木匣子里的勋章、上世纪的旧相片……红色精神薪火相传，百年辉煌你我共创。2021年是中国共产党成立100周年，习近平总书记提出在全党开展党史学习教育，我们作为同济的新时代青年，通过面对面地采访张老这位有着60多年党龄的抗美援朝老兵，深刻感受了那段红色历史，感悟了革命前辈们的浴血奋战，感知了我们党的奋斗历程和伟大成就；我们对党有了更深的认识，更加地敬仰和向往。同时，激励我们每一位青年学子以史为镜、坚定理想、砥砺前行，开创属于我们这一代人的历史伟业，为全面建设社会主义现代化国家而奉献自己的力量。

（撰稿：同济大学新生院　冯梛涵、钱资青、张辰、何俊）

一名老共产党员的生命图谱*

陈立丰教授

同济大学关工委副主任

* 本文获评 2021 年教育部关工委“读懂中国”活动最佳征文。

初见陈立丰教授，他爽朗的笑声给我们留下了深刻的印象。这位年近八旬的老人乐观开朗、精神抖擞，根本不像刚刚经历了第二次癌症手术的病人。随着采访的深入，我们了解到这位老党员、老专家一辈子就是这样以百折不挠的精神面对人生考验，真正诠释了共产党员发挥先锋模范作用的真谛。

国家需要的地方就是我的岗位

1967 年，陈教授从复旦大学化学系毕业。他服从祖国需要先后到北大荒和四川凉山州工作和生活，11 年的经历锤炼了他乐观的心态和战胜困难的坚强意志。国家恢复研究生招生后，他深知只有继续深造学习、加强自身本领，才能更好地为祖国作贡献，于是他白天工作，晚上挑灯复习，顺利考取复旦大学研究生，后又赴英国进修，在国内外学术刊物上发表化学研究论文 20 余篇。1985 年他光荣加入中国共产党，从此陈教授的人生如同发生了催化反应，变得更加精彩。他获得国务院特殊贡献津贴，先后担任南昌航空学院校长和上海航空工业学校校长。作为正局级干部，学校配有专车，但是他坚持骑自行车上下班，从自己做起，从小事做起，以身作则。之后上海航空工业学校划归同济大学，陈教授服从组织安排，担任航空航天与力学学院党委书记。他又为学院申报飞行器制造工程专业制订培养计划、加强师资队伍建设等奔波不停。陈教授的经历是不平凡的，而他坚持奋斗的动力正是他对国家、对党、对祖国教育事业和航空事业的热爱，是对自己入党誓词的实践！国家需要的地方就是他的奋斗岗位！

癌症并不能阻挡我的步伐

在陈教授退休的前一年，他被检查出得了胃癌，凭着坚强的意志、乐观的心态、党组织的亲切关怀以及母校老校长谢希德教授战胜癌症的榜样作用，他勇敢面对疾病，回到了熟悉的校园，继续投入工作之中。在退休时，陈教授面临着全身而退回家养病还是重返校园做一些力所能及工作的选择。他告诉我们："是党组织把我从一名大学生教育培养为一名共产党员，从一名普通教师锻炼成为一名大学校长。这一切都要归于党、归于祖国和人民。我要感恩党，就要一辈子以实际行动来实现自己在党旗下的誓言：为实现共产主义奋斗终身。"于是陈教授向党组织提出参加关心下一代的工作。就这样，他在关工委的岗位上坚守了十多年，越干越有劲。2020 年下半年，他又一次遭遇病魔，患上前列腺癌。再一次面临人生的严峻考验之际，陈教授更坚强，心态更淡定。他积极配合医生治疗，手术后仅一个月又精神饱满地回到了工作岗位上。在给学生们上党课、做讲座时，为了不中断讲课，不得不穿着尿不湿。听到这样的故事，我们感到很震惊、很感动，他是多么热爱工作，热爱青年啊！他把自己的全部力量都奉献给了祖国的事业！

关爱下一代是我的天职

谈起在学校关工委的工作，陈教授激动又自豪地说道："关爱下一代是我的本职。"最初陈教授担任学院关工委分会的常务副主任，无论工作的大小，他都一丝不苟、亲力亲为地完成。后来陈教授被任命为学校关工委副主任，他毅然挑起了这个重担。"党指到哪儿，我就在哪儿"，陈教授全身心地投入工作之中：他深入各学院，充分发挥学院学科特色开展关心下一代工作；举办"师生面对面"谈心活动和学生们积极交流沟通；参加新生院的"中国梦·同济情"感恩教育活动，激励学生们奋发图强、努力学习。他和杨浦区关工委、杨浦区教育系统关工委一起创建了大学校区、中小学校区和街道社区的"三区融合，共同育人"关心下一代工作模式，丰富了关心下一代工作内涵。在关工委会议室，"先进集体""优秀品牌项目"等荣誉挂满了整面墙，这是关工委所有同志的共同努力，也是陈教授默默奉献的汗水印记。"我是一名共产党员，关心下一代工作已经成为我生活中不可或缺的一部分。"即使生命之舟正在驶向耄耋之年，但是陈教授依然不忘初心，砥砺前行。

陈立丰教授，是一名拥有众多科研成果的学者，是一位推进祖国教育事业和航空事业的教育工作者，是一位两度战胜癌症的老人。但是，他真正意义上只有一个身份：一名共产党员。他感恩党的教育，忠诚于党，履行党员职责，一辈子为党育人、为国育才。我们作为青年一代，深深感受到了老党员对我们的关怀和希望，我们要向陈教授这样的共产党员学习，坚定理想信念，脚踏实地刻苦学习，以只争朝夕、不负韶华的奋斗姿态，为实现中华民族伟大复兴的中国梦不懈努力。

（撰稿：同济大学航空航天与力学学院　丁文暄、汪万、武攀、田志程、聂聪聪、钟伟）

侠骨柔肠哺育英才*

吴启迪教授

同济大学电子与信息工程学院

* 本文获评 2023 年教育部关工委“读懂中国”活动最佳征文。

吴启迪教授给人的第一印象是一位“女强人”。她以国内高校首位民主推举的校长而知名，她顽强战胜了凶险的胰腺疾病更令人敬佩。那侠骨中的柔肠，那人格的魅力，感染和教化了众多学子。

建立一套人才培养的新体系

在同济校长任上，吴启迪教授用很大的心力推动建立“知识、能力、人格”三位一体的人才培养体系。她说：“提出‘人格教育’，就是要学生们寻找精神的东西。即使在高科技的时代，科学技术并不是一切。”“人如果没有精力去看看周围，如果没有人格力量的引导，就会变得狭隘起来，就会没有责任感，没有信念。”她强调，教育最根本的目的是培养学生如何做人。

吴启迪教授是恢复高考后第一批研究生，后来又到爱因斯坦的母校苏黎世理工学院留学，获得博士学位后来到同济大学任教。她从自身成长经历认识到，校园文化对大学生身心健康发展的重要性。在她的倡导下，同济大学提出了建设综合性、研究型大学发展目标；她主持建立了女子学院和多个艺术类专业，曾上台为学生联欢会作钢琴演奏。

吴启迪引用《大学》里的一句话来诠释现代大学的功能——“大学之道在明明德，在亲民，在止于至善。”并且给了这句话全新的解释：坚持理想，塑造新人，追求卓越。在“人格教育”的感召下，两名经济与管理学院的硕士毕业生远赴甘肃定西创办咨询公司。临行前，吴校长找他们谈心，了解他们的需求。在公司启动时，吴校长亲赴定西揭牌。她感慨地说：“对年轻人的热情要爱护，在当代年轻人中，有这样的理想很不容易。”吴启迪希望青年学子的理想之火永远不要熄灭。

流传几封感悟人生的亲笔信

在同济校园里，流传着吴校长给身患疾病的学生写的几封亲笔信。

2000 年 12 月的一天，经济与管理学院女生张婷在病榻上收到吴校长写给她的一封亲笔信。信中说：“作为校长，也作为一个死而复生的人，为有你这样一位坚强同病魔斗争的小同济人而感到骄傲。人是需要有一点精神的，你是精神的富有者。”

而在当时，吴校长刚刚经历了一场生死大劫。极其凶险的急性坏死性胰腺炎并发心肺肝肾等脏器功能严重障碍，使吴启迪几度濒临死亡。4 次大手术、148 天的抢救和治疗，痊愈后吴启迪继续领导同济大学进行教育体制改革，创造了高校资源整合的“同济模式”。这封给张婷的信，是吴校长与张婷交流她对生命和精神的深刻感悟。这封信在媒体上刊登后，全校学生以及许多社会青年学生都被感动，激起了一阵热烈的反响，时任国家教委副主任的张孝文教授也在多年后详细记录了这个感人的故事。

吴校长的信鼓舞张婷走完生命的最后历程。张婷在回信中说：“您一直是我十分敬佩的女中豪杰和十分爱戴的校长。不曾料到，一场大病使我有机会如此近距离真切地感受您的人格魅力。请相信我会做生命的强者，生命不息、信念不止。”就在她临终前，学院党组织批准了她的入党申请，并在病榻上进行了庄严的入党宣誓。

还有一名正在准备高考的中学生，患了与吴校长同样的重病，耽误了高考，精神和身体伤害很大。吴校长就给她写了一封信，鼓励她战胜病魔，也欢迎她报考同济大学。那名学生病愈后如愿考入同济大学女子学院，并在入党时向吴校长写信汇报。她的健康成长，令吴校长倍感欣慰。

捐赠百万提携学子的奖学金

吴启迪教授所在的同济大学电子与信息工程学院，有这样不成文的规定：凡是有学生因病或受伤不能正常起居，所在班级都要成立帮扶小组，帮助其克服学习和生活上的困难。这项规定要追溯到 20 多年前。一名叫朱颖的患渐冻症的考生，在报纸上表达了他希望报考同济大学心声。吴校长看到报纸后，安排学校有关部门领导赴其家中探望，并商量入学后的帮扶措施。朱颖入学后，吴校长与电子与信息工程学院领导多次关心，为朱颖制订专门的培养计划，调整上课教室，发挥其学习的长处，解决其生活中的困难。朱颖终于顺利完成学业。毕业典礼上朱颖妈妈眼含热泪，连连向吴校长表达感激之情。

从此后，电子与信息工程学院接收了多名残疾学生。本科生蒋欣玮因先天性瘫痪，双腿不能站立。全班同学每天轮流扶着他上下楼梯、进出厕所。毕业前夕他给学校写了一封感谢信。信的最后，蒋欣玮同学说：“作为残疾人，我今后人生的道路会充满艰难坎坷，但我坚信，有同济大学四年难忘的求学经历，我会以更坚强的意志去解决遇到的各种困难，努力工作，好好生活，以实际行动报答母校的教育之恩。”

从教育部副部长的岗位上退下来后，吴启迪教授回到学院继续教书育人。她说：“我的家庭中有许多人从事教育工作，我和教育有着不解之缘。”自 2010 年起，她每年从工资里面拿出 10 万元，设立了启迪奖学金，奖励富有创新精神和创新能力的大学生，至今已有百万元之巨。每年颁奖仪式吴校长总要争取到场，与获奖学生面对面交流沟通，鼓励学生要勇于创新，敢于开拓进取。

与吴启迪教授有关的校园故事还有很多，她坚毅的目光为学生点亮心火，柔弱的身躯里充满对学生的爱。她是我们的校长，我们的导师，更是我们的学姐和知心的朋友。在建设祖国的征途上，我们有幸与她同行。

（撰稿：同济大学电子与信息工程学院　张亦暖）

关工委的“全能运动员”

——记同济大学关工委常务副主任金正基

金正基

同济大学关工常务副主任

金正基担任同济大学关工委常务副主任整整十年了。这十年里，他凭借自身的人格魅力、坚定执着的目标毅力、全面高效的工作能力，开创了学校关工委工作的新局面。他的同事们评价说，金老师是关工委的全能运动员，领跑、鼓劲、压阵，十八般武艺全上场，写文章、作报告、出点子、交朋友，为关工委工作奉献了第二春。

十年前，当学校领导征求金老师参加关工委工作的意见时，他正担任着一家校办企业的总裁职务。长期负责学生工作的经历和对青年学子的深厚情感，使金老师没有犹豫就走上了这个新的岗位。当时同济大学关工委工作已经取得了较好的成绩，是全国关工委系统的先进集体。如何在这样的基础上更上一层楼，金老师表示唯有加倍努力、全心投入、不断创新，以强烈的责任意识完成党和国家赋予的使命。十年间，金老师的黑发熬成了白发，同时许许多多的理念、思路、金句、创意从他的大脑中奔涌而出，转化成关工委一项项特色活动、一场场精彩报告，换得满墙的荣誉证书和青年学子的声声感恩。

“关工委首先要做好对青年学生的服务。”金老师经常强调他的这个观点：“青年学生在从校园到进入社会的关键时期，思想、学业等方面都会产生波动，需要我们的关心和帮助。这时候一个成功实例甚至一句鼓励的话，都会对青年学生的整个人生产生影响。”本着服务学生的理念，金老师每年在制订工作计划时特别关注解决大学生的实际问题。如新生院学生分专业时，关工委老同志与他们座谈交流，鼓励他们根据自己的能力兴趣选择专业，因为每个专业都有出成绩作贡献的机会；如同济大学关心下一代网站始终把服务学生作为宗旨，听取学生反馈意见多次改版，组织开展网上阅读征文和感恩教育活动；如开展对学生社区服务工作的调研，并通过学生工作部门和后勤部门的配合，形成了党建进社区促进完善服务的工作机制。

与学校各职能部门配合，充分发挥关工委老同志的优势，齐心合力做好青年学生的引导教育，是金老师经常强调的又一个工作理念。他要求关工委常务组的老同志都要联系相关学院，各工作小组都要与相关职能部门挂钩。学校新生院自2018年设立后，关工委就与之建立了密切的协作关系。新生院聘请金老师等五名关工委老同志为学生思想导师；新生院党委副书记担任关工委副秘书长。关工委开展的感恩教育、“读懂中国”采访活动都注重依托新生院，使新生进校后就了解关工委、贴近关工委、信赖关工委，不少学生成为“关工委之友”。关工委与党委组织部挂钩配合后，关工委的各项活动成为学生党建工作的有效补充。六名老同志受聘特邀党建组织员，在入党积极分子培训、发展党员资料和程序规范方面起到了不可或缺的作用。每年，党委教师工作部都邀请关工委老同志为新进教师做培训，各学院选配优秀青年教师和辅导员担任关工委分会的兼职秘书，这不但促进了基层关工委贴近学生开展工作，也通过传帮带助力了青年教师成长。

金老师在同济大学学习和工作50多年，对学校发展史如数家珍，对各位师长有着深厚情感。他在关工委工作中充分发挥这个优势，运用学校发展史和学生运动史开展红色基因教育。“同济大学一·二九学生运动纪念园”是金老师担任校长助理时组织建设的，当时被共青团上海市委命名为爱国主义教育基地。金老师把它当成自己的孩子一样宝贝，负责关工委工作后，金老师一直奔走呼吁对纪念园进行整修，并且直言不讳批评周边建筑改建破坏了纪念园肃穆的氛围。后来纪念园整修方案终于得到落实，金老师又精心准备，提出了将纪念园与学生运动史展览结合，深化对学生开展红色基因教育的设想。金老师组织关工委老同志编写了《同济的故事》《同济学子话恩师》两本书，并自筹经费印刷数万本，赠送给新生和新进教师，激励他们爱学校、爱专业、爱国家的家国情怀。金老师还自己撰写了三篇怀念师长的文章，字里行间浓情厚谊，深深打动了当代青年学子的心。金老师经常以爱校荣校为主题，为青年教师和学生作报告，观点独到鲜明，语言生动有趣，他以“速度、高度、深度、厚度、温度”来概括学校为国家建设作出的标志性成果；以“搭台唱戏，借时造势，借节发挥”来助力关工委的活动，以帮助青年学生“筑梦、追梦、圆梦”来定位关工委的宗旨。这些“金句”拉近了与听众的心灵距离，深受青年人的喜爱。

金老师深知，新世纪的青年学生知识广博、思维活跃，关工委工作一定要打破传统模式，创新形式和方法，才能吸引青年学生，才能提高教育效果。每学期制订关工委工作计划时，都是金老师创新思想爆发的时候。庆祝中国共产党成立100周年之时，他提出开展“老少同框，讴歌党魂”歌咏活动，百名老党员和百名大学生党员同台放歌，共谈信仰。挑选出《同济的故事》书中100篇文章，请各学院百名大学生朗诵，并在学校广播台播出专题节目。2021年“读懂中国”微视频征文活动中，针对新冠疫情防控要求，金老师提议组织学生线上观摩作品，由学生打分决定最终的推荐作品，提升了学生参与活动的积极性，扩大了活动的普及面。金老师上任伊始，就认识到要建设可持续的工作机制，他千方百计落实了关工委的工作场地，多方筹措设立了关工委活动基金，并且提议各学院制定了老同志工作津贴制度，调动了大家的工作热情，形成了有任务一呼百应的局面。

金老师的心中，始终洋溢着对学生的大爱。在同济校园里，流传着金老师与“心困同学”结成忘年交，不是导师胜似导师的感人故事。医学院2015级有个研究生，本来学习刻苦努力，然而不幸接连降临到他的身上。先是因父母离异，精神受到很大刺激，之后又由于自己在恋爱问题上受挫，心理问题严重，流露出想结束生命的极端情绪。医院诊断为抑郁症，但药物治疗效果不显，这种情况下他无法写论文更无法毕业。金老师参加学院会议了解以上情况后，把这件事记在了心里，决定加入学院的帮扶小组。一次次到宿舍看望开导，带他出去逛街吃饭，金老师用真情逐渐打开他尘封的心结。为了更好地帮助这位学生解除后顾之忧，金老师还邀请学院、医院和该学生的父母一起开会商讨，制定了切实可行的治疗帮困办法。在病情有所好转情况下，金老师趁热打铁，劝说他赶快准备论文。在这期间，金老师多次与他的导师联系，甚至帮他找资料，审看初稿。金老师和学院关工委“一号老同志”还参加了他的论文预答辩会和正式答辩会，给他以精神上的鼓励和支持。最后这名学生通过了论文答辩，获得了硕士学位，帮扶小组老师又各尽所能，帮他找住处、搬家、落实工作单位。金老师说：“他的情况比较特殊，如果把他推向社会，他可能又回到以前，我们的一切努力都将归零，让我们把他扶上马，再送一程吧！”

关工委会议室的墙上，并排挂着两面锦旗，其中一面是这名医学院学生父母赠送的，还有一面来自贵州山区的紫马中学。2017 年，金老师资助了两名贵州的贫困学生。2020 年，金老师又联系了这两名学生就读的晴隆县紫马中学，以同济大学关工委的名义设立了奖学金。他深情地告诉孩子们："我也出生在农村，我一岁就没有了父亲。要过上好日子，读书才能改变命运。"金老师和关工委老同志走进受资助学生的家，既看到了国家扶贫措施给当地带来的变化，也决心要把助学扶贫的理念传递下去。

金老师带领着同济大学关工委一班老同志，百尺竿头，又上层楼，在多次获评教育部和上海教育系统关心下一代工作先进集体的基础上，2020 年再一次荣获"全国关心下一代工作先进集体"称号。金正基老师于 2015 年获评"全国关心下一代工作先进个人"，又在 2021 年教育部关工委成立 30 周年之际，被评为"全国教育系统关心下一代工作突出贡献者"。仿佛有股力量在鞭策着金老师，古稀之年犹奋蹄，秘密就在每次带队与兄弟高校关工委交流时金老师手书相赠的墨宝中：大写的"功在当代，利在千秋"宣示着关工委的历史使命，也是他整整 10 年在关工委岗位上奋斗的真情表述。

（撰稿：同济大学关工委常务组成员　钟勤）

温暖的春天一定会来到

——记耄耋老人金成棣的入党初心故事*

金成棣教授

同济大学土木工程学院

* 本文成稿于 2021 年。

解放前夕，一场大学招生考试正在紧张进行。一名从战火中归来的考生眉头微蹙，若有所思。片刻之后，笔杆微动，作文标题行落下深深浅浅几个字——“春天的早晨”。这位善于思考，坚韧执着的年轻人，日后用一生践行了对春天的追求。

少年时期的金成棣生活于抗日战争的烽火硝烟中。日寇铁蹄横行，百姓生活在水深火热之中，苦不堪言，他和同学们只能躲进山中勉强完成了中学的学业。

“行万里路，胜读万卷书”，在这句话的指引下，金成棣带着走出大山的渴望和中国必胜的信念，毅然加入了入缅抗战的远征军。然而，他的满怀热情被现实的冷水浇灭。他看到战士在前线流血牺牲，而后方达官贵人依然歌舞升平，部队腐败盛行，克扣军饷成风。1945年抗战胜利后，国民党向各大城市派出特派员接收敌伪资产，金成棣作为陆军三分校的学生被派往杭州为国民党接收大员站岗。其间，接收大员贪污舞弊、结党营私、强抢民妇的种种行径，尽落他的眼底。原以为熬过了抗战的寒冬就将迎来胜利的暖春，谁想——“看到这种腐败，我心里难受得不得了”。70多年后回想起这一幕，金老师闭上眼，摇了摇头。

面对国民党的腐败，金成棣放下了幻想，而内心求知的渴望，促使他重回求学之路。在大学招生考试中，他提笔落字，作文标题即为“春天的早晨”。关于这个标题，金老师解释道：“我当时想说明的，是我的思想。我把抗日战争的胜利比作是一个春天，但春天的早晨又特别冷，还像冬天一样。”

以优异成绩考上大学之后，金成棣与一名在上海的老同学取得联系，受其引导，接触了许多共产党的主张。《新民主主义论》提到“中国向何处去”的问题和“实事求是”的科学态度；《论持久战》是战术和战略的结合，从理论的高度给予所有中国人抗战必胜的信心……这些书逐渐开启了金成棣的心窍，他渐渐向党靠拢。时任土木系学生会主席的他积极参与和组织了众多青年活动，后又经班上党员同学推荐，加入了中国共产党的外围组织“新民主青年社”。

中华人民共和国成立之初，淮河泛滥，灾情严重。毛主席在一个月内接连发三条批示：“一定要把淮河修好。”为响应毛主席的号召，学生干部金成棣带领四名同学参加了治淮工程，负责实地测量、记录数据，任务量大的时候他甚至连续三天三夜没合眼。淮河一度被老百姓称为“坏河”，水灾难治有目共睹。当时和金成棣一起去的一名同学，对治好水患没有信心，叹息着离开了。但金成棣还是坚持留了下来，他要和群众一块努力。治淮过程中，党中央的坚强领导，百姓的万众一心再次深深触动了金成棣，他对共产党产生了更加强烈的向往。

不久，金成棣便向组织提出了入党申请，然而 1958 年他被错划为右派，其入党要求也被搁置。这一搁置，就是 24 年！ 24 年间，金成棣经历了“文化大革命”时期的艰辛，见证了改革开放的巨变，他对党的信念从未动摇。“因为我们是从苦难年代走过来的，新旧社会的对比，我们有真切的感受。几十年的所见所思，令我坚信共产党为人民谋幸福的初心没有变，而我对党的热爱也没有变。”直到 1982 年，这份长久的坚守终于获得了证明，他的选择是正确的。在战火中成长，从军、复学、思想启蒙、右派经历、十年动荡，几经波折，40 年的探索，30 年的追求，金成棣终于如愿成为一名光荣的中共党员。

入党以后，金老师迸发出更加昂扬的工作热情。身为桥梁工程、结构力学专家，他先后承担“画法几何”“弹性力学”等十多门课程的教学工作，并翻译出版有关桥梁、隧道建筑的多部著作，共计 200 余万字。他还担任了同济大学分校（原上海城建学院的前身）校长、上海市人大代表，积极建言献策，致力于提高办学水平，切实回应民众关切。“离休心不休”，如今，年届期颐的金老师依然密切关注国家建设与发展，同时以惊人的毅力坚持将自己毕生所学所思整理成书，以供同行参考。金老师对青年人也寄予了厚望。他强调，青年人应该敏于思考，提高自身判断力，同时要理论联系实际，多多接触实践第一线的工农群众，一定不要忘记以民为本，做到知行合一。

初心不改，砥砺前行。时至今日，当年那个渴盼春天的少年已成为领域专家、国之栋梁。三月，万物竞生长，青草勃生机。历经百年风雨，中国共产党团结带领人民步入了中国特色社会主义新时代，新时代的中国充满新希望，新时代的发展迎来了新春天。听金老师讲述过去那一段岁月，我既感佩风雨飘摇中我们百年大党的坚韧，又感佩金老师对共产党始终不渝的追求。如今我们都在这春天里，年轻一代也将迎来前所未有的挑战和机遇，初心不可变，责任尚在肩。传承红色基因，谨记知行合一，不负韶华，只争朝夕！

（撰稿：同济大学新生院　陆柔、张子逸、朱寿富）

矢志不渝，碧血丹心 *

欧阳杰

同济大学关工委原常务组成员

* 本文获评 2021 年教育部关工委“读懂中国”活动优秀征文。

2021 年是中国共产党成立 100 周年。回首峥嵘岁月，百年筚路蓝缕，无数英烈前辈经历了血与火的考验。有三个问题一直萦绕在我们心头：他们为什么要入党？入党的过程中发生了什么？这些事情在以后的人生中对他们有什么影响？带着这样的疑问，我们有幸采访了抗美援朝志愿军老战士欧阳杰老先生。

欧阳杰生于 1937 年。1951 年 3 月参军，1952 年 11 月赴朝作战，1966 年 2 月入党，在军队从事卫生专业技术工作 32 年，1982 年 12 月转业到高校，在同济大学医学院工作 16 年后退休。

耳濡目染

欧阳老先生和我们分享了对他入党有深刻影响的两件事。一件是 1950 年 2 月，他的家乡解放了，人们在街上高唱“解放区的天是明朗的天”“没有共产党就没有新中国”庆祝解放。当时还在上六年级的老先生家中住进了解放军战士。在与战士们朝夕相处的日子里，年少的他对和蔼可亲、军容整洁、纪律严明的战士们产生了无限的敬意，从军人们的革命故事中对我们的党有了初步的认识，有了想要入党成为解放军战士的念头。另一件就是初中一年级时，学校的爱国主义教育和革命传统教育氛围很好，县委书记、宣传部部长经常到学校里宣讲革命先烈们的事迹。1950 年朝鲜战争爆发后，他义愤填膺于西方列强对新中国的步步紧逼，逐渐萌生和坚定了参军保家卫国的强烈愿望。

一心向党

欧阳老先生是 1966 年 2 月在云南省禄丰县入的党。提起入党，老先生的眼里瞬间有了光亮，人也显得更有精神。从申请入党到成为预备党员，他用了十年的时间。在这个过程中，他经受住了重重考验，最终成长为一名信仰坚定的中国共产党党员。

老先生和我们分享了他入党的历程。他说：“我刚满 18 岁时，第一次向党组织递交了入党申请书。但由于家庭原因和自身的不足，经历了长达十年的入党考察。但我从未放弃，从思想、行动上坚持不懈争取入党。直到 1966 年 2 月，终于如愿！”老师讲这段话的时候，在场的我们也都心潮澎湃，被那个年代的人的纯粹感动，深深地感受到了他“十年磨一剑”的坚定信念和矢志不渝、一心向党的赤诚。

碧血——男儿志在疆场

念念不忘，必有回响。当年与解放军战士朝夕相处的岁月，就像一粒种子，在他的心里生根发芽、茁壮成长，并将他与解放军紧紧联系起来。国家面临危难时，他似乎感受到了军队的呼唤，背着家里报名参了军，成为一名卫生兵。在部队这所大学校里，他度过了整整 32 年的时光，将人生最宝贵的岁月奉献给了人民军队。犹记当年，少小离家，初入部队，老同志、老战士给予了他无微不至的关怀，并亲切地称呼他为“小鬼”。脚磨破了没办法走路，团长就逗着乐把马让给他骑。朝鲜的冬天冰寒彻骨，大家就抱团取暖，熬过了一个个寒冷得可怕的冬夜。正是部队见困难就上、见好处就让的优良作风彻底净化了他的心灵，在面对帝国主义狂轰滥炸、许多战友受伤致残甚至牺牲、一把炒面一把雪的艰难岁月中，方能历久弥坚，不改其志。他在采访中说道：“这种经历，使我懂得了爱国主义。”

丹心——为国转战四方

从朝鲜回国后，老先生在铁道兵部队参加祖国铁路建设，转战东西南北，从北国冰天雪地，到南方崇山峻岭，从东海之滨，到西北荒漠，30 个省份的土地上留下了他的足迹。回忆起那些牺牲在大建设中的战友同事们，老先生神情悲悯，眼泛泪光，令人动容。

我们问他：“成为共产党员，是否对您的人生产生了重大影响？如果没有成为共产党员，您觉得自己的人生会不会不一样？”老先生回答：“那是肯定的，如果我没有入党，我不会像现在这样，也不可能当干部，更重要的是，不可能有这么多宝贵的机会去学习。”

苟利国家生死以，岂因祸福避趋之。老先生是这样说的，也是这样做的。如果不是对这片土地爱得深沉，如果不是对国家赶紧强大起来的迫切期盼，如果不是对党的剖肝沥胆的忠诚，如何能熬过北方的皑皑白雪、东海的滔滔巨浪、南方的炎炎酷暑、西部的漫漫狂沙？

四点希冀寄语青年学生

“红色基因应该在代代人之间传承”，面对新时代的大学生，欧阳老师站在历史的渡口为我们指出了方向。他对大学生的期望有四点：第一，保证健康。年过八旬仍精神矍铄的他，自豪地谈起了现在依然坚持每天走一万步和洗冷水浴的习惯，“持之以恒地坚持锻炼才能保证身体健康，不给组织添麻烦，不给子女添负担”。第二，努力学习。“你们现在的学习条件比我们那时好了太多，所以更要抓住机会，努力学习。”第三，积极工作。老先生一直抱着“党的需要就是我的需要”的坚定信念，坚守岗位，时刻准备向党组织交出令人满意的答卷。“我们作为党员不能光喊口号，应该用实际行动来报效国家。现在你们有了选择的机会，更应该活学活用，回馈社会。”第四，懂得感恩。“父母供养我们，老师教导我们，同事、同学帮助我们，我们都应该心怀感恩。”

写在最后

历史是最好的教科书，党史是最好的营养剂。老先生不止一次强调，为什么那个年代的人能为国家和民族的危亡敢于献出生命，是因为信仰！因为先烈们的奉献，今天我们的国家已经可以平视世界了。作为共产党员，使命在肩。欧阳杰老师退休之后一直从事关工委工作，尽管已 80 多岁，仍然坚持给学生作报告，为青年学生做榜样。

我们看向老先生，经历了大半个世纪的岁月，虽然容颜上多了时光的痕迹，但始终不变的是共产党员的品质，还有初心！

（撰稿：同济大学新生院　张立娟、张睿佳、郑传祯）

教学，是一辈子的事情

郑时龄院士

建筑与城市规划学院

建筑与城市空间研究所教学团队由中国科学院院士郑时龄教授担任负责人，团队成员系八名建筑与规划领域中的一线中青年骨干教师。该团队是同济大学建筑历史与理论国家级教学团队的核心成员，承担着同济大学高峰计划“城市建筑理论与批评”交叉LAB创新项目和“当代中国建筑批评与城市建筑文化”一流学科建设项目的重任。

老师宿儒，奔波一线

始于初心，成于坚守。对于年逾花甲的郑老，三尺讲台一直是他最舍不得离开的地方。“到现在这个年纪，还是不能放松自己的专业学习，”他曾感慨道：“一天不学习自己知道，三天不学习同事知道，一周不学习，学生就知道了。”作为国内鲜见的仍活跃在教学一线的院士，郑时龄院士迄今仍在为本科生授课，每学期主持和参与多门研究生课程的教学。他是国家级教学名师，是全国教书育人楷模，是学生们心目中的“大先生”。

1992年起，郑院士开始为建筑学专业本科高年级学生开设“建筑评论”课，这是他开创性启动的多门课程之一。作为一门新课，面对完全没有现成的教材等种种困境，他边教学边整理教材，历时九年正式出版了《建筑批评学》，奠定了这门综合学科的理论基础，填补了国内该领域的空白。在郑院士的努力下，2007年“建筑评论”被教育部评为“国家级精品课程”。教学的同时，郑院士积极吸收国外建筑经典成果，推动建筑理论知识的传播。甚至对于通常不被学界看好的翻译工作，郑院士依然非常重视。1988至1991年间，他花了整整三年，参考了英、法、德、西班牙、俄文、拉丁文等无数相关文献和资料，将意大利著名理论家塔夫里的经典著作《建筑学的理论与历史》从意大利文翻译成了中文。而2010年再版时，他还从更好的版本中选录了精美的插图。他还组织来自全国多所知名建筑院系的众多学者与专家，共同翻译完成了目前世界上最权威的建筑通史之一《弗莱彻建筑史》第20版。2000多页的中文译本历经七年最终成稿，仅最后校对统稿就花了三年。为了完成这项艰巨的任务，他更是查阅了包括以前不熟悉的印地语、阿拉伯语辞典等的大量外文参考书。

在数十年如一日的教学生涯中，郑院士一直践行着也实现了他的决心和誓言："一辈子都要学做老师，在学生成长、学科发展、城市建设中实现自己作为教师的人生价值。""三尺讲台系国运""一生秉烛铸民魂"，郑院士矢志不渝的价值追求塑造着我们的灵魂，浸润着我们的心灵。

言传身教，薪火相传

郑院士是青年学生学术和人生的榜样，在他的言传身教下，教学团队坚持城市与建筑以国家需要和社会进步为先，努力投身教育教学，贡献突出。

深受郑院士嘉言懿行的影响，团队成员王伟强教授主持的"城市设计概论"获上海市精品课程，并出版教材；华霞虹、王凯主持的"中国当代建筑研究导论：范式与主题"（全英文课程）获批上海市来华留学示范课程建设项目；沙永杰参与的"创建《城市阅读》专业基础课程"获校级教学成果奖特等奖。此外，结合复合型人才培养和双学位项目，王凯创新了建筑历史与理论教学，华霞虹创建了全英文的"文本建筑——专业文献阅读与写作"课程。团队中副教授职称以上的教师为本科生和研究生上课的平均课时量超过 650 学时 / 年，深受学生们的尊敬和喜爱。

郑院士始终身处课程教育一线，坚持潜心问道与关注社会相统一：潜心问道，就是严谨治学、悉心钻研，立志做大学问、做真学问；关注社会，就是紧跟时代步伐，走出书斋、关注现实，学以致用、知行并进。郑院士在时代提出的现实课题中所展现的思想魅力深深感染着我们，我们发自内心地敬仰与追随。

心怀祖国，献身科研

"人民城市人民建，人民城市为人民"，郑院士始终怀着同济教育的初心、科研报国的决心和振兴民族的雄心，奋斗在科研创新、教学育人的一线，带领着他的科研团队，秉承着“传帮带”的优良传统，在专业研究、国际交流、国家战略和社会服务等领域取得丰硕成果。他用自己的初心践行着使命，他渊博的学识和高尚的品格令我们折服，令社会崇敬。

在专业研究方面，团队主要的研究方向包括上海近代建筑史，中国现当代建筑史、建筑批评、建筑理论、建筑策展、亚洲城市发展、城市研究和城市更新、社区规划与治理，以及绿色生态设计等。在国际交流与合作方面，团队成员沙永杰为新加坡国立大学双聘教授，华霞虹为耶鲁大学建筑学院访问学者，王凯为麻省理工学院访问学者，刘刊系意大利帕维亚大学哲学博士。团队成员同时担当着各类学术团体的主任委员和咨询顾问，创建了中国建筑学会批评分会（郑时龄、李翔宁）、上海建筑学会创作分会（章明）、中国城市规划学会城市更新学术委员会（沙永杰）、中国城市规划学会城市影像学术委员会（王伟强）等。在投身国家战略方面，近年来团队参与“十一五”支撑课题 1 项，获批国家自然科学基金项目 7 项（其中 5 项为面上基金），中国科学院技术科学部研究课题 2 项，教育部人文社科研究规划基金项目 1 项，并主持和参与上海市科委的重大课题多项。除此以外，郑院士还花费四年时间，带领团队、结合更多的力量，主持完成了中国科学院学部学科发展战略研究报告《城市规划和建筑学科的未来发展》，承担中科院“关于新型城镇化过程中中国的城市和城市建筑的若干问题及建议”咨询课题，成果获国务院领导高度重视，已汇总为红头文件供各部门研究学习。在参与社会服务方面，团队充分发挥城市规划、城市设计、历史街区保护与更新、建筑设计、建筑展览等各方面的专业优势，为上海乃至中国，以及中国城市和建筑在世界范围的推广作出了卓著贡献。郑院士在上海后世博规划与建设、历史建筑的保护与更新、浦东滨江公共空间贯通工程等重要项目中担任专家顾问。团队参与的规划和设计项目荣获全国优秀城乡规划设计奖一等奖、中国建筑学会建筑创作奖金奖等国家级设计奖 13 项，上海市决策咨询研究成果奖一等奖、教育部优秀设计一等奖等省部级设计奖十余项等。

从郑院士的身上，我们认识到祖国的需要就是科研的方向，个人生命的力量只有汇聚到国家的发展中，才会迸发更为磅礴的力量，取得更大的成就！

习近平总书记曾强调，教师要成为大先生，做学生为学、为事、为人的示范，促进学生成长为全面发展的人。郑院士就是我们心目中的“大先生”，在于其信仰之“高”，立德树人、矢志不渝；修为之“深”，诚意正心、知行合一；学识之“实”，孜孜不倦、勇攀高峰；育人之“智”，培根铸魂、启智润心。

（撰稿：同济大学建筑与城市规划学院郑时龄课题组）

系好人生第一颗扣子
——记老党员茅冠良老师*

茅冠良

同济大学生命科学与技术学院

* 本文获评2022年教育部关工委“读懂中国”活动优秀征文。

在采访同济大学生命科学与技术学院退休教师、老党员茅冠良老师的时候，我们第一次听说了“八二专业”这个名词。这是怎样的专业？学习这个专业对茅老师的人生产生了怎样的影响？采访开始前，这位精神矍铄的老人亲切地向我们打过招呼，询问姓名、专业，再一丝不苟地记在自己的笔记本上，这些细节顿时拉近了我们之间的距离。待大家都坐定后，茅老师从他的学生时期开始娓娓道来。

他高中毕业于上海敬业中学，那时怀揣着科研梦的茅老师虽然家境贫寒，但靠着凌晨三点半起床复习功课的一股拼劲，如愿以偿被复旦大学录取。“我非常感谢毛主席，非常感谢党。没有毛主席，没有党，一个建筑工地挖泥工的孩子怎么能够有机会去读大学？”正是因为这份感激，他立志要早日加入共产党，成为一名光荣的共产党员。也是因为这份感激，他始终选择将祖国的需要放在个人利益之前，为党和人民奉献了最好的青春年华。

进入大学后，专业的分配决定了茅老师后来的人生道路。当时国家百废待兴，各类军工产业迫切需要大量精英人才，他就被分配到了“八二专业”——这名字听起来让人摸不着头脑，但实际上学的是军工相关的火箭燃料的燃烧与爆炸，因此相关信息都要保密，甚至毕业证书上的专业名称也要被替换掉。茅老师毫不犹豫地服从了学校的专业分配，如饥似渴地学习相关的专业知识。由于学习刻苦，成绩优秀，临近毕业时军队部门找到茅老师谈话，希望他参军到部队工作。此刻他又面临人生一个重大的抉择——进入部队后，自己的科研梦可能就遥不可及了，而且母亲也年迈体衰，需要人照顾；另外当时国际形势复杂，参军就要做好上战场甚至牺牲的准备。但茅老师说：“那个年代很简单，党叫干啥就干啥。党培养了我，要我去部队，那我坚决服从组织需要，为军队工作服务一辈子，甚至牺牲自己的生命。”于是，他毅然决然地踏上了参军入伍的道路。

就这样，茅老师来到了位于北京昌平的总参直属防化科学研究院。大学生入伍，军人该有的训练必不可少，除了野营拉练，还要训练投弹、射击、拼刺刀、挖战壕掩体等。后来研究院开办英语集训队，熟悉英语的茅老师当上了小队长，因此有了更多与研究院、文献管理处的领导干部们接触的机会。这些老革命的言传身教成为茅老师人生中上过的最重要的一堂课。研究院院长吴克之将军曾是琼崖纵队副司令；政委曾宪池是开国少将；副政委曾是长征时红四方面军机枪连连长。这些领导干部跟下属将士们同吃、同住、同劳动、同训练，丝毫不因为自己位高权重就摆架子、享受特殊待遇。茅老师讲到，副政委在战争年代负过伤，走路一瘸一拐的，却在修理排水沟时第一个跳下去带领大家干活；院长在寒冷的北方冬天与战士们挤在一起坐敞篷大卡车。回忆起这些时，茅老师十分激动，仿佛这些人的身影又出现在了他眼前。他说：“遇到了这些老同志以后，我感到这样一些人，在思想境界上，在他们对革命、对党、对人民、对国家的忠诚上，永远是我们学习的榜样，可以说一辈子要学到他们那样的境界都很难做得到。所以当兵这一段经历，真正塑造了我的人生观和价值观。”

后来茅老师又去过南京军区的部队为解放台湾备战，也下过农村基层完成“四清”任务，复员回上海后来到了同济大学任教，终于实现了自己的科研梦，并于 1988 年 3 月荣获上海市科学技术进步奖三等奖。退休以后，茅老师继续关心青年学生的健康成长，以自己的人生经历与学生们交流座谈，激励学生们赓续红色基因，走好人生的道路。

听完茅老师的故事，我们除了感动也有深刻的体悟。他的经历向我们诠释了什么叫作“与祖国同行，与时代共进”、什么叫作“祖国的需要就是我的志愿”——在中国技术落后时选择舍弃名利学习国家急需的专业知识，当部队需要人才时舍小家取大义参军入伍，在经济建设时期重回校园传道授业、为培养下一代人才而奉献。他始终将国家利益放在个人利益之前，肯吃苦、讲责任，体现了一个共产党员的担当与修养，令我们无比敬佩。

习近平总书记在与北京大学师生座谈时说：“人生的扣子从一开始就要扣好。”茅老师的人生“扣子”，从就读“二八专业”开始就扣得很端正，以后面对每个人生“扣子”，他都能正确选择从容应对。作为新时代的大学生，我们肩负着实现中华民族伟大复兴的历史使命，但我们面对的诱惑也更多。为了走好今后的人生道路，我们需要传承前辈们的家国情怀，不负时代，不负韶华，在社会主义建设的每个岗位上行稳致远。

（撰稿：同济大学新生院　何烨、缪雅如）

结合本校实际　不断开拓创新

——记周家伦同志的先进事迹*

周家伦

同济大学原党委书记、原校关工委主任

* 本文摘自“情系教育　爱心奉献”2006—2007年度上海市教育系统关心下一代荣誉奖事迹汇编。

周家伦同志自2001年担任关工委主任以来，按照上级的要求，结合本校实际，坚持科学发展观，不断开拓创新，有效地推进了关心下一代工作的开展，为国家培养合格建设者和可靠接班人作出了积极的贡献。

组建领导班子，加强关工委工作

在校党委的领导下，周家伦同志带领校关工委组建了由十名离退休老同志组成的关工委常务工作班子，这为学校关心下一代工作提供了坚强的组织保证。在周家伦同志带领下，常务工作班子的同志积极开展工作，以身作则，带头开展关工委理论研究，撰写高质量的论文，指导学校关工委工作扎实开展。学校专门为关工委提供了办公场所、办公人员、办公经费，并将所需经费列入学校的经费预算，为他们开展工作给予了物质保障。

建立健全机制，为工作提供保障

建立健全长效工作机制是持续开展工作重要保证。周家伦同志在学校关工委工作中非常注重工作机制建设，在他的带领下，学校关工委建立了长效的工作机制，不断推进关心下一代工作的有效开展。一是实行了党委领导的工作机制。校关工委由校党委书记担任主任，分管学生工作的校党委副书记担任副主任，各学院由院党委书记（总支书记）担任该院的关工委主任，负责关工委的工作规划和协调组织实施，并将关工委的工作列入校、院党委的议事日程，为关工委工作提供可靠的组织保证。二是实行了常务工作班子工作机制。在周家伦同志的倡导下不仅学校成立了关工委常务工作班子，各学院也建立了常务工作班子，两级常务工作班子为关工委工作正常开展奠定了坚实的基础。三是发挥了“五老”作用工作机制。周家伦同志在开展关工委工作中，注重调动和发挥离退休老同志作用，在他的带领下，学校组织了由350多名离退休老同志参加的关工委工作，为开展关工委提供了人员保证。四是建立了工作协调机制。在周家伦同志的带领下，学校关工委常务工作班子成员分工联系基层关工委和党组织，积极与基层党政组织和机关职能部门保持沟通，促进党政群合力开展关工委工作。五是建立了信息传递机制。校关工委运用“简报”和会议等形式，推广经验，交流信息，推动工作。六是建立了激励机制。学校对关心下一代工作成绩突出的单位和个人进行表彰和奖励，激励更多的同志参与关工委工作，已经形成制度。七是建立了学习机制。为了使老同志及时了解国际国内形势，利于工作开展，周家伦同志组织关工委同志学习，并为他们作辅导报告，讲解国家和学校情况，促进关工委工作。八是推行了研讨交流机制。为了不断推进关工委工作，周家伦同志积极组织各学院关工委开展工作交流，用研讨会形式，促进关工委工作深入开展。

构建工作平台，扎实地推进工作

周家伦同志非常注重关工委工作平台的建设，通过平台，为关工委工作提供重要载体。一是构建党建工作平台。周家伦同志组织关工委同志积极参与大学生党建工作，开展对入党积极分子培训。老同志利用自己的亲身经历、坚定的理想信仰、丰富的理论和科学文化知识，为入党积极分子作辅导报告，教育入党积极分子端正入党动机，树立正确的世界观、人生观、价值观，从思想上入党；参与党支部书记培训，为支部书记作开展党的工作、党务工作基本常识和常见问题的解决等辅导，使参加培训的支部书记不仅在理论上获得了提高，同时在实践操作上也学到了技能。关工委老同志还积极参加学生党支部组织的学习活动，与大学生党员共同研讨理论学习体会，做到了教学相长。二是构建德育工作平台。周家伦同志积极组织关工委老同志认真贯彻落实中央 16 号文件精神，为大学生全面素质提高作出了努力。关工委老同志参与学校组织的大学生“做人之道”为主题的大型活动，为大学生讲述做人的道理；参与组织大学生走出校门，服务社会活动，在实践中受教育、长才干；开展与大学生结对子活动，从思想上、学习上和生活上关心帮助大学生，为他们的成长提供帮助；利用校园网，开展网上交流活动，不断拓展工作空间，受到大学生的喜爱。

学校关工委在周家伦同志的带领下，全面贯彻落实党的十七大精神，不断适应新形势需要，积极探索新时期关工委工作的新思路，结合学校实际，扎实稳妥地推进学校关心下一代工作，为党和国家培养高素质人才作出了积极的贡献。

（撰稿：同济大学关工委）

奋斗无悔

赵关孝教授

同济大学口腔医学院

我有幸和同学一起去采访同济大学口腔医学院的退休老师赵关孝老师。一见面就有似曾相识的感觉，因为，赵老师脸上一看就有长期饱经风霜的痕迹，而我来自新疆，太熟悉这样的面孔了。面对我们的采访，赵老师侃侃而谈。

1951年6月他考入南京大学医学院(空军军医大学前身之一)口腔专业。毕业后服从组织安排奔赴广东湛江第四野战陆军医院成为一名军医。他刻苦钻研、积极工作，于1960年光荣加入中国共产党，同年他又因为国家需要，前往新疆支援库尔勒解放军第237医院。为了党和人民，扎根边疆整整27年，将青春书写在祖国边疆。

在新疆，赵老师他们刚到驻地时，没有房屋就睡帐篷，后来他们自己建房屋、搞生产，还养猪、种菜，帮当地农民收割粮食。他到过寸草不生的戈壁滩，到过荒无人烟的大沙漠。遇到沙尘暴时，黄沙满天，飞沙走石，但他和战友们仍精神焕发、斗志昂扬坚持工作。作为口腔科医生，他积极钻研技术，常常练到深夜。他对技术精益求精，他严格要求自己，努力提高专业水平，以便更好奉献社会，服务人民。有一次抢救一名蜂窝织炎患者，病情凶险，且缺少药品，赵老师就运用自己过硬的医学知识，自制灭菌大蒜汁静滴，挽救了患者生命，在当地传为佳话。多年来他在新疆治疗、服务过成千上万名患者，他始终坚持对患者负责、为病人着想，绝不过度治疗。

宁可多治一颗牙，绝不多拔一颗牙；宁可多保一颗牙，绝不多镶一颗牙。

1987年9月赵老师转业回上海铁道医学院（后并入同济大学）。他兢兢业业、认真尽责、甘于奉献，他关心学生、教书育人，受到学生敬重，每年新生进校，都要与学生座谈，交流，还与一些学生结成对子。他以其丰厚的人生阅历鼓励学生们传承红色基因。赵老师深情寄语我们："一要敢于担当，展现作为；二要勇于斗争，不辱使命；三要千锤百炼，练就本领。方能不负时代，不负党和人民。"

交流中我惊喜地发现，赵老师在新疆工作27年的地方就是我的家乡库尔勒。赵老师年轻时积极响应党和国家号召，从上海来到新疆支援建设；而我在国家政策支持下，从新疆来到上海同济大学口腔专业就读。我要感恩党，感恩祖国，也要感恩像赵老师那样一批又一批无私奉献支援新疆建设的老前辈们，我们新疆的孩子才有机会走出大疆，到祖国内地开阔视野，提升自己。如今接力棒已传到我们这一代人手中，作为新时代的追梦人，我们要传承红色基因，赓续红色血脉，向前辈们学习，学习他们始终坚定理想信念，学习他们全心全意为人民服务的精神，并为他们无悔的奋斗感到自豪。我下定决心：听党话、感党恩、跟党走，刻苦学习，努力提升专业水平，增强服务社会和人民的本领，毕业后回到家乡，为建设新疆，为实现中华民族伟大复兴贡献青春和力量。

（撰稿：同济大学口腔医学院　王萍）

薪火相传携后辈

施惠生教授

同济大学材料科学与工程学院

初见施惠生老师，我们是惊讶的：已至古稀之年的他还是一头黑发，身穿运动休闲套装，精神抖擞、步履矫健，笑意盈盈地快步而来。走至近处才发现还是岁月不饶人，两鬓显露出了点点白发。坐下后他微笑着和每一名学生打了招呼，“和蔼”“亲切”，这是我们对施老师的第一印象。

砥砺前行，自强不息

回忆起自己当时求学的经历，施老师仍然感慨万千。1968 年恰逢国家号召知青下乡，青年学子纷纷前往乡野。还在读初二的施惠生也响应号召，作为知青下乡插队，投身于劳动之中。那时忙于劳作，学业受挫，他也曾一度想要放弃，但是父亲一直鼓励他振作。凭借着自身毅力和有限的图书资源，他花了十年的时间，利用空余的时间自学完了所有高中的知识，并在 1977 年恢复高考后，成功考上了同济大学。施老师还讲述了选专业的一段小插曲：一开始这个专业并非他的选择，而是他的父亲在填写志愿时，灵光一现的落笔，在机缘巧合下，他进入了建筑材料工艺系。本科毕业后，施惠生报考了中国建筑材料总院，那年该院总共招收了三名学生，其中一个便是他，他的导师曾是浙江大学地下党的负责人，和著名的物理学家李政道是同班同学。在那里，施老师正式开始了科研生涯。在硕士研究生期间，他便参与了国家攻关项目中“窑外分解窑”的子课题，这个项目也获得了 1987 年的国家科学技术进步奖二等奖。而那一年国家科学技术进步一等奖的位置空缺，二等奖的含金量可见一斑。

学术荣光，千秋永续

在施惠生硕士毕业之际，他面临着一个很重要的选择。施惠生渴求能去国外获取先进知识，有所成就回来报效中华。但那时我国著名材料科学家黄蕴元先生多次与施惠生相约面谈，言辞真诚，忖度再三后，施惠生最终投身黄教授门下，成为黄老师带的最后一个博士生。黄蕴元先生学识渊博、学术造诣深厚，在他的指导下，施惠生先后获得了国家科学技术进步奖二等奖、上海市科学技术进步奖一等奖等荣誉，还曾被邀请作中国材料大会的顾问。

作为青年才俊，施老师也曾作为访问学者前往德国亚琛工业大学进行交流，目睹国内外收入之悬殊。施教授始终坚守信仰，自觉担负起建设祖国的使命，努力提高自己的外语水平和专业能力。回国后，对应国家的战略需求，结合自身所学，他成功在多个交叉领域获批了国家自然科学基金资助项目。

黄蕴元先生曾对施惠生说："一定要打通水泥和混凝土的学术壁垒，不再让他们作为独立个体存在，找到他们的联系。"他为此不懈努力，倾注了自己的半生精力。如今，水泥与混凝土的联系已深入人心，这种观念的转变离不开施老师的贡献。

授业传道，桃李满天

黄蕴元老先生不仅在学术上建树卓越，引导施惠生在科研方面获得了成长和认可，同时，他极具启发性的教学方式也让施老师受益匪浅。

在施老师看来，培养优秀学生的关键问题之一，是要让学生学会主动思考，因此他总是对学生严格要求。他曾说自己的学生刚入学的时候，也有个别基础不是很扎实的，但这不是问题，问题在于教师怎么去指点和教导。教师要了解学生的特点，因材施教。每个人都有自己适合发展的道路。有些学生适合在高校搞科研，有些学生适合在企业做生产管理，要鼓励学生根据自身的特点谋发展，而不是都按照同样的标准模板去复制。施老师也分享了一名学生的成长路径：那个学生很聪明，很喜欢动脑思考，但是不喜欢写论文，他毕业后进入企业充分发挥自己的才干，目前也已成为研发中心的主任。

正是施惠生老师在教学之道上的始终全心投入和不遗余力，才培养了一批又一批杰出的学子。他的学生也受益于他的科研理念和教学方法，在高校、企业、科研机构、机关单位等领域都有出色的表现。

知识之光，奉献之花

知识若明月，奉献如砥柱。蜕变前行，不负韶华。

施惠生教授的人生经历如同一幅宏伟的画卷，峥嵘的故事在时光的长河中绽放光芒。从青年的劳动时期到大学的艰辛求学，再到研究生时期的科研探索，每一个阶段都有过艰辛与选择，饱含着奋斗与拼搏。在人生的旅程中，才华与毅力相辉映，拥有一颗奉献的心，方能绽放出绚烂的人生芬芳。

对于我们这一代年轻人，施老师寄予厚望。他说：“做学问切不可脱离实际。眼界要广阔，专注于材料，但又不能只拘泥于材料本身。”作为科研工作者的后备军，在成长为一名合格的科研人员路途中，我们一定不能局限于自身特定的学科领域，除了关注建筑材料本身的发展，还要注重建筑材料科学与其他相关科学之间的交叉融合和实际工程中对建筑材料提出的需求，更要紧跟国家的最新发展战略，做到科研工作与实际工程的结合，实现学术蜕变，为祖国带来更大的贡献。

（撰稿：同济大学材料科学与工程学院　李显军、杨肯、谷帅族、李泽磊、何新东、舒其林）

无悔的红烛*

高乃云教授

同济大学环境科学与工程学院

* 本文获评 2022 年教育部关工委“读懂中国”活动优秀征文。

初次相见，她手拎一个普通的布袋，戴着一顶朴素的紫色帽子，一头利落的齐耳短发、一副老式眼镜、一身简单的蓝色外罩衣、黑裤黑鞋，给我们的第一印象就是：“太亲切了！”当被询问是否需要饮茶时，她摆手笑道：“不用了，我自己有的”，说罢从布袋里取出自带的保温杯，一边摘下围巾与口罩，一边抬手扶了扶眼镜，仔细端量起桌上摆放的采访提纲……

无华冠丽服妆扮，却透露出高雅与智慧；无物欲劳心，故散发着深邃与坚定，便是这样一位朴素的老人，用尽一生气力，守护一方净水。从青春到暮年，她为专业领域的进步发光发热；从青丝到白发，她为后辈学子的成长倾尽丹心。她就是“同济大学卓越女性荣誉奖”获得者——高乃云教授。

忆往追昔，巾帼向党

高老师的一生总与“要强”一词相关，打年少起，总想着要“为女孩子争一口气”，绽放出自强不息的巾帼风采，展现出与众不同的“她”力量。

工农兵学员基础普遍较差，但是作为首届工农兵学员的高老师好强，她不允许自己落后于人。学校那时为她安排了进修机会。“那时候学习外语可不简单啊”，回忆起往事，高老师的眼睛里闪烁着光芒，“白天上课，下课了赶紧又钻进自习室背单词，我当时就想着，一定要把英语学好。”高老师克服了繁重的课业压力，取得了优异的成绩，最终留在了教研室。正是这种吃苦耐劳不服输的精神，带领着她不断克服后来的重重困难。

后来，高老师跟随杨钦教授并担任其助手。她认真学习计算机知识并夯实了计算机基础，凭借着踏实勤奋得到杨钦教授的认可，也学习到如何捕捉科研领域的最新方向——“全世界研究的最新成果总归是写了英文文章、发表在英文杂志上，你要研究新东西、新课题、新方向，就要到英文堆里去跑。”高老师特别强调，我们要时刻保持对学术的敏感，时刻保持对未知领域的好奇，时刻保持求学和质疑的科研精神。

师者大爱，拳拳育人

风雨润桃李，黑白画春秋。高老师教书育人几十载，为国家给排水行业培育了许多人才，他们或继承衣钵教书育人，或奔赴行业守卫碧水，或留守科研开拓创新……

在数十年的执教生涯中，她始终怀抱着最真诚的态度对待每一名学子，直到现在，她还能自豪地脱口而出她这一生培养了 42 名博士生，78 名全日制硕士和 34 名非全日制硕士。她对学生充满关爱而非溺爱，常常毫不客气地指出学生的错误和缺点，“在外面别人都夸赞他们，他们尾巴就翘得老高，那只有我来做这个‘坏人’。只有充分认识到了自己的缺点，敢于面对它和改正它，他们才能更快更好地成长。”

“朝暮不辞培苗苦，春秋只为育材忙。待得桃李芬芳后，青眉染雪鬓堆霜。”高老师关心学生生活且细致入微，会因人而异地给予学生相应的帮助：当她的博士生无力负担治病费用时，她自掏腰包助其渡过难关；当学生首次尝试撰写英文论文时，年近花甲的她与其讨论细节直到深夜，一夜未眠后清早便给学生修改稿件；对待“调皮”的孩子，她独有一套心得方法，“越是‘捣蛋鬼’越要和他交朋友，越要主动地去关心他，与他交心”。

三尺讲坛授华识，半寸寿笔解疑章。“文高语妙阐德语，学博言切益明良。”高老师用自己的言行生动诠释了为人师表的真正内涵。

开山踏水，寄语未来

择一事，终一生。高老师退休前专心科研，在饮用水处理和供水技术等领域都发挥着骨干力量，担任了国家“863”计划等重大工程项目的负责人。

在饮用水处理专项调研过程中，她和团队艰苦探索出了增加生物预处理、活性炭吸附等帮助处理水污染物质的预处理过程，并将此整理编写到了第五版教材中，填补了专业领域的空白；在负责太湖水体富营养化项目时，对除藻、除臭等问题展开的一系列研究，也推动了我国湖泊富营养化治理进程……

“打好理论基础，攒足实践经验，希望大家脚踏实地，厚积薄发。吃得苦中苦，才能走得稳、走得远。”

初心不与年俱老，奋斗永似少年时。从高老师身上展现出的“五老”精神是时间打磨出的璞玉温润有力，是浇灌心灵的甘雨无声润物，增强了我们对专业的信心。

同济是工程师的摇篮，新时代环境学子一步一个脚印扎根土壤，无畏路途坎坷心向远方，将论文写在祖国大地上，用青春告白祖国！

（撰稿：同济大学环境科学与工程学院　徐雅、蔡松楷）

梁进老师和她的数学百花园*

梁进教授

同济大学数学科学学院

* 本文获评 2022 年教育部关工委“读懂中国”活动优秀征文。

在梁进老师的数学课堂上，你不会感到枯燥，反而像是走进了百花园。

刚入学时，我去参加数学科学学院举办的新生分享会，那是我第一次见到梁进老师，她是分享会的特邀讲演嘉宾。作为金融数学领域的知名学者，梁进教授出版过多本教材、专著和译作，主持过多项国家级科研项目，并在美式期权的最优收敛速率、信用等级迁移风险评估和碳减排优化等方面取得了系统性的重要成果。分享会上，她融通中西、才思敏捷，首先作了主题为“数学、金融与艺术”的演讲，将许多人视为畏途的数学之美娓娓道来，一展大师风范。之后在师生互动环节，她又从更高的维度将文史哲与数理化有机串联起来，让我醍醐灌顶，有了豁然开朗之感。

我曾在通识选修课“数学与艺术”的课堂上再遇梁进老师。一改记忆中严肃端正的女学者形象，她衣着朴素，言笑晏晏，与学生相谈甚欢。她的课堂里，有凡·高的《星空》与她自己用高倍望远镜拍摄下来的星云图，更是通过对比二者给学生们展示了抽象画作中体现的真实世界的星云流动；有英国诗人布莱克长诗《天真的预言》中开篇诗句的解读：“To see a world in a grain of sand， and a heaven in a wild flower.”她通过数学中无穷大和无穷小的概念分析“一花一世界，一叶一菩提”的诗化哲学，谈论学科之间的触类旁通。学生们谈起她的课堂时，总说：“梁老师很奇妙，听她讲课，就好像将理工和人文的颜料调在一起涂抹画布。”她讲的东西，看似与数学相去甚远，却在她的讲解下处处与数学有关，在她的课堂中，数学不再是只可束之高阁的艰深理论，而是人人可以欣赏，人人可以理解的美丽科学。

梁老师的先进教育理念不仅仅体现在学科间的融会贯通，更体现在与学生们探讨人生哲学，引导学生们成长为既脚踏实地又心怀天下的人才，启迪学生们对人生进行全面的规划。在长达十几年的国外访学中，她的科研之路格外坎坷。梁老师回忆道：“尽管在国外丰富的研学经历使我大大开阔了视野，并走近了国际科研的前沿，但在国外我一直没有找到自己的地盘和着力点去放手搏杀自己感兴趣的课题，一直处于一种‘打工’状态。”尽管在国外的公司工作收入不少，但她听从自己内心的召唤，于 2005 年毅然回国，加入了同济大学姜礼尚先生领衔的金融数学团队，在这里找到了自己教学科研的位置。那时，梁老师已经过了科研的最佳年龄，也遭受过病魔的折磨，但她享受着科研的滋养。她所热爱的事业与脚下的土壤给予了她无穷的动力，她希望将这份对生活与科研的热爱，传承给这些未来世界的有用之才。

梁老师探索数学与许多领域结合的科普工作，诗歌、绘画、自然……她似乎总能从生活的方方面面挖掘出相关的数学知识，再将这些知识富有趣味地传达出去。她编写的科普图书《大自然是个数学老师》，登上了2020年5月的中国好书榜。不过最让梁老师感兴趣的，还是数学与艺术的结合。她有一个最大的爱好，就是参观博物馆，从数学学者的角度去欣赏每一件作品，思考每一件艺术品中展现出的属于那个时代的审美与思想，在这些人文与艺术的宝贵遗产中汲取营养。她将自己的思考与心得用文字记录下来，著有散文集《如河的行板》、游记《淌过博物馆》，并接连出版科普读物《数学与名画》《名画中的数学密码》《诗话数学》。

梁进老师的人生经历、生活履历让人钦佩。她与教师这份职业结下了不解之缘，辗转40年的她当过幼教、小教、中教、大教、研教，因此她对改进和创新教育方法有着义不容辞的责任感。来到同济之后，梁老师更是将注重文理兼修、学科贯通的教育思想付诸于大学生的教育实践中，在同济开设了通识课程“数学与文化”和“数学与艺术”。她几乎将科研之外的全部业余时间，都用在这些看似“跑偏”的教育实践中，而她在学生群体与各大科普网站上居高不下的人气又证明，她的这些尝试“歪打正着”。

梁老师在数学科普方面的工作启发并感召着学生们去发现数学之美，并且跟她一样，将数学的美好通过学科融合的方式传达给其他人，让大众对于数学的认知从“好难好无聊”转为“好美好有趣”，让人们能够像欣赏一幅画、一首诗一样，去欣赏数学。

我们可以看见经济与管理学院的学生介绍数学与错觉艺术；建筑与城市规划学院的学生讲解折纸艺术中的数学；数学科学学院的学生们组成了数学文化宣讲团，或是录制授课视频，或是制作数学游戏集，或是到小学去实地演讲，甚至通过网络直播给山区学校的孩子们讲解数学。梁老师讲过的数学与名画、数学与诗歌方面的知识，也出现在了她的学生们的课堂上，将传递给更多的学生，影响着更多的人。梁老师与学生们之间，传承的不仅是知识，更是先进的教育理念与对数学的热爱。她将自己的学生视为幼苗，希望他们得到阳光和雨露的关怀，而现在越来越多的幼苗已经长成了大树，为新一批的种子们洒下养分。薪火相传间，梁老师的数学百花园已是硕果累累。

（撰稿：同济大学数学科学学院　吕东蔚、雷佳颖）

矿工的本色 *

唐益群教授

同济大学土木工程学院

* 本文获评 2023 年教育部关工委“读懂中国”活动优秀征文。

夜色渐浓，圆月高挂。一天的高强度劳动过后，身边的工友们早已酣睡，但此时的他凝视着屋顶，久久不能入睡。“要怎样才能做到既保证安全还能降低掌子面挖煤时的工作强度”等问题，困扰着年轻的唐益群，无数个黑夜里的深思如金子般宝贵，激励着这位青年人不断前进。江苏大屯煤矿井下的工作经历，锻造了他坚韧的品格和顽强的毅力，培养了他脚踏实地的作风。也使他和矿井、和煤矿工人建立了隔不断的浓浓情感。

高考恢复后，唐益群毅然选择了同济大学工程地质与水文地质专业，渴望学习与煤矿地质勘探相关的知识。大学期间他勤奋刻苦专注于专业知识的学习，立志为实现“中华民族伟大复兴”贡献自己的力量。

永不停歇的“科研陀螺”

告别矿工生涯，唐益群走进大学校园读书，又留校当了老师，但惯性的生物钟还是在催促着他像陀螺一样不停转动。每天完成教学工作后，晚上他都会到图书馆或在宿舍里寻一方静谧，认真钻研国内外专业资料。在煤矿工作期间养成的深夜思考的习惯，有助于他深入思考和解决问题。“当时没有电脑，一天的报告和推算几十页是常有的事。”唐益群老师笑着回忆说，他常常没日没夜地写，写到手指发酸发麻连笔都拿不稳。“太忙了，几乎只有周日回家，平时所有的家务事都是我爱人在处理”，唐益群言语间满是对爱人的愧意。

在 20 世纪 80 年代中期到 90 年代初，唐益群老师曾三度深入思考自己的科研主攻方向。最初，他选择了“地层中地下水污染前锋面迁移规律研究”，自掏腰包购买材料并制作试验仪器，进行科学实验。为了服从国家战略需要，唐老师又两次改变科研方向，最终确定将“城市工程环境效应与地面沉降防控”作为自己的毕生事业。在这一研究领域，他申请并主导和参与完成了多项国家自然科学基金项目、国家“973”计划专项子课题、国家科技支撑计划专项子课题以及众多省部级和地方科研课题。回想起年轻时，在矿井一天高强度劳动过后，久久不能入睡，脑海中翻滚着保障安全和降低工作强度的难题。如今年逾古稀，唐老师得偿所愿。

一支“始终燃着的火把”

在唐益群教授和学科组全体老师的努力下，同济大学地质资源与地质工程学科在2003年获得了二级学科博士点，实现了学科发展跨越式的突破。矿工的工作经历，使他非常重视理论与实践的紧密联系。他致力于理论与实践教学相结合的授课方式，在深入了解大规模城市建设引发的工程地质灾害后，唐老师决心创立新的课程体系以作为自己新的研究目标。

一场填补行业领域空白的开拓性创新战役拉开帷幕——他创设了“工程地下水”这门新的本科核心教学课程，以第一作者身份出版了本科教材《工程地下水》和英文版本科教材 *Groundwater Engineering*。后又陆续出版了多本研究生教材和专著，实现了他为追求理论与工程实践相结合创立新课程的最终目标。

在唐老师几十年的教学生涯中，培养博士生、硕士生和指导博士后共计 70 多人。现他们都已成为各领域的杰出人才，多名学生担任单位的技术领导职务，其中进入高校担任大学教师的就有 14 人。唐老师和他的学生们共同发表论文 240 多篇，授权国家发明专利近 20 项。

谈及学生，唐老师很开心——学生如此优秀，夫复何求。

冲在第一线的“战士”

2008 年，汶川地区地动山摇之间，成千上万的生命被废墟掩埋。唐老师看电视的时候，潸然泪下。他知道，此时此刻他的背后是万千中国人的等候。他主动请缨前往汶川抗震救灾第一线，参加建设部派出的“房屋应急评估专家组”，评估地震灾区的建筑物受损情况。房屋应急评估过程中大小余震不断，曾有一次专家组在评估青川县医院一座楼房质量时，在楼中遭遇 5.2 级余震。他们当时所处的危房强烈晃动，所幸建筑物整体结构还算稳定，没有倒塌。唐老师和他的同事们冒着生命危险，高质量地完成了“应急评估”任务。

2010 年 3 月，唐老师参加了水利部派出的抗旱救灾专家组，前往贵州平塘县指导工作。他为当地干部和技术人员提供了专业的指导，帮助他们找到地下水源，为干旱的山区村镇民众解决了燃眉之急。

作为上海市及交通运输部的专家，唐老师多年来奔波在祖国各地的建设工程中，足迹遍布祖国大江南北。现在他虽然退休了，但仍积极参与全国各地的工程建设学术会议，为工程技术人员授课等。

民族复兴伟业的“奋斗者”

唐老师一生信奉着“中华民族伟大复兴”是我辈的职责，他积极用自己的知识和才能为祖国的工程建设服务，以回报党和人民对他的培养之恩。他曾写下一首打油诗《思绪》：“已是人间七旬翁，仍可策马啸西风。撰著自笑无杰句，不忘‘初心’砥砺攻。”昔日立有凌云志，中华复兴记心胸。喜看学子传承继，岂能篱下学陶公！

雄关漫道，任重道远，奋战正酣，踌躇满怀。唐益群教授几十年如一日地潜心钻研、深耕不辍，心中依靠的就是追求真理、勇攀高峰的科学精神。我们要以唐老师为榜样，主动到实践中经受艰苦环境的磨练，自觉锻造坚韧的品格和顽强的毅力，在今天的学习中更要胸怀科技报国的远大抱负，决心把科研成果写在祖国的大地上，为“强国有我”作出我们这一代人的贡献。

（撰稿：同济大学土木工程学院　陈建翔）

三尺讲台　心系学生*

龚佩曾教授

同济大学电子与信息工程学院

*　本文获评 2022 年教育部关工委“读懂中国”活动优秀征文。

她从教30余载，潜心钻研计算机基础教学。她对教育事业挚爱满怀，连续五届获得国家级教学成果奖，享受国务院政府特殊津贴，获评国家级教学名师、宝钢优秀教师特等奖，上海市巾帼建功标兵等。

她，就是同济大学电子信息与工程学院教授龚沛曾。

龚沛曾出生于一个普通的教师家庭，父母都是重点中学的教师。自小耳濡目染的是父辈为教育事业呕心沥血，获得桃李满天下的喜悦和国家给予的崇高荣誉，因此打少年时起，她便立志做一名像父辈一样的优秀教师。

龚沛曾刚进入中学，便赶上了“文化大革命”，后来下乡去插队。在农村九年多的锻炼，她磨练出了吃苦耐劳、百折不挠的性格。我们问她在农村最大的收获是什么？她说自己“最自豪的就是加入了中国共产党”。

1977年恢复高考，那时正好农忙，离高考只剩下一个多月，龚沛曾起早贪黑认真复习，终于考上了大学。龚沛曾不无感慨地说：“我像个拼命三郎一样，非常努力也非常幸运地抓住了知青上大学的末班车，实现了自己的夙愿。”

毕业后她从事计算机基础课教学。她说：“我真心喜欢教学，喜欢当老师，我相信我从事基础教学能够做好，我对自己有信心。”站在三尺讲台前，面对思想淳朴、求知欲望强烈的学生，龚沛曾“总觉得自己有一种使命感，促使自己精神振奋，一定要深入浅出地讲好每一堂课”。龚沛曾参与了学校计算机中心承担的“上海市高校招生系统”软件开发，当时属全国第一家。她在学校未学过COBOL语言，一边自学一边完成程序模块的编写，常常在办公室通宵达旦，不知疲倦地制作教学课件。一门心思就是想把事情做好，使课程质量显著提升。

她开创了计算机基础教育领域的多项国内先例：最早出版新课程体系教材、最早实施大屏幕教学，通过赠送自制的多媒体课件最早实现资源共享，全面实施上机考试等。计算机基础教学改革项目又于2001年荣获了上海市教学成果奖一等奖、国家级教学成果奖二等奖。

一步一步，龚沛曾带领着团队不断产出教学硕果，陆续承担了国家、上海市多项教改项目，获评国家级教学团队、上海市教育系统“三八红旗集体”等称号。由她主编的教材、主持的项目，所获奖项亦是不胜枚举。

龚老师常常用很浅显易懂的例子向学生说明计算机中原本很抽象的概念，使他们爱上计算机课。为顺应信息技术发展趋势，她又率先开设慕课，立足计算机基础教学的特点，将互联网与教育教学深度融合，不断突破、追求创新。她像块海绵般时刻准备着吸收新知识。她对我们说：“我的一生当中经历了好多个‘零起点’，通过亲身经验，我始终觉得行行出状元，只要你肯学、肯干，总归会成功、会有收获的。”

我们看着已经退休多年但仍然神采奕奕的龚老师，感慨万千。几十年来，龚沛曾在“三尺讲台”上辛勤挥洒着汗水。她从来没有歇过寒暑假，多年养成了“闲不住”的习惯，即使退休后也喜欢经常到学校的办公室转转，像块海绵般时刻准备着吸收新知识。龚沛曾勤奋、严谨、务实的教风感染了我们。她始终践行着自己的初心，像父辈一样，尽心竭力去成为一名不懈追求、忘我奉献的好老师。我们要以龚老师为榜样，不忘使命，不惧担当；不因人生失意、彷徨困顿而失去信仰，徘徊不前；不因初尝成功、成果斐然而骄傲自得，自诩权威。仰望星空、脚踏实地，砥砺前行、自强不息，与时代同行、与党和祖国同行，以科教济世，以自我担当赓续红色血脉，在广阔天地续写青春和荣光！

（撰稿：同济大学电子与信息工程学院　朱捷）

雾霾治理的先驱者

蒋大和教授

同济大学环境科学与工程学院

你们还记得40多年前雾霾天的样子吗？

有一位老人对此记忆犹新、侃侃而谈，他就是我国大气污染治理研究的先驱者蒋大和教授。

大气磅礴，勇攀高峰

改革开放前，全国各地，$PM_{2.5}$“十面霾伏”，环境污染非常严重，我们已为此付出了沉重的代价。而后正是一大批伟大的大气学者，为我们揭开了这层迷雾。蒋大和老师是其中一员。他是国内第一批投身大气科学研究的先驱之一，他将国外先进的知识和技术融会贯通，并在中国的环境治理中成功应用。正如党的二十大报告强调，必须坚持“创新是第一动力”，蒋大和老师的创新精神，为中国的大气研究开创了新的篇章。

20世纪60年代末，一名意气风发的少年，怀揣着对科学的热爱，迈进哈尔滨工程学院，毕业后进入中国科学技术大学读研深造。在学习和研究的过程中，他逐渐着眼于世界性的难题——颗粒物的湍流扩散。1980年，他成为专业里唯一一个前往美国深造的学生，接触到研究领域的最前沿技术。他师从世界上第一个研究颗粒物湍流扩散的科学家陈善谟，主攻湍流理论方向，在美学习的机会让他对大气科学研究产生了更加浓厚的兴趣，并深耕钻研。学成后，他放弃了美国优渥的工作环境，毅然决定回到祖国，他说，我曾设想过我的许多种工作，却从没想留在国外，我要为祖国服务。

蒋大和老师在国内大气研究的初期面临着巨大的挑战。国内的实验条件落后，与国外的知识和实验条件相去甚远。然而，他毫不气馁，克服了无数的困难。从风华正茂到将近古稀之年，蒋老师与“风云变幻”打了一辈子交道，在这漫漫征途中，用汗水和智慧收获了一大批原创性、关键性的研究成果：通过研究酸雨的起源、影响以及控制，以峨眉山为研究对象，建立了全国第一个拉格朗日后向轨迹模型；以广东省为研究对象，建立起了全国第一个结合云雨模型的短期欧拉模型，等等。这些首创工作为我国天气理论研究以及大气污染控制事业作出了卓越的贡献。他的不懈努力使他荣获1990年国家科学技术进步奖二等奖、1989年国家环保局科学技术进步奖一等奖等荣誉。

结缘环科，踔厉奋发

硕果累累，种种成就，实则来之不易。蒋老师在采访中不断感慨的那艰苦岁月朴实无华却又弥足珍贵。刚来到同济大学环境学院时，因为学院是以研究"水"为主的，设立"气"的研究是开始。很多方面都是从头开始，尤其是编程方面。

忆起当年，蒋老师曾连续在学院楼里艰苦钻研编程近一个月，物资匮乏的年代里，两个小小的房间，一个用来做研究，承载着理想，一个则用作临时宿舍，小憩充能。炙热的夏日，简易的宿舍没有床铺便席地而睡，为了防止蚊虫叮咬，只能门窗紧闭，不开灯光，这样恶劣的环境仍不能影响他心中那份对事业的热爱与纯粹。

当蒋老师了解到环境信息系统对于环境治理、城市管理的作用时，他坚持自学编程语言，最终编写出了一个地理信息系统。1995年前后，他为新疆乌鲁木齐制作了嵌入大气模型，用于计算污染物的浓度分布地理信息系统奠定了基础。当十几年后蒋老师再次回到乌鲁木齐进行交流时，当地研究人员使用的依然是当年的系统，研究人员们说之前也尝试换了几个，发现还是不如蒋老师的系统好用。

激励追梦，照亮未来

采访的过程中，我们也仿佛跟随着蒋老师的回忆感受了他与大气结缘、耕耘、收获的波澜壮阔的岁月，抑或艰辛，抑或荣耀，都足以让我们为之震撼。

在谈及科研的困难，就业形势的严峻问题时，蒋老师建议，从事科研工作的学生不要有太多选择上的顾虑，而要行动大于想法，在努力和付出的过程中收获；迷茫的学生要趁年轻勇于试错，不要陷入拖延思考的僵局。蒋老师也曾多次告诫学生，科学报国从来不是说说而已，科研人要有科研人的梦想，要有科研人的责任和担当，科研人的青春要奉献给所研究的事业，要奉献给我们的祖国。他说，如果他这几十年来的研究能为我国的科研事业作出哪怕一点点贡献，就心满意足了。

退休后蒋老师并未放下对祖国大气环境的关怀之心，而是坚持和世界上的年轻学者们交流探讨，深入研究雾霾和其他空气污染问题的成因与治理。

蒋老师投身科研的几十年，见证了环境治理从“先污染后治理”到全面落实习近平总书记提出的“绿水青山就是金山银山”生态文明思想的伟大飞跃。

蒋老师的故事激励着我们，教导着我们。蒋大和老师的一生都在强调以国家利益为重，他的研究始终紧密围绕着国家的环境问题。作为现代环境人，我们应当向他学习，不仅要有远见，也要有担当。我们应该秉持着国家利益至上的原则，为环境保护事业努力奋斗，无论前路多么曲折，都要义无反顾。正如党的二十大报告中所强调的，“新时代伟大成就就是拼出来、干出来、奋斗出来的”，蒋大和老师的一生都在践行这一宗旨。

在广阔天地里找到属于自己的位置，为国家的环境事业，努力前行，以自信饱满的心态迎接未来！

（撰稿：同济大学环境科学与工程学院　秦兴澳、
李淑雲、王俊策、胡皓淳、陈媛媛、金迪一）

回忆篇

呕心沥血架桥人

——记同济大学关工委副主任万腓力

万腓力

同济大学关工委原副主任

一个人做一件好事容易，倾其全心坚持在关工委一线工作22年却不容易。同济大学关工委副主任万腓力就是这样一位有党性、有责任心，又有能力和毅力，受人尊敬的老党员。

万腓力在担任上海铁道大学党委副书记时，就是学校关工委的第一责任人。2001年他退休后，即加入学校关工委队伍并担任同济大学关工委副主任。

22年间，万腓力为关心下一代工作倾注了全部心血。自担任同济大学关工委副主任以来，先后协助两任常务副主任，在把握全局，探索关工委体制与机制建设方面，提出了许多重要建议和举措并付诸实践，使同济大学关工委工作不断进步，相继获得上海市教育系统、上海市、教育部及全国关心下一代工作先进集体等光荣称号。特别是他领衔设计建立的同济大学关工委网站，在上海乃至全国教育系统关工委中独树一帜，有较大的影响力，多次受到教育部关工委的表扬。

万腓力同志有敏锐的前瞻性视角。根据同济大学多校区及居所和校区距离远、分散化的现状，传统的老同志与学生互动开展“关心”工作的方式遇到挑战。2006年万腓力提出关工委运用互联网平台开展工作的新设想，并撰写了《论关工委参与校园网建设的必要性、可行性及途径》一文。他认为校园网作为大学生思想政治教育的新阵地，具有高效性、开放性、平等性以及不受时空限制的特点，正是适合关工委在新环境下开展工作的有效工具。设立关工委网站的想法得到上海市教育系统关工委领导和学校党委的大力支持，2008年上海市教委将“高校关心下一代工作网站的设计运作研究”课题下达给同济大学关工委，万腓力担任该课题组负责人。经过他和课题组成员的努力，不仅课题获该年度上海市教育系统关工委课题研究特等奖，同济大学关工委网站也在2008年年底如期开通。2009年网站被评为上海市教统关工委示范特色项目。

万腓力以身作则、身体力行。网站建设初期，为适应工作要求，万腓力带头自学有关专业图书，弥补计算机知识的不足，并不断与编辑组成员互相切磋，边学习、边讨论、边实践。从总体规划、过程设计、报告执笔、队伍培训、教材编写到稿件的组、荐、审、校及录编上网，事无巨细，带头身体力行。由于网编组成员都是退休人员，又都是第一次接触网站运营，刚开始不敢上网，怕出错，万腓力就根据网站性能，编写了适合老同志阅读习惯的讲义，并举办了三期培训班，手把手地教大家操作。最后有十名老同志应聘上岗，还聘用了十名学生作为网站助理。这样，网站的编辑队伍得到了保证。

万腓力在网站的设计和运作管理中，始终坚守网站的政治思想定位。他多次在常务组、网编组会上强调：办网站好比办报刊，关工委网站要有老同志办“青年报”的特色，主要办给青年人看，要弘扬老一辈的优良传统，要有益于大学生德、智、体、美、劳全面发展，为大学生思想教育、身心健康成长服务；全心全意为大学生服务应是关工委网站的宗旨。

他对工作认真负责，他拟定的《网络工作计划》《网站功能设计任务书》《课题报告》《网站用户指南》及《致网页制作公司的备忘录》等文稿，图文并茂，具体细致，非常方便老同志理解与掌握。十几年来，他主持编辑组内外大小会议 60 多次，每次会前都精心准备，为与会者编写、打印书面材料，少则两三千字，多则数万字。

万腓力具有创新精神。为了确定网站的服务定位和运作机制，他曾先后两次在网上对兄弟高校关工委及学校主渠道有关部门 20 多个网站的栏目设计、每一个与育人有关栏目的发文及点击率作统计分析，借用“他山之石”进行比对研究，从中汲取精华。他清醒地认识到，网站要持续正常运作，真正在学校“三全育人”方面发挥一定作用，还有许多事要做，包括安全管理、科学分工、稿件质量把关、服务对象、信息反馈和网站的效益评价方法等，都要持续地探索和实践。他和网编组成员一起通过网站的学生助理，建立与学生的沟通渠道；通过与党校、学生处、团委等部门联合开展网上阅读征文活动，扩大网站宣传。他经过多次调研，用大量时间对版面设计、背景图案、栏目设置、后台管理等进行改版，提升了网站界面友好性，使网站更贴近学生。2017 年万腓力提出，现在的学生用电脑的次数明显少于手机，手机微信的功能相比于电脑更方便。在借鉴其他单位经验的基础上，对网站再一次进行改版，增加了微信转发等功能。2021 年 1 月开发了手机移动版，同年 11 月开通了微信公众号，大大方便了文章的转发及阅读。同济大学关工委网站就是在万腓力的带领下，在不断的创新中，开辟了新媒体线上育人工作。

在万腓力和团队的共同努力下，网站开通运行以来相对同类网站，一直保持较高的发文量和点击率，数次读者抽样调查结果也比预期要好。2014 年 4 月同济大学关工委受上海市教育系统关工委委托，承建上海市教育系统关工委网站。经过万腓力领衔的设计组半年的设计调试后，当年 11 月上海市教育系统关工委网站正式开通运行。

万腓力同志对工作严谨，对老同志关爱有加。和他一起共事的同志都知道，万腓力工作十分严谨，为了保证统计数据的准确性，拿到数据后，他还要再统计一次。一天花七八个小时的时间在电脑上，使他的眼睛受到了伤害，住院手术后，医生关照要好好休息，但是没过几天，他又坐到了电脑前，有老师调侃说："万老师不带孙子，却管了十几年网站这个'孙子'。"

万腓力十分关心一起工作的同志，凡有生病住院的，只要他知道，一定会主动到医院探望，并自掏腰包购买慰问品。他还经常会给网编组的老同志们买一些词典和专业图书、U 盘、键盘，供大家在工作中使用。2014 年以来，他给关工委老同志赠送了收放机、健身手环、保暖杯、旅行帽、便捷式背包等，每次数量在 60~100 份，还向网站捐赠了价值 8000 多元的照相机。他把属于他的津贴都反哺给了关工委的同志。

万腓力同志非常注重理论学习和研究。由他执笔的《论关工委参与校园网建设的必要性可行性及途径》在《关心下一代》杂志发表，并获该杂志论文评比一等奖；"高校关心下一代工作网站的设计运作研究"获上海市教育系统关工委研究课题特等奖；"高校关工委管理体制与长效机制的研究"获上海市教育系统关工委课题研究一等奖；"同济大学关工委网站的定位及运作机制"获教育部关工委研究课题立项目并顺利结题；"有关'互联网＋关工委'平台建设的思考及对策"获上海市教育系统关工委研究课题成果奖；“新媒体拓展关工委网络服务的应用研究”获上海市教育系统关工委研究课题特等奖。

2020年7月，上海市教育系统关工委在同济大学设立“高校关工委线上工作理论与实践研究基地”，由万腓力担任研究基地课题组长。2021年11月，在学校举办的“高校关工委线上教育工作理论与实践研讨会”上，万腓力作主题报告。受到大家肯定和好评。

他本人也多次获得上海市教育系统关心下一代工作先进个人，并三次获得全国教育系统关心下一代工作先进个人。

习近平总书记在十九届中央政治局第十二次集体学习时的讲话中说：“网络是一把双刃剑，一张图、一段视频经由全媒体几个小时就能形成爆发式传播，对舆论场造成很大影响。这种影响力，用好了造福国家和人民，用不好就可能带来难以预见的危害。要旗帜鲜明坚持正确的政治方向、舆论导向、价值取向。”万腓力总是用习近平总书记的话，告诫我们要用好网络这个平台，用满满的正能量去引导、教育每一个青年学生。

同济大学关工委网站就像一座“桥”，一座联系青年大学生和离退休老同志的“桥”。它加强了两代人的相互沟通，是启迪青年人的理想信念、探求学业事业之桥，也是一座实现老同志“老有所为”关心下一代之桥。而架“桥”人就是22年来为关心下一代工作作出卓越贡献的万腓力同志。

（撰稿：同济大学关工委常务组成员　谢伟芬、冯方一）

关工委早期“五老”及育人特色

同济大学关工委原报告团成员

1992 年，以离休干部王平同志等为代表的学校广大离退休老同志，在校、院党委领导下，积极配合主渠道，深入院系、班级，作报告、上党课，讲传统、谈理想，主动参与关心下一代工作。

关工委三位顾问

（一）王平

王平（1923—2014），中共党员、副教授、离休干部，同济大学关工委原常务班子成员、报告团副团长，上海市和杨浦区教育系统关工委报告团讲师，学校多个关工委分会的顾问，《中国共产党章程》和马克思主义学习的辅导员，被学生称为“永不退休的党课教师”。他是“2008 感动同济十大人物”之一，毕业于厦门大学数理系，中华人民共和国成立前加入地下党组织，1949 年后主要从事党政工作。1987 年因车祸落下终身残疾，但他仍拄着双拐为学生上党课、讲传统、谈理想 300 余场，多次被评为同济大学、上海市教育系统以及教育部关心下一代工作先进个人。

育人特色：牢记《十条诫令》，讲台是战场，与敌人争夺下一代。

强烈的责任意识：王老遭遇车祸后，股骨颈骨折，并引发心肌病，病危两个月，卧床一年。他为什么对关心下一代具有如此强烈的责任意识呢？他看完美中情局《十条诫令》后，认识到关工委工作的重要意义，认识到党员的责任，决心以病残之躯“爬，也要爬到讲台上”，让红色江山永不变色。

他报告的听众，有大中小学师生、党政干部、医护人员，走到哪里讲到哪里。他报告的内容，有他个人的入党体会，有学习中国特色社会主义理论体会、学习党的重要文献、重大活动体会等。

王平在脱离数学专业半个世纪后，构思 20 多年，克服了手抖和数学符号、公式编辑的老大难，耗时两年完成《逻辑代数新编》小册子，获得两名数学教授的肯定性评价。报告团为此召开“圆梦会”以后，他要寻找合作伙伴，要正式出版《逻辑代数新编》，并挑战哥德巴赫猜想。可不到半年王老走了，不能为党继续工作了……他是精神高地的战士，是我们永远的榜样！

（二）周朝海

周朝海（1928—2021），中共党员、局级离休干部，同济大学关工委原常务班子成员，负责对学生进行党史、革命传统、人生价值、理想信念和形势任务教育工作。同时，他对学生的美术作品做指导、点评、示范，进行中国传统文化教育。其山水画更清新洒脱、书法墨迹流畅、速写妙笔生辉、篆刻古韵健苍。2009 年他的成果展，迎来了络绎不绝的参观者，并饱受赞誉。获评同济大学和上海市教育系统关工委先进个人称号。

育人特色：德智体美劳全面发展。

2004—2010 年，每学年周朝海都在第一联合党委中德学院梯形教室开办的“入党积极分子业余党校”，作“理想、信念、人生价值观”报告，每次到会人数都在 300 人左右。他以自己入党经历，讲述在艰苦复杂环境下如何坚定理想信念，树立了老党员、老干部形象，提出永远跟党走的决心。

2006 年 6 月，在第一联合党委学生党支部书记培训班作“怎样当好党支部书记”报告；2007 年 12 月、2009 年 5 月，两次赴电子信息与工程学院分党校，作“学习党史，牢记党的宗旨和任务”讲座，结合自身 60 余年不怕挫折和困难的经历，为学生们现身说法；2008 年 5 月，在瞻仰陈云故居期间，为高等技术学院作“信念不灭，理想永存”报告，并带头宣誓，为“同济百年校庆”篆刻校训“同心同德同舟楫，济人济事济天下”印章，送给每个到会学生；2008 年 6 月，在交通运输工程学院分党校开学典礼上，作“学习与奉献”报告，畅谈人生观、价值观；2008 年 8 月、2009 年暑假，两次为半淞园街道海西居委会作“自强不息与厚德载物”报告，提出这是中华民族优秀文化、伟大精神，要发扬光大；2009 年 10 月，在高等技术学院参加“文艺沙龙社团活动”，作“中国传统文化的历史和现实意义”报告，会上学生每人带两幅作品，互评互赏，周老师当众挥毫示范；2010 年 6 月，在海西居委会老年活动室为半淞园街道离休干部作“回顾党的发展历程，忆革命传统讲党史”发言，同年 10 月，为软件学院入党积极分子、新党员作“信念照亮人生”报告，根据温家宝总理在“青年节”前夕和清华大学毕业生座谈会精神，提出青年人应联系自己，决心永做党的人。

（三）李国安

李国安（1918—2012），中共党员、副教授，同济大学关工委原常务班子成员。曾在上海市许多高校作报告，内容涉及人的本质、世界观、人生观、价值观，爱国主义、集体主义、社会主义，“三个代表”重要思想理论基础及逻辑关系、“科学发展观”，代表与公仆的辩证关系等。获评上海市退休教师服务积极分子、同济大学和上海市教育系统关工委先进个人称号。

育人特色：理论联系实际，对学生真情实意。

他说自己是一名普通党员、“草根”教员，一定要履行党员义务，一定要教好书、育好苗，切勿误人子弟。他的座右铭是“召之即来，来之能战”，“青年是我师，我是青年友”。他表里如一、言行一致，家访谈心、外出调研，无论是白天还是晚上，是平时还是假日，有请必到、风雨无阻。

他具有老当益壮、奋发图强、不怕困难、勇往直前的精神，和践行党章、求真务实、无私奉献、不求索取的高尚品质。

在李国安看来，共产党员要成为多做工作少取报酬的模范；坚持党和人民的利益高于一切，个人利益服从党和人民的利益，吃苦在前、享受在后，克己奉公、多作贡献。他说到做到，作报告、上党课、当评委，他从来不计报酬、收礼品，只要一杯白开水。

李国安善于运用马克思主义哲学基本原理、基本规律联系具体情况、分析问题。他积极向青年宣传马列主义。每次在上海高校做宣讲时，面对现场尖锐的提问，他都能够用哲学原理或马列经典有关论述予以解答。他强调，关心下一代工作必须理论联系实际，做到“有的放矢”，不仅要解决深层次的思想实际，更要让学生运用“思想武器”来解决自己的问题。

李国安曾说：“数十年来，我从事并热爱党的教育事业，深爱青年，现虽已九旬，尚存微热，决心以同辈先进为范，争取多活一天，多奉献一天。”

从2000年起，他参加土木工程学院党校预备班活动，利用自己的理论优势辅导学员，发送学习资料，并分享读书笔记和心得体会。即使是晚上开会，他都会守时，没有架子、不讲空话。

李国安常邀请学生到家做客，通过面对面沟通，教导学生要增强理论素养、党性修养和政治鉴别力；做到遇事不摇摆、不糊涂，在提高专业知识的同时，注意政治理论学习；克服重个人理想高于社会理想，克服重自我价值而轻社会价值，克服重物质轻精神等不良倾向，收到良好效果。

有影响力老专家

（一）董鉴泓

董鉴泓（1926—2021），中共党员，教授，我国著名城市规划学家和教育家，1951年毕业于同济大学。他是同济“一・二九”事件参与者、见证者，在这场爱国学生运动中，他坚定了跟党走的信念，意识到肩负的责任。在同济大学执教时间最长（比建筑系成立还早一年），首创中国城市建设史研究室（1958），最早投身海外规划（主持阿尔及利亚领土整治规划），曾任《城市规划学刊》主编，是“2018感动同济十大人物”之一。

育人特色：“城市规划”与“同济精神”。

他向建筑系的学生宣讲“同济大学‘一・二九’事件及解放前学生运动”，在沪北校区向学生报告同济大学校史，在嘉定校区向学生作“同济大学校史校风、贡献、国内地位”报告，在本部逸夫楼团干部学习班开学典礼上“谈同济学运史及思想认识转变和入党过程”，在教学北楼一个梯形教室，向军训学生报告“同济校史及自己成长过程”等。

（二）赵其昌

赵其昌（1932—2018），中共党员、研究员，1960年毕业于德国莱比锡大学和德累斯顿技术大学，获工程硕士学位，曾任我国驻德大使馆一等秘书、代参赞和党委副书记；1962年到同济大学工作以后，曾任全国高校外语教学研究会副理事长兼德语分会会长，上海高级翻译职称评委会委员，中国大学德语教学研究会会长等。他是同济大学德语学科带头人、留德预备部创始主任，中国翻译协会 2006 年表彰的德语资深翻译家。同济大学留德预备部，即中华人民共和国赴德意志联邦共和国留学生预备学校，是我国有史以来第一所专门为留德人员设立的语言培训学校。

育人特色：“德国问题”与“同济精神”。

赵其昌从事关心下一代工作八年中，曾为外国语学院新生作“同济大学史、外语教学史”“为什么要加入中国共产党，如何做个好党员”“留学德国问题”等报告。

（三）唐培吉

唐培吉（1930—2023），中共党员，教授，1952 年毕业于复旦大学，1960 年在中国人民大学完成研究生学业。曾在上海市多所高校和科研单位从事教学和科研工作，曾任同济大学文法学院院长、《同济大学学报（社会科学版）》主编、中国中共党史学会常务理事、中国抗日战争史学会理事、上海新四军暨华中抗日根据地史研究会副会长、《辞海》编委兼中国现代史分卷主编、上海市中共党史（中国现代史）学会会长、上海犹太学研究会理事长，获上海市马克思主义理论教学研究“终身荣誉奖”，是著名抗战史专家。

育人特色：对中共党史和抗日战争史十分熟稔。

唐培吉作过“中国共产党的诞生不是偶然的”“中国抗日战争在世界反法西斯战争的地位与作用”“中国共产党的领导地位是中国社会发展的必然”“新四军和上海人民的抗日情结”“正视历史保卫和平——纪念 1·28 淞沪抗战”“陈望道与社会主义青年团”“加强党的服务型建设的历史意义”“弘扬长征精神，推进中华民族伟大复兴”等报告。

唐培吉积极响应关工委领导号召，应邀作“勿忘国耻振兴中华——纪念甲午战争 120 周年”报告。他说：“如果日本再次侵华，你们（指在场大学生），也包括我们（指在场关工委三老），要一起抗击日本侵略者，保卫我们的家园。”

（四）范锡洪

范锡洪（1934—2023），中共党员，1957 年毕业于同济大学铁道建筑专业，1963 年从中国人民大学哲学专业研究生毕业，1982 年从中共中央党校理论部自然辩证法研究班毕业。曾任同济大学社会科学系自然辩证法教研室主任、中国自然辩证法研究会理事、上海自然辩证法研究会理事兼教学工作委员会主任。长期从事马克思主义哲学、自然辩证法及现代科学技术革命与马克思主义的教学与研究。

育人特色：真理·党员·责任；科技创新与创新思维。

范老曾在沪东校区、四平路校区宣讲“科研选题和基本原则”，在四平路校区作“责任·成才·惜时”“以‘科学发展观’指导青年成才”“爱国主义和国际主义”“行节俭反浪费构建节约型校园”等报告。

（撰稿：原同济大学关工委常务组成员　刘艺林）

坚守在思想教育的第一线

——记同济大学离休干部王平*

王平

同济大学关工委原报告团成员

* 本文摘自“情系教育　关心奉献”2010年上海市教育系统关心下一代工作、关心教育下一代荣誉奖事迹汇编。

1990年春夏之交，一个拄着双拐的老人，步履艰难地向六楼攀登，他走过的每级台阶都留下了滴落的汗水。他是要去为同济大学社会科学系的师生上党课，而这天正好电梯停运，他只得自己一步步登楼。当他走进教室登上讲台，边擦着汗水、边脸露笑容地开讲时，教室里响起了一片掌声。他就是同济大学离休干部王平同志。

王平原名王兴国，1949年前是厦门大学数理系学生，他胸怀报国之志，想走科学救国之路，但在那个血雨腥风的时代，这是无法实现的梦想。一本包着小说封面的毛泽东著作改变了他的命运，他义无反顾地加入地下党组织。从这一天起，他更名为“王平”，立志扫平压在中国人民头上的三座大山，实现政治上、经济上的平等。也就在这一天，像当时千千万万热血青年一样，他秘密出走，投身于充满危险的建立革命根据地的工作。

中华人民共和国成立后，王平主要在大学工作，主讲马列主义、毛泽东思想。1987年，他不幸遭遇车祸，股骨颈骨折，并引发心肌病，医生告知病危，所幸卧床一年之后，逐渐恢复健康，但腿部落下终身残疾，1988年3月离休。

离休后的王平认识到关心下一代工作的重要意义，认识到老党员、老干部、老教师的重大责任，意识到党的神圣事业需要薪火相传，所以尽管是病残之躯，但他“爬也要爬到讲台上”。自此以后，王平一直坚持对大学生和青年教师进行政治思想和道德品质教育，以一个老共产党员的勃勃英姿坚守在思想教育工作的第一线。

工作在学生党建工作的最前线

20世纪80年代末，王平手拄双拐，以坚定的步伐走上关心下一代的征途，在同济大学院系、班级作报告、上党课、讲传统、谈理想。在道交系道路专业“学习马列主义理论小组”辅导学生读书学习，每周日一次，连续三届从未间断。

1994年12月，学校建筑与城市规划学院聘任王平为党章学习小组特邀辅导老师。他以马列著作为教材，带领学生学习马克思主义的立场、观点、方法，启发学生把“厚书”变成“薄书”，再把“薄书”变成“厚书”，即先概括出每一部分的基本观点，再领会基本观点的精神，然后联系实际进行展开，举一反三，触类旁通。

多年来，王平深入同济大学经济与管理学院，担任该院关工委分会顾问，为党建工作献策献力。他承担该院业余党校教学任务，配合党建工作对学生进行教育。学生说：“王平老师年龄虽高，但精神足、讲得好。他还参加党员和积极分子学习座谈会，与大家一起交流心得，解答疑难问题。”多年来，王平坚持参加工程管理专业学生党支部每两周一次的组织生活，不论中午还是晚上，刮风还是下雨，他都坚持准时参加，从不缺席。支部五年来发展党员 80 余人，每次发展对象的预审工作，王平都积极参与。

为了让党课教学富有吸引力，王平组织了形式多样的各种活动。在经济与管理学院学习党史和“三个代表”重要思想的活动中，他组织了两次知识竞赛，从拟制试题到评定名次，都有参与；他带领关工委一班人，与学校离退休工作办公室合作，举办“永远跟党走”展览，对于照片的挑选、版面的设计、说明的撰写，他都提出许多建设性意见；他还参与学生的演讲比赛和学习邓小平理论体会的评选工作，对每篇文章写出评语或修改意见，并打电话约学生到家里交换意见。

大学生不应成为关在象牙塔中的天之骄子，而是要了解社会，服务社会。为此，王平帮助落实党校两届学员去杨浦区社会福利院义务劳动，与福利院老人交谈，了解民情社情，使学员进一步明确肩负的责任。他还牵线搭桥，帮助法律系学生在关工委老师指导下，定期在附近社区进行法律咨询，服务群众。

入党宣誓，对于每一名党员来说，是终身难忘的时刻。王平带领学生党员在龙华烈士陵园举行入党宣誓仪式。他推荐自己的爱人、杨浦区教育系统关工委副主任席与齐参加。沿途席老师向学生们介绍龙华二十四革命烈士的事迹，回校途中她又讲解上海革命斗争史，回答学生们提出的问题，一个来回喉咙都讲哑了。学生们感动地说：“我们今天不仅了解了上海的革命历史，更从老同志的身上学到了宝贵的精神，生命不息，战斗不止，我们绝不辜负党和人民的希望与重托，一定做合格的接班人。”

宣讲活动从校园走向社会

王平所做的工作并不限于校内，近年来，他把关心下一代工作延伸到校外。他是上海市教育系统关心下一代报告团成员，曾被聘为杨浦区教育系统关心下一代讲师团特约讲师。在庆祝建党 80 周年之际，王老不顾天气炎热和身体不适，针对青年学生思想实际，赶写了一份宣讲提纲，由市教委关工委印发给报告团成员参考。

杨浦高级中学多次请王平去上党课，他有求必应，每次都一丝不苟地认真备课。高一学生小张说：“我有幸聆听了王平教授的讲座，从而更深入地了解了‘三个代表’重要思想的深刻内涵。我用一个高中生的理性思维去思考，而不仅仅停留在表面、停留在肤浅的认识上。”同济小学党支部邀请王平作报告，他则结合学校实际作“立足本岗学习‘三个代表’重要思想”的报告，要求党员教师努力做到：“新指导思想、新信仰；新认识、新高度；新奋斗目标、新实践；新世纪、新要求。”教师们说：“王老师的报告浅显易懂，把‘三个代表’重要思想的内容融入我们工作实际，可以帮助我们用先进的理论来指导工作实践。”

王平还加入社区志愿者队伍。多年来不论是酷暑，还是寒冬，他一直去四平街道同济居委、金安居委、密云居委等为党员上党课，作形势报告。他的报告深入浅出、理论联系实际，生动活泼、通俗易懂。大家为王平的奉献精神所感动，都愿以王平为榜样，做建设社区精神文明的志愿者。

就像一台播种机，王平走到那里就把种子播在那里。2004 年 5 月，他家迁到政立路同济新苑，新迁不久后，他就为邻近的七个居委上了两次党课，为所在的国权北居委也上了两次党课。在共产党员保持先进性教育中，国权北居委干部还在他家中请他辅导学习党章。王平的爱人也帮助邻近的三门中学开展三区（三门中学校区、同济和财大研究生院区、邻近五个居委社区）联动关心下一代工作。为扩大教育面，王平还发动学校的大学生到附近的中学进行宣传教育，他为同济法律研究生到三门中学进行法治教育和同济环境学院与三门中学建立共建关系牵线搭桥，让大学生带动中学生共同学习。

十几年来，王平先后为上海师范大学、上海大学、华东理工大学、市北中学、江浦中学、市东中学、杨浦老年大学、杨浦区教育系统关工委、杨浦区民政局、杨浦区党史办、四平街道同济居委等单位上党课、作报告、宣讲党的方针政策、邓小平理论和“三个代表”重要思想，至今共宣讲 250 余场，听众达 15000 多人次。此外，他每年还参加各类小型活动 20 场左右。王老的报告在听众中引起强烈反响：“我们被王老师的高尚情操、奉献精神所打动”；“对于这样一位老革命战士，我发自内心地崇敬”；“王老师教会我们的是革命精神的继承，是一生的警示和思考”。

严于律己　不倦学习

王平同志以身作则，严于律己，他坚信要取得思想教育成果，首先要自身不为社会的不良风气所俘虏。外出作报告，获取讲课费，应该说符合规定，但王老认为，关心下一代是老同志应尽的责任，是共产党员应尽的义务，因而屡次婉言谢绝讲课费。经济与管理学院给他近几年来在业余党校的讲课费，他转手捐给了经济困难的学生；学校给他评选学生优秀论文的评审费，他难以谢绝，就立即交给同济居委作为帮困基金；校外单位要给些物品作为酬谢，同样都被他一一谢绝。他用自己的行动实践了一个共产党人“立党为公”的宗旨。

王平常说：“教育青年坚定理想信念，首先自己要坚定理想信念；教育青年成为中国先进生产力发展要求的开拓者、中国先进文化前进方向的弘扬者、中国最广大人民根本利益的维护者，首先自己就要成为‘三个代表’的学习者、宣传者、实践者；教育青年拒腐防变，树立正确的世界观、人生观、价值观，首先自己就要作出榜样。”

王平为搞好关心下一代工作，不断“充电”“补钙”，他每年订阅报刊十余种，还经常购买新书，日复一日认真读书，掌握新动态、学习新知识。他勤奋写作，近年来先后在校内外报刊上发表了《试探逻辑代数的特点和运用》《形式逻辑数学化》《关于中国革命史教学的反思》《没有革命的理论就没有革命的行动——学习建设有中国特色社会主义理论的体会》《建国以来同济大学本科生政治理论教育的历史回顾》《学习“三个代表”思想、坚定理想信念》等30多篇文章。2002年他的家庭被评为上海市学习型家庭，他两次被评为全国教育系统关心下一代先进个人。

“活到老、学到老，改造到老”“全心关爱下一代”，这是王平同志的座右铭。王平曾病重病危十多次，手拄拐杖十年之久，但他始终坚守岗位，关心着下一代的健康成长。是什么力量支撑着这位老人？“人老了，要从职务岗位上退下，但共产党员的责任不能退休，要做个永不退休的思想教育工作者。”这是王老的坚定信念，正是这样一个信念，支撑着他人老心不老，身残志愈坚，生命不息，奋斗不止！

（撰稿：同济大学关工委）

耄耋驻春，未来有“我”！

——记孙钧院士两三事*

孙钧院士

同济大学土木工程学院

* 本文获评 2019 年教育部关工委“读懂中国”活动最佳征文。

机遇、环境和才干是事业成功的三要素。愿莘莘学子把握机遇、创造好的工作环境，努力增长才干，一步一个脚印，为争取自己美好幸福的人生路而不懈驰骋！

——孙钧院士同济百年校庆前文

最近一次又看到孙钧院士在同济百年校庆前赠与大学生的话，回想起自己经历和从同学口中听说的一些关于孙院士的小事，心中感慨万千。彼时已年逾八十的孙先生，用他依然苍劲有力的笔画写下的这句话，我想其中包含的智慧、经历和深意，一定是值得我们新时代的年轻人用一生去体会的。

2018 年 10 月 29 日，孙钧院士在同济大学地下系 60 华诞暨孙钧讲座上发言。那是我离孙先生最近的一次，也是最切身感受到孙先生魅力的一次。

孙先生被岁月染白的头发梳得整整齐齐，深褐色的眼眸静静诉说着岁月的沧桑——他已经是 92 岁的高龄了。可当他登上讲台，双手扶案，已全然不见岁月的痕迹，他矍铄、睿智，让人仿佛看到了年轻时候的他，神采飞扬，满怀理想。他坚持全程站着讲话，更不要人搀扶，双手撑着讲台，背挺得笔直，完成了 25 分钟充满激情的演讲，谈及自己的恩师俞调梅老先生，他更是饱含深情、热泪盈眶。

大家都折服于孙院士远超常人的精力与激情，也为他对国家的责任感和奉献精神所感动。还记得那篇《“90 后”院士一年出差 30 多次，心系港珠澳大桥》的报道提到的，大桥建设的五六年中，孙院士的心思都扑在了港珠澳大桥上。每当大桥施工建设中遇到难题，需要孙院士为它把脉、出谋划策时，他都在最短的时间里赶到。“每次提技术方案，他都知无不言，剖析问题更是丝丝入扣，条理分明。”这是工程人员对孙老先生的印象，也是孙先生一贯的风格。而他却说：“我这一辈子，经手的大项目大概就是这些。不是我有什么能耐，大概是我资格比较老吧。”能力超群而谦虚待人，孙老先生堪称吾辈楷模。

2008 年，突如其来的汶川特大地震，造成了巨大的人员伤亡和城市破坏，举国上下都在竭力救援。82 岁的孙老刚做完心脏手术在住院，他一边看电视里的抢险救灾，一边琢磨怎么才能把地震灾害减少到最小。听说学校相关学科组织了工程抗震抢险救援队，孙老极力报名参加，还准备了一份关于堰塞湖问题的解决方案，想去现场建议实施。可是对于孙老的请求，学校和医院都不批准。孙老便在病床上写了两篇关于地震在什么情况下可以预报以及塌方后如何快速整治的文章。一方有难，八方支援。我想正是有了许多如孙老这般勇于担责、乐于奉献的人，灾区才能够如此迅速地重建，我们的国家才能蓬勃发展。

2019 年，孙老 93 岁，中华人民共和国成立 70 周年。他经历了我们祖国翻天覆地的巨变，提到“我和我的祖国”时，他说：“似乎这大半生，自己小小的个体，与国家、时代的变迁和进步，时刻交融在一起。少数是悲戚，更多的是喜悦，还有兴奋与自豪。”孙老先生的一生，见证了祖国从落后到强盛，同时也用他的才干为国出力。

耄耋之年，孙老先生尚且有家国在心。对于我们新时代的青年来说，孙老先生求知和实践的精神、为国家强盛不懈努力的精神更值得我们学习和发扬！习近平总书记在党的十九大报告中指出，“青年兴则国家兴，青年强则国家强。青年一代有理想、有本领、有担当，国家就有前途，民族就有希望”。今中国取得的成就仅仅只是个开始，是青春中国的开始。在这个最好的时代，我愿意成为建设祖国的开拓者、奋斗者。让我们青年携起手来，在党的带领下，翻开历史的新篇章。

（撰稿：同济大学土木工程学院　方勐）

生命不息，奉献不已

——记李国安同志关心下一代事迹*

李国安

同济大学关工委原报告团成员

* 本文摘自“情系教育　爱心奉献”2006—2007年度上海市教育系统关心下一代荣誉奖事迹汇编。

自1982年退休以来，李国安同志就长期坚持不懈地做关心下一代工作。他曾为上海市图书馆主办的社会青年振兴中华读书班辅导学习“哲学”“政治经济学”等；之后为二轻局及其下属公司、企业培训干部，义务辅导学习一年。早在1983年，《中国哲学年鉴》《解放日报》《文汇报》等媒体就对他作过专题报道。李国安曾获“1991—1992年度上海市高校系统退休服务积极分子”称号；2003年荣获“上海市教育系统关心下一代工作先进个人”称号。

多年来，李国安在上海大学、上海师范大学、上海财经大学、华东理工大学等高校和同济大学文法学院、土木工程学院、环境科学与工程学院、电子与信息工程学院、高等技术等院等多次讲课辅导，累计出席听讲5000多人次。他讲课、辅导、报告内容广泛，有“关于人的本质”“世界观、人生观、价值观”“爱国主义、集体主义、社会主义”“三个代表重要思想的理论基础”“‘三个代表’的内在逻辑联系”“代表与公仆的辩证关系”等，并接受听众现场质疑、解答，如针对“科学家为何相信宗教？”等高难度提问，他都用哲学原理或“马列”经典给以解答。

李国安同志坚持“生命不息，奉献不已”，“召之即来，来之‘投入’，‘投入’不要报酬”。他有很强的时间观念，无论是大会报告还是小组讨论，无论白天还是夜晚，他都准时到会，风雨无阻。他严格要求自己，只讲奉献，不求索取，校内外作报告全尽义务。土木工程学院党校反映：“李国安老师在思想政治工作中言传身教，不拿学院一分钱，不吃学院一顿饭，真正体现了一位老共产党员的光辉形象，是我们所有学生工作者的优秀榜样。”

从2000年起，李国安参加土木学院党校预备班活动，充分利用自己的理论优势为党校学员辅导理论学习，作形势报告，经常把学习资料带给学员，把自己的读书笔记和心得体会讲给大家听。党校大多数小组讨论安排在晚上，只要有邀请，他都准时到会。在讨论中，从学生的角度了解情况、思考问题，他平易近人不摆架子，一些学生对他的态度，多是从怀疑到认可，从认可到喜欢。

李国安坚持贯彻理论联系实际的原则，在讲课中不讲假话、大话、空话，从实际出发，经过分析逐步上升到理论高度。他还常用图表辅助学生，形象化地为学生理清过去需要死记硬背的理论知识。

李国安善于结合现实形势、思想问题进行思想教育，深入分析答疑解难。针对个别学员的偏激认识，他从社会发展、人才培养、党的历史及现状的角度为学员生动地解释为什么要入党，怎样在思想上入党，并结合自己亲身经历讲解如何提高思想政治水平，增强党性修养。他举一反三，以科学的理论武装人，通过对实际问题的剖析，使学员掌握认识世界与改造世界的科学武器，学会自行运用科学的立场、观点和方法去解决实际问题，开拓创新。原文法学院学生党支部在《学生报》上写道："李老师年逾八旬，依然神采奕奕，思路清晰，他旁征博引，滔滔不绝，在场学生都被他独到的见解，深入的分析，乐教好学的精神深深感动。"

为了取得更好的辅导效果，李国安同志邀请党校学员到他家做客，通过面对面交流，毫不保留的沟通，教导学员增强理论素养、党性修养和政治鉴别力，做到遇事不摇摆、不糊涂。他特别强调，在努力提高专业知识的同时要注意政治理论的学习，克服重个人理想高于社会理想、重自我价值而轻社会价值、重物质轻精神等诸多思想倾向，并通过这种家访式言传身教的方式，为分党校培训开辟了新途径。土木工程学院党校预备班学员反映：他的每句话无不流露出老一辈对我们年轻一代的殷殷嘱托，尤其是李老师以奉献为中心，学习一点、锻炼一点的思想深深地感染着我们在场的每一名学员。

李国安同志把"青年是我师，我是青年友"作为座右铭，学习青年的朝气、活力、敏锐、进取，思考青年反映的"热点""难点"，并与青年共同探讨、提高。学生反映道："与优秀共产党员李国安教授结为莫逆之交，拉近了两代人的距离，实现了正确思想的继承发扬，获得了很多书本所无法授予的知识与做人的道理。"

（撰稿：同济大学关工委）

举措务实，定位正确

——记沈枋同志的事迹*

沈枋

同济大学关工委原常务副主任

* 本文摘自“余热护花别样红”上海市教育系统关工委工作集粹。

沈枋，1996年退休，退休前长期为校级领导干部；2001年，出任同济大学关工委常务副主任。他在校党委领导下，带领关工委班子成员，加强学习、努力工作，深入基层，总结经验，不失时机地提出新目标、新任务，使原来工作基础较差、在全市处于后进状态的同济大学关工委取得较大进步，为贯彻落实中央8号、16号及教育部党组20号文件精神做了大量卓有成效的工作，同济大学关工委相继被评为上海市教育系统、上海市、全国教育系统及全国关心下一代工作先进集体。

一

沈枋同志认为，党委重视关工委，并提供了开展工作的条件，但关工委工作不能被动等待，而要积极争取。“争取”也要态度正确、方法得当，不要提过分要求，不要牵扯领导过多精力。他向党委书记汇报上级关工委会议精神时，往往会事先整理一份书面摘要，供领导有空时细看；他请示工作，事先都经常务班子讨论、形成方案后，再提请党委决策；为了不占用领导过多时间，他经常赶在上班前后的几分钟时间，请示解决一两个问题；他理解党委工作千头万绪，因而关工委争取领导支持，只要解决问题就行，不必苛求形式。

沈枋同志认为党委重视很重要，但关工委工作要持续发展，还在于自身主动谋划、切实工作、收到实效，确实发挥“配合补充”作用。2003年关工委配合学校业余党校，在培训入党积极分子时做了实际工作，赢得赞誉；次年党委印发关于党校工作的通知中，就明确要求“发挥校、院关工委老同志的作用”。这就是以实绩树立形象。以后几年，关工委工作有所进步，获评上海市先进集体，学校党委在开展保持共产党员先进性教育活动的动员报告中，专门表彰了关工委，从而为关工委开展工作开创了更广阔的天地。

二

抓基层组织建设，从基层工作中发现成功的经验并在全校推广，从而推进学校的“关心”工作，是沈枋同志的工作特色。

刚接任关工委常务副主任不久，沈枋参加了教育部关工委召开的广州会议，有同志在大会发言中提出“关工委工作主体在院系基层”，沈枋认真琢磨、牢记在心，认识到学校规模那么大，只有院系动起来，才能把工作落实到班级、落实到学生，才能收到较好的教育效果。

沈枋回校后，要求各学院建立分会。不料不少学院或没有反响，或报个名单应付了事。他意识到关键要配好一个由离退休人员担任的常务副主任，于是组织常务班子成员到学院逐个研究选配，经过半年多努力，终于建立了学院分会组织。

之后，为顺利开展工作，他花了不少心血为学院关工委分会开展工作创造条件，采取了不少措施，比如在《同济大学关心下一代工作条例》中添加“分会要组织一个三人常务小组”“分会工作经费列入本单位预算”等，以保障其基本工作条件；定期开会，传达精神，布置工作，交流信息，不时给予推动；每年组织一次分会常务副主任外出考察学习，在考察过程中增进相互接触，加强沟通交流；组织常务班子成员有计划去学院调研，及时了解情况，帮助解决具体困难，借以推动学院对关心下一代工作的重视。

当面上工作逐步推开后，沈枋又在考虑：如何使“关心”工作能持续不断地深化？如何使各学院的工作大致平衡发展？在深入基层分会过程中，他发现文法学院关工委分会每年举办工作研讨会的做法很有效果，可调动党政群各方面的积极性，合力推动“关心”工作稳步发展。在常务班子取得共识后，沈枋着力在全校推广。目前，电子与信息工程学院、环境科学与工程学院、土木工程学院、医学院等关工委分会在各自党委领导下先后举办工作研讨会，并形成制度，成效非常明显，就此成为学校关工委工作的一个抓手。

为了让关心下一代工作逐步从理论上有所提高，沈枋根据学校党委指示，发动常务班子及全校“关心”工作者从事理论研究，并且带头撰写论文。2006 年 12 月举办了“关心”工作理论研讨会，会后组织专人将研究成果结集发行，供全校参阅。

沈枋积极支持“关心”工作走向社会。当他发现社区需要高等学校伸出援手时，便热情组织关工委的同志接待来自社区的青少年参观大学校园，激励他们刻苦学习。为了加强与社区关工委的联系，他提议吸收社区从事“关心”工作的同志作为同济大学关工委的顾问，同时鼓励同济的离退休同志积极参与社区的“关心”工作，逐步形成具有创新意义的上海市杨浦区“三区融合，共同育人”关心下一代工作新局面。

三

沈枋同志工作作风民主、尊重他人，注意发挥集体作用，讲话坦率、处事随和。带队外出考察时，带头表演文娱节目，和大家相处融洽，为工作开展创造了和谐的环境。常委班子中一位老同志说，几十年来，他接触过许多领导，而沈枋是与之共事中让人心情最为舒畅的一位。

沈枋年近古稀，身体尚健康，但视力差，右眼几近失明，读写比较吃力。另外家住市西，往返学校要换乘三次，约花三个小时，家里还有年逾九旬的老人需要照料，因此经常到校处理工作需克服许多困难。有时他整理资料到深夜，但为赶在上班前找校领导汇报工作须很早出门，因而家里人担心他负担过重、影响健康，可是他仍以工作为重，以积极的精神状态，克服困难，坚持工作。其实他也有过“退”意。2004 年学校刚被评为上海市教育系统先进单位，沈枋恰好年届古稀，他想今后工作压力将更大，不如把单子交给新人。但他受其他先进老同志八九十岁尚热情投入关心工作的忘我精神感染，理智地意识到，学校关工委这样可喜的工作势头来之不易，是许多人努力的结果，千万不要“砸”在自己手里，告诫自己：只要身体允许还得尽力干好。

他总结自己工作的指导思想是：“开阔的宏观思维，务实的微观举措，正确的校情定位，强烈的忧患意识”，并一直以此和大家共勉，身体力行，做好关工委工作。

四

2009 年，教育部党组下发 20 号文，沈枋意识到这是加强组织建设、队伍建设的极好契机。他首先及时组织常务班子全体同志认真学习，结合学校现状、实践，对照文件，分析研讨，找出差距及存在的问题；其次，他和常务班子的同志分赴二级学院就分会组织、队伍、制度、经费等一一调研摸底，做到心中有数；三是将校关工委和分会的情况草拟向党委的建议报告，使 20 号文件在学校基本得到落实。

与此同时，沈枋积极、细心寻找自己的接班人。经过较长时间的筛选比对，他发现原副校长金正基是上好人选，认为他有能力、有威信、爱学校、爱学生，在担任企业总裁、总经理时很有建树，于是他向党委做了推荐。经党委批准，在 2012 年 5 月 3 日同济大学召开“关工委工作暨学习报告会”上，主任、常务副主任等主要领导进行交接，至此，沈枋同志 12 年的关心下一代工作画上圆满句号。

（撰稿：同济大学关工委）

吴杏云老师把学生视为自己的孩子

吴杏云教授

同济大学体育部关工委分会原常务副主任

最后一次宣讲

2011 年 11 月 15 日下午，在同济大学本部教学南楼，吴杏云教授为 2010 级土木工程专业四个班的本科生作题为“人生是时间的微积分”报告。这可能是吴老最后一场报告，当李素贞老师（她的学生）搀扶她走向讲台，她保持站姿发表演讲时，全场掌声一片。本次活动旨在解答大学生的困惑，帮助处于迷茫期的学生确立生活目标。吴老师将学生提出的 47 个问题归纳成 34 个，有针对性地宣讲，包括做人做事的智慧、团队精神、死亡、爱情等话题。吴老师用睿智的语言回答学生们的提问，她亲切和蔼，风趣幽默，学生们聚精会神，不时爆发出掌声。报告以后学生们对人生有了深入思考。

第 5 个问题：有人认为没有恋爱的大学生活是不完整的……如何找对象？

吴：大学生活的完整程度取决于自己的拼搏程度……谈恋爱不能过于功利，更不能草率，既要为对方考虑，又要对自己的人生负责。我们要正视恋爱，不能盲目追求，也不能躲避，恋爱是身体心智成熟的必然过程，是人生宝贵的情感财富。很多事情不是刻意企盼就可以实现的，我们要淡定，坦然对待一切，不急不躁等待缘分到来，这是我的经验之谈（仅供参考）。

第 14 个问题：什么原因让您在土木工程学院工作了 42 年？

吴：我的“娘家”在体育教学部，“婆家”是土木工程学院。我 1963 年起担任土木工程学院体育顾问，负责群众体育。20 世纪 60 年代学校规定：助教晋升讲师的条件之一，是须有一年以上的管理工作经历。我担任工业与民用建筑工程专业的班主任，一直至 21 世纪初。我热爱班主任工作的动力是：历届领导对我的尊重、信任，帮助和支持，拓展了我的人生舞台。老师们的敬业精神，和土木学子的精神磁力吸引了我。

第一，土木人一丝不苟、埋头苦干的“老黄牛”精神，激励了我这个“撞了南墙不回头”的人。我不在乎别人说什么，有时被人“捧上天”，我觉得“不过如此”；有时被人“开除”教师队伍，我自我感觉良好，“我就是我”

成了我的座右铭。

第二，土木学子的团队力量感化着每个人。我的班里有过 13 名“潜能生”、10 名体育尖子，班团干部调动大家积极性，包容了他们的“不足”，使他（她）们享受到“家庭”般的关怀。团队不离不弃的精神使所有学生全面发展，并顺利走上工作岗位，有的在 2010 上海世博会中国馆任桩基总监，有的在任外企技术总监，有的任设计院高工，有的任国企老总等。1981 年以来，我所带的班级分别荣获上海市先进团支部、先进标兵、全国先进班级等称号，这是我终身感恩的精神财富。

第三，长年累月从学生身上汲取营养精华，过滤掉自己的不足。我的工作必须对得起在校的学生，因为我是他们在学校的家长啊！有人担心我班的学生只会跑步、打球，我理解他们的忧虑。学生是我师，让我的心理年龄年轻化了，学生称我“廉价的傻瓜”，我乐意，说明他们对我很信任，是无缝对接的朋友！

鲜为人知的往事

她 1963 年开始当班主任，接待每一批新生，她都会在黑板上写下“认真”二字，意思是先做人，后成才。从上课纪律、学习成绩，到头发长短、言谈举止，吴老师对学生都有严格要求，她说“小事都做不好，怎么能成就大业？”当学生长大，就能体会到吴老师的良苦用心。2000 年元旦，在 70 届工农兵学员聚会时，班长说“您是我们的精神导师，是您教我们怎么做人，我们会铭记一辈子。”

吴老师更是良友。她和学生在一起没有代沟，谈人生、谈理想、谈欢乐、谈困惑，甚至遇到感情问题，学生也会请她拿主意。“早上在宿舍发生的事，中午我准能知道”，说此话时，吴老颇感自豪。

说起自己两个孩子、丈夫，和患有老年痴呆症的母亲，吴老师因忙于工作未悉心照料，心中有说不出的愧疚。

由于长期废寝忘食地工作，吴老师于 1998 年年底被确诊罹患胃癌，她不动声色，坚强面对。就在手术当天上午，她还为特困生争取了一个补助名额。在吴老师生病住院期间，不断有学生来探视，有上海的、有外地的，还有专门从国外赶来的。当成功手术后，她又迫不及待地重返校园。

宣讲内容广泛

吴老师报告的内容相当丰富：人生导航、呵护生命、奥运精神永恒、文明迎世博、勇者不惧战胜自我、班主任的成功魅力、复合型人才培养、把职业当事业广度人生、家校沟通的艺术、转化潜能生策略、滴水之恩涌泉相报、告别陋习树新班风、一个目标两个珍惜三个学会（新生入学教育）、人生是战胜自我的过程、育人为本德育为先、大学生的人生轨迹、小班化教学（专业教师的发展）、学高为师身正为范、从汶川地震谈师德建设、胸怀成才梦 走进清华园、适应大学生活、向光阴借时间（新生入学教育）、一辈子追求一辈子完善（入党动机）、宽严相济建立和谐师生关系、坚定信念思想入党一辈子、推进“未成年人保护”、未来是过去的延续，过去是未来的基础、做朋友——走进学生心里、班主任引领班级成长……受众人数万余人。

胡银亭老师深情回忆到：吴杏云老师与王平夫妇曾是学校关工委“三区联动”育人平台的主要成员，他们与上海市三门中学多年挂钩，不但关心学生成长，而且关心青年教师（包括书记、校长）。该校有一段时间非沪籍学生较多，学习成绩不太理想，教师们有的失去信心，经吴老师和王平夫妇不懈努力和持续关心，该校终于迈入上海同类学校先进行列，并获得“全国教育系统关心下一代先进集体”等多项荣誉称号。

吴杏云所作报告清单（受众人数在百人以上的不完全统计）

时间	地点	报告题目	主办单位	人数
2006-05-12	上海三门中学	关爱生命 享受阳光 健康第一	上海三门中学	500
2006-07-23	上海吉浦路社区		上海吉浦路社区	100
2006-09-06	上海市浦东新区	一个目标 两个珍惜 三个学会 ——新生入学教育	中华职业技术学院	500
2007-09-10	同济大学（沪西）	人生导航——新生入学教育	同济大学土木工程学院	500
2008-05-09	上海昆明学校	奥运精神永恒	上海昆明学校	300
2008-07-08	同济大学（本部）	胸怀成才梦 走进清华园	清华大学领跑夏令营	300
2008-09-11	同济大学（本部）	向光阴借时间——新生入学教育	同济大学土木工程学院	500
2009-04-03	上海昆明学校	关爱生命 享受阳光 健康第一	上海昆明学校	220
2009-12-04	上海昆明学校	勇者不惧、战胜自我 ——智慧耐力跑	上海昆明学校	240
2010-03-15	上海三门中学		上海三门中学	150
2011-03-10	上海昆明学校		上海昆明学校	230
2011-11-15	同济大学（本部）	人生是时间的微积分	同济大学土木工程学院	250

生死置之度外

吴老师不仅在本校，还在上海市其他高校宣讲；不但在大学，还到中小学、社区宣讲；不但在上海，还到邻近省市宣讲。演讲题目万变不离其宗，始终坚持育人为本、德育为先的原则，既有班主任工作经验，又有复合型人才培养；既有关爱生命关注健康，又有新生入学教育；既有推进未成年人保护工作，又有学高为师身正为范；既宣讲奥运、世博，又有勇者不惧挑战自我，还有党建内容等。

2012 年，我多次联系吴老师无果，后于 2012 年 6 月 25 日下午收到她的两条短信，内容大体相同：“近来身体欠佳，常到中山医院去，可能……吴杏云（明天下午可以采访）”。26 日下午，我和胡银亭老师以及学生志愿者一起采访了吴老，拍成了视频资料。我事先拟定了采访提纲，然而吴老话匣子一打开，就滔滔不绝地展开了；27 日中午我正在做饭，却接到吴老打来的电话，说她被采访以后还要以书面形式进行补充，可见她的责任心。

2012 年 12 月 21 日，吴杏云老师永远离开了我们。葬礼过后，其子女于 2013 年 4 月 3 日发来短信：“清明时节倍思亲。吴杏云老师已长眠于苏州华侨公墓。谢谢各位在母亲病重期间的关心和帮助。”

师生寄托哀思

吴杏云老师逝世的消息很快传开，许多老师、学生、同事、朋友表达了对吴老的无尽思念。譬如，耿忠平老师说：“悉闻吴杏云老师离世十分惊讶，去年（2011 年）10 月份在同济讲台的音容笑貌还未散去，如今却与我们分隔两界，活着的（老师）应加倍努力工作。”唐培吉老师说：“惊悉吴杏云老师逝世，十分痛惜，我校关工委少了一位非常热爱关工委工作的好老师，我表示深切悼念！”

王旭峰老师说，“辅”之以情——要热爱自己的学生，视学生工作为自己的事业，这是保证学生工作有效开展的前提，只有来自内心深处的热爱，才能设身处地地理解学生；“导”之以理——在加强自身修养的同时，用先进的理论来引导、指导和帮助学生；“员”之以梦——圆学生上好大学、充实生活、成长成才之梦。这是吴杏云老师用一生的实践对班主任工作的最好诠释。徐汉明老师说，吴老是伟大的，因为她为我们树立了榜样，我们要做一个像她那样的人……张艳丽老师说，在她记忆中，是吴老乐观爽朗的笑容，是她铿锵有力的声音，是她执着坚定的眼神，总给人以正能量的感染和熏陶……数十年的教育生涯，她桃李满天。她真爱学生，所以在她病榻左右学生不断，虽工作繁忙但每周都会抽空来照顾她。她躺在病榻上，但有力的双手紧握着我，不间断地回味和讲述着往事，深深感受到她作为老师的幸福。她是一名体育老师，却担任班主任 42 年，那份执着和热情影响着和她打过交道的每一个人。退休之后，她作为土木工程学院关工委分会常务副主任，出现在新党员的谈话中，出现在党校、团校的课堂上，出现在共建单位的社区、校园中……生命不息，奋斗不止，她把一生献给了教育事业。

吴老生前所在单位领导杨梅芳老师说："我和她相处虽只有两年，但她给我留下的印象使我难以忘怀。她热爱从事了一辈子的体育教学，在她即将退休时由于腿疾上课非常吃力，可是当她站在篮球场上，总能听见她那高昂的口令声。20 世纪 90 年代中期，在计算机房总能看见她管理全校学生体育课程的身影，她好学上进，始终充满着青春活力。她热爱学生，教了一辈子书，在退休后又兼任两个关工委分会常务副主任，还担任体育部青年教师的体育教学质量督导员工作，一如既往地关心青年教师和学生的健康成长。她热爱中国共产党，用了近 40 年时间追随党，在临近退休时光荣地加入了党组织。她多次对我说，她是穷苦人家出身，解放了，受党的培养读了大学，才有了今天的好生活，有了受人尊敬的教师职业，她从内心感激党，所以要好好工作报答党和人民，她是这么说也是这么做的。"

吴杏云老师，安息吧！

（撰稿：同济大学关工委原常务组成员　刘艺林）

锲而不舍地做好“关心”工作

——记周朝海同志关心下一代先进事迹

周朝海

同济大学关工委原报告团成员

周朝海同志离休后就在关工委常务副主任岗位上做“关心”工作。在关工委工作的20年里，他积极发挥自己的优势和特长，主动参加各项活动，做了大量工作。

他为要求入党的学生讲党课，以自己入党经历说明如何在复杂环境下坚定政治信念。为了提高讲课质量，每一次讲课前，他都要调查学生情况，查看大量资料，学生听了他的报告都深受感动。

他为新生讲建校史，进行艰苦奋斗、勤俭办校的教育；他积极参加与学校离休干部为希望工程、为学校贫困学生的捐款活动，从多方面关心学生。

他为学生创办绘画、书法、篆刻业余爱好者学习班，编写教材并授课，课后耐心辅导。“以文会友”，以此为纽带，开展忘年交，有的学生在毕业离校以后，还与他保持联系，多次收到学生寄来作品，以此切磋技艺，互通信息，增进友谊。周朝海深受学生的尊敬和爱戴。

为提高学生素质，他担任学校形势报告员、班级团支部政治辅导员，他用大量晚上时间和学生促膝谈心，循循善诱，耐心辅导，经常很晚才能到家。

他曾负责联系学校原第一联合党委，由于该党委是新组建单位，几乎没有离退休人员，关工委工作较难启动，因而周朝海锲而不舍地和该党委领导联系。党委领导在无法找到更合适的人选的情况下，请周朝海兼任分会常务副主任。关工委分会成立了，工作启动了。周朝海为入党积极分子上党课，邀请校关工委报告团讲师给青年师生开设“‘三个代表’重要思想”“人生观，世界观，价值观”“德国介绍”等讲座，使分会工作面貌有明显改观。2005年，这个分会专门召开关心下一代工作研讨会，总结了独创的“周边责任制”工作方法，把“关心”工作引向深入。

周朝海在老伴身患重病后，在思想上、精力上承受了极大压力，有好心人劝他关心下一代的工作就不要做了。然而，他经权衡再三，觉得对关心下一代工作感情很深，难以割舍，毅然决定不离开关工委，力争做到“家里困难要兼顾，‘关心’工作不耽误”。

周朝海同志家住南浦大桥附近，不管到同济哪个校区，往返都要几个小时，然而学校开会、学院调研、学习报告，他没有缺过一次席，这充分体现了一个老同志的高度责任感。

周朝海同志改任同济大学关工委顾问后，仍然保持对下一代的极大热情，经常为关工委出谋划策，不时打电话、写信联系有关“关心”工作，提出很多很好的意见。学校校庆之际，举办了“李岚清同志篆刻展览”。周朝海致信学校学工部、关工委、团委，他引用李岚清关于把篆刻作为健脑的手段和提高自身文化艺术修养的方式，更希望能够推动篆刻艺术的继承和发扬的话，建议举办篆刻培训和讲座，信中说：“过去曾受关工委的委托在校多次举办篆刻培训班和讲座，推行此项活动对提高学生素质、陶冶情操、提高个人艺术修养会起到很好作用，自己身体尚健康，愿再作些贡献。”

周朝海还致信校关工委常委，提出十分中肯的建议。信中说：“校关工委编印《求索——关心下一代工作理论研讨会论文选编》十分成功，应进一步做好后续工作，可组织若干座谈会，请论文作者深入讨论开展关心工作的经验与问题。”他特别提出：“周家伦同志在理论研讨会上要求所有学院在 2007 年 6 月底前建立关工委分会，这是硬指标，也请这些单位领导对《求索》这本小册子座谈一次。”根据他的建议，学校关工委采取相关措施，对分会组织的建设和关心下一代工作的深化起了很大作用。

（撰稿：同济大学关工委）

科教兴中华　儿女当尽责

——记范锡洪同志关心下一代工作先进事迹*

范锡洪教授

同济大学关工委原报告团成员

* 本文摘自“情系教育　爱心奉献”2006—2007年度上海市教育系统关心下一代荣誉奖事迹汇编。

范锡洪教授以“从教重师德，科研务求实；科教兴中华，儿女当尽责”为人生格言，退休后仍受聘在一些高校讲课。2003 年 11 月，文法学院党委请他担任关工委分会常务副主任，他说：“教授职务有退休，尽党员义务无退休。”他把承担关工委工作当作自己为“科教兴国”尽责的重要部分、践行党的宗旨和入党誓词的最佳选择，从“要我做”变为“我要做”，放弃了校外有酬讲课，把主要精力集中于“关心”工作。他依靠分会全体老同志的齐心协力，使学院“关心”工作迅速发展、后来居上。到 2004 年底，在分会成立的第一年就荣获学校“先进集体”称号，他也被评为“同济大学关心下一代工作先进个人”。

范锡洪同志在“关心”岗位上工作，一直认真学习、调研、实践和总结。刚上岗时，曾花了近两个月时间认真学习、研究关工委有关文件资料；学习先进个人的经验；同时，把有关文件、资料和先进经验分发给分会老同志，取得共识，合力工作，使分会成为学习型关工委。为了更有效地配合院党委的学生党建工作，他在 2005 年 3 月和 7 月，先后组织分会老党员向参加党校学习的学生入党分子 91 人、参加党先进性教育的学院 7 个学生党支部、154 名党员进行无记名问卷调查，写出了翔实的调研报告，深化了“关心”工作，并供院党政主渠道参考，使分会成为调研型关工委。曾撰写《试论党委领导下党政群合力规律——“关工委”及其分会工作的基本规律》等文章。

范锡洪同志主持同济原文法学院关工委分会工作，既不“越位”，又很“到位”，很好地发挥了以下四方面的作用。

第一，组织者的组合作用。他积极协助院党委组建、充实和调整分会队伍，主动依靠退休教工党支部的支持——支部书记兼任分会顾问、常委。在支委带头下，第一退休教工支部先后有近三分之一的党员参加分会“关心”工作。文法学院分会一般有七八个常委、近 10 个委员，成为组织健全、力量充实、层次分明和富有活力的关工委分会。他着眼于各个老同志的优势、特长的组合，使分会的“内力”形成“合力”；并借助“外力”，运用老同志的各种社会关系，借得社会力量，把“内力”和“外力”组合起来，形成更大的“合力”，去完成“关心”工作。如他连续三年组织分会老同志42人次到五期学生党校43个小组辅导400多名学员的学习，还组织老同志带领其中250多名学员去杨浦区社会福利院向养老的优秀共产党员、市劳模学习，为老人服务，参加福利院劳动；组织有法学专长的老同志带领、指导法学专业高年级学生68人次到四平街道社区定期为居民提供法律咨询服务；他联系带领50多名研究生党员到浦东新区作发展战略和人才战略的社会调查，帮助他们学习理解科学发展观；联系带领70余名研究生党员到青浦陈云同志纪念馆入党宣誓或重温誓言，到朱家角镇做提高党的执政能力的社会调查；等等，使学生都觉“受益匪浅”。

第二，主持者的“班长”作用。他作为“一号老同志”，主持开展工作、召集会议、商讨计划、落实任务、交流情况、总结经验和组织研究等。主持制订院分会年度工作计划，分工实施、总结交流，并在实施中按情况的变化而调整；主持分会老同志参加学院年度“关心”工作研讨会和校关工委理论研讨会的选题讨论研究和撰稿分工等。

第三，联系人的“桥梁”作用。他在兼任分会正、副主任的院党委一、二把手与分会老同志之间传达领导意见和汇报老同志工作情况和建议；在校关工委与院分会之间，上情下达，下情上报；在校关工委各分会之间起牵线搭桥作用等。

第四，带头人的“领头羊”作用。他积极联系并协助学生党总支和研究生支部带领研究生作社会调查；带头深入学生业余党校学员小组答疑、辅导，多次接受学员采访介绍自己的入党动机、怎样解决在思想上入党问题；应邀为校土木工程学院学生会、未来工程师学会的学生讲授科研选题方法论；等等。他在院党委领导下，依靠分会全体成员共同奋斗，勇于开拓创新：将“关心”工作从本科生向研究生开拓，从校内向校外开拓；依靠退休教工党支部参与分会队伍建设、加强“关心”工作，建立保障分会持续发展的新机制；创造了召开学院分会年度“关心”工作研讨会，党政群合力推进“关心”工作的新机制；推动学院关工委分会建设向服务型、创新型发展。

（撰稿：同济大学关工委）

理想为石，实干为砂

——采访优秀老党员黄士元有感*

黄士元教授

同济大学材料科学与工程学院

* 本文获评 2019 年教育部关工委“读懂中国”活动最佳征文。

一个晴朗的下午，我们驱车前往黄士元教授家，问候并采访这位混凝土材料界赫赫有名的泰斗。

2015 年中国混凝土与水泥制品行业大会上，中国混凝土与水泥制品行业终身贡献奖授予黄士元老先生。60 多年来的教学与科研实践，他学贯中西，将毕生所学尽数运用在国家建设、国家教育发展上。

在叩响黄老先生家门前一刻，还有些许紧张，不过见到老人以后，这种紧张感便忽地没了。黄老先生的家中同寻常人家并无差别，稍有不同的是客厅中偌大的书柜和茶几上随意放着的几本建筑材料杂志，浓厚的学术气息充满了房间。黄老先生虽然术后初愈，但见到我们时双目如炬，闪烁着智慧的光芒。

茶香绕梁，老人枕着午后的阳光，向我们讲述了一段岁月悠长的故事。

中华人民共和国刚成立不久，风华正茂的黄士元报考了哈尔滨工业大学，当问到为何选择去东北时，老人笑了笑："哈尔滨是老解放区，在那个时候哈工大也是第一所完全借鉴苏联教育模式的高等院校。"此后，经历了专业调配、院系调整，黄士元进入哈尔滨工业大学土木系学习，后转入材料系。在哈尔滨工业大学学习期间，黄士元得到了许多实习锻炼的机会。1956 年，黄士元毕业后进入东北第三公司，在这里他首次采用大孔无砂混凝土建起大楼，自此与混凝土打起了交道。据老人回忆，过去学校十分重视实习，这也导致了做老师后，他也每年都会带学生外出实习。

在哈尔滨实习的经历让黄士元看到了我国建筑材料方面非常落后，"国家需要，组织需要，我们就去哪里"这样简单的念头，让他下定决心为填补我国混凝土材料方面的空白而奋斗。60 多年来的科研、教学工作中，黄士元研究混凝土抗冻问题这一此前无人触及的领域，针对我国不同的环境气候调配出了普适性极高的混凝土材料。即使是在退休以后，黄士元仍然活跃在诸多国家重点工程项目中：指导学生解决青藏铁路混凝土抗冻耐久性难题，就国家交通、水利等多项大项目中混凝土的安全性、耐久性问题提出意见。

在瑞典做访问学者期间，黄士元学习了很多国外文献，眼界大开，但并未盲从外国学者的课题进行研究，而是考虑到国内情况，进行粉煤灰水泥水化及其浆体微观结构的研究。最终得到的建筑材料不但节约成本，各方面性能都更为优化，尤其适用于海港工程和水利工程。回国后在讨论碱骨料对混凝土的影响问题时，在大部分专家、教授都同意铁路枕轨产生裂缝是碱骨料的原因的情况下，黄士元提出了异议，他实地考察数处铁路，分析其成分后得出结论，最终说服中国建筑材料科学研究院改变了原本的设计方案。当时不但要面对政府建筑部门支持研究碱骨料反应的压力，还要面对大量科技人员和院士的不同意见，但他说：“做这个研究，讨论这些东西，就必须自己去现场看，用事实说话，用数据说话，这才是真正的讲科学。”我想，正是本着这样严谨求实的精神，老先生才会取得如此硕果。

黄士元老先生不仅在学术上卓有成就，也是一个优秀的教书人。教学几十年以来，黄老先生言传身教，将这份对知识纯粹的尊敬与热爱、踏实勤奋的科研精神传给每一个学生。老先生回忆说，当年在杨浦加气混凝土厂实习时，一名叫麻毅的高中毕业生想到用皂荚溶液来稳定加气混凝土以解决加工中的塌模问题，黄士元解决了技术问题后，这项科研成果荣获第一届国家发明奖四等奖，而麻毅成为此奖项的第一获奖人。“因为他是创造性的思想者。”老先生说道，“不能说因为别人学历不高，就把研究成果据为己有，实事求是嘛。”今天即使是对我们这种刚入门的晚辈，黄老也同样关心我们的学习、生活情况。

在短短数小时的采访过程中，先生多次叮嘱我们，科研是一定要往踏实的道路走，要沉潜到每一个项目去研究，虽然过程中有时有痛苦，但这是一个研究人员的基本素养。老先生给我们剖析了当前建筑材料存在的问题，强调了环境保护问题，也就是材料的回收再利用问题。“这是国家发展的一大趋势，也正是未来短时间内应该解决的问题。”临别前，老人仍再三叮嘱，做学问要踏实、勤奋、实事求是，要把国家发展肩负在自己身上，这样才是一个合格的材料人，才是一个合格的中国新青年。

注视着老人的双眼，我由衷地感动。虽已耄耋之年，那份对国家、行业的热爱依然在他的眼中绽放着光芒。老人如同一座丰碑一般，风尘之下刻满了累累硕果，无言之间见证了祖国几十年来的风云变幻。

（同济大学材料科学与工程学院　龙腾宇）

忆与蒋申英老师共同从事关工委工作印象深刻的二三事

蒋申英

同济大学经济与管理学院关工委分会原常务副主任

蒋申英系同济大学经济与管理学院原党委副书记，工作认真负责一丝不苟，深受师生的尊重和好评。2023年退休之后，她马上接受了经济与管理学院关工委分会常务副主任的工作。

2008年我从学院研究生党总支副书记岗位上退休后，应邀加入了学院关工委分会工作。她带领学院关工委分会全体退休老师奔赴在关心下一代工作之中，亲力亲为、全力以赴，持之以恒，从不计较个人得失。她积极组织我们与青年学生一起开展丰富多彩、形式多样富有创意系列活动。她要求我们结合自己亲身经历加强对党的认识，用党的思想理论武装青年学生，用党的初心使命感召青年学生，坚定党的信仰，锤炼党的修养。

蒋老师多次组织大学生党员、入党积极分子参观南湖、沙家浜、一大会址等党史馆，接受实地红色教育；经常参加大学生新党员入党宣誓仪式，新党员入党个别谈话和参与大学生党支部活动；积极开展学习贯彻习近平新时代中国特色社会主义思想主题教育，要求大学生党员不忘初心、牢记使命，提升政治素养和坚定共产主义信念，争当品学兼优德才兼备优秀学生，《文汇报》《杨浦早报》等先后报道，并荣获诸多奖励。在与蒋老师共事期间，她确实给我留下了诸多令人难以忘却的记忆，现略举几例简述如下。

首先，学生党建工作是学校工作的重中之重，为此蒋申英老师在学院党委和党总支领导下注重以学生党建工作为抓手，始终将党建工作放在首位，关心青年学生健康成长，关注教育培养学生党员、入党积极分子的进步与提高，对工作作出妥善安排。有时，活动时间与学生上课时间冲突，学院关工委分会退休老师宁愿自己辛苦劳累改在晚上进行，确保学生课程不受影响。定期开展行之有效的老党员与学生新党员、入党积极分子，面对面交流活动。每次活动都有主题，针对学生提问，讲解答疑和总结，富有成效。

其次，着重学生政治思想教育与引领，遇到学生思想问题学习困难等都能得到及时发现并第一时间提供帮助与解决。特别记得有一名来自河北山区农村张姓女生，感觉上海、同济大学与自己的家乡反差特别大，心里产生很大落差，虽其政治上要求进步，是一名入党积极分子，可是外语考试成绩很不理想，心理负担重，压力甚大，产生悲观消极情绪。得知此事后，蒋申英老师与我对她进行多次耐心细致的思想启发教育和疏导工作，并且还深入宿舍予以关怀。蒋老师还真诚地讲述了自己当年在部队绿色军营亲身经历的艰苦岁月，遇到的困境以及战胜困境后获得的启发。在一次次安慰帮助、引导启迪后，该生开始有所转变和提高，不仅排除了心理障碍，性格变得开朗，精神状态也明显改善，而且学习更为刻苦。真是一分耕耘一分收获，第二年她英语考试成绩有了长足进步，四级六级英语都先后顺利地通过，毕业前夕光荣加入党组织成为一名中共党员。蒋申英老师与关工委分会退休老师的目标是让每一名新党员和入党积极分子明确入党的意义和目的，坚定信念，热爱党、忠诚党，拥护党的路线方针和政策，奋发向上，成为一名合格的接班人。

再次，关心下一代青年学生健康成长工作是关工委的主要任务，蒋申英老师带领我们始终围绕这个主题，积极配合协同学生党总支开展工作。改革开放以来，有众多农民进入城市打工谋生和发展，他们的孩子也随同来到陌生的城市。蒋申英老师了解到杨浦区长白二小 70% 的小学生都是外来民工子弟，在牵头进行实地考察调研，经过反复思考讨论斟酌之后，认为同济学子经济与管理学院研究生本科生党员应该为此做些什么。学院提出以学生党员面向社会、着眼未来的“彩虹计划”。在计划实施过程中，遇到不少困难和问题，蒋老师带领我们迎难而上，终于打开了局面。学生党员积极响应纷纷投入。方案一个个确定，项目一步步运行，工作一项项落实。首先经济与管理学院和长白二小达成共建，开展“大手牵小手 赢在起步线”主题系列活动，并先后选拔学生党员兼任课外辅导员。例如党员赵蕾博士为长白二小专门开设精心策划的通俗易懂，适合小学生的金融课，让民工子弟开阔眼界拓展思路，为他们成长开辟了崭新的篇章；又如关工委分会老师和学生党员组织了为特困民工子弟献爱心的募捐活动，民工家长和孩子十分感激，场面感人，并立志要用优异成绩回报；还有党员唐代中博士特地撰写关心社会关爱民工子弟论文，等等实例在此不一一展开。直至今日彩虹计划系列活动仍然在继续。

2023 年，蒋申英老师因病去世。她在学院关工委的工作一直坚持到生命的最后，她不愧是一位值得信赖和尊敬的好领导，同时她严于律己、以身作则，严谨求实、平易敬人，永远是我们学习榜样和行动楷模。

（撰稿：同济大学经济与管理学院　龚福琴）

奉献篇

发扬“五老”精神，谱写关爱情怀

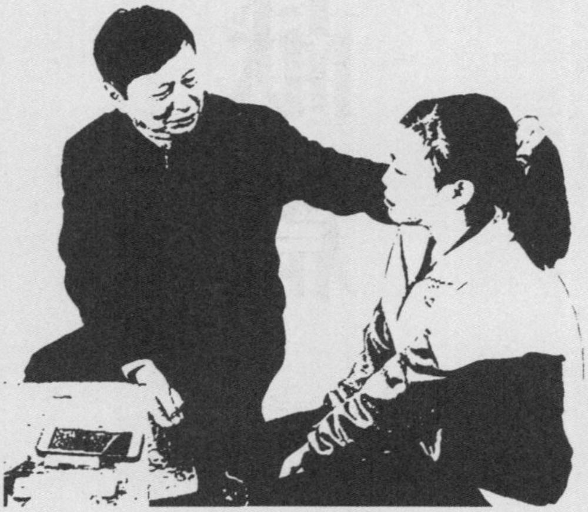

金正基

同济大学关工委常务副主任

2023年12月，同济大学第十二次党员代表大会召开，这是在深入学习习近平新时代中国特色社会主义思想和党的二十大精神的情况下，同济大学召开的一次盛会。同济大学第十二次党代会总结了同济大学五年的工作、展望了同济大学未来五年的发展规划。会议要求全体党员主动承担起学校“立德树人”根本任务，为实现“双一流”建设的战略目标贡献自己的一份力量。在工作报告中特别强调发挥群团组织和关工委的作用，打通育人教育的“最后一公里”。校党委对青年成长的关心，对同济“五老”的信任，极大鼓舞了全校“五老”投入关心下一代的热情，他们纷纷表示：要继续为青年学子的健康成长努力，再努力，不辜负学校党委的期望。

涵养担当品格

同济大学“五老”受党多年的培养和大学文化的熏陶，他们政治立场坚定、专业基础扎实、理论造诣深厚、经历阅历丰富、师德师风高尚，严谨、求实的作风和担当精神十分突出，他们懂教育，会育人。同济大学关工委成立30多年来，涌现了一批虽退休但仍持共产党党员本色，继续为党的教育事业、为关心下一代鞠躬尽瘁努力耕耘的“五老”。陈立丰教授就是其中一个。他在高校从事多年教学、科研和学校管理工作。退休后，根据学院安排，担任了航空航天与力学学院关工委分会常务副主任，由于工作出色，后调到学校关工委，担任校关工委副主任。在关工委工作的近20年中，他患大病两次并住院手术，但关心下一代的工作从未间断，就是在患病期间还关心着他主管的“三区融合，共同育人”项目，关心着关工委的其他工作。他与杨浦区教育系统关工委及有关街道社区协调沟通，推进了学校14个学院与杨浦区中小学、街道社区的共建。在共建的过程中，大学生得到锻炼、中小学生得到成长，大手拉小手的活动获得双赢，受到中小学广泛的欢迎和社会的好评。他以饱满的热情、严谨的态度、认真的作风、无私的奉献精神对待各项工作，无论是参加调查研究、课题建设，还是人员培训、工作总结，处处作出表率，赢得了大家的尊重。

勇植育人情怀

在同济大学“五老”的育人工作队伍中，大家有一个的共同心愿：在自己的晚年要为学校发展和育人多做一点事。把关心下一代放在心中最重要的位置，这是国家的要求，是学校的需要，也是老共产党员的使命。他们的年龄一般在70岁左右，最高的有87岁，但仍战斗在关心下一代舞台。欧阳杰老师是一名从部队转业到高校的党政干部，他参加过抗美援朝，亲身经历了朝鲜战场上的浴血奋战，深知国泰民安的幸福生活来之不易。退休前做党务工作，退休后，他几十年如一日，思考如何更好地为青年成长服务。他把医学院关工委分会建设成创新型关工委分会；在实践基础上总结、在总结基础上研究，发表多篇课题研究文章，均获上海市教育系统关工委课题奖；独树一帜建立学院关工委分会网站，一人挑起了网站编辑的所有工作；在常务组负责“师生面对面”工作中，他组织学院分会开展“师生面对面”的报告及座谈，向大学生、中小学生和社区青年讲述抗美援朝和工程兵等亲身经历，用真情开展传统教育，受到大家欢迎。

刘艺林教授也是在关工委工作将近20年的老同志，先后在常务组和报告团工作，两次大手术，没有影响他的工作，他用自己的专业知识对学生进行安全教育。特别感人的是，多年来他对数名困难生（学习困难）的跟踪指导。他怀着一颗爱心、热心、诚心、耐心和责任心，用微信及谈心等办法循循善诱地帮助学生们树立信心、完成学业，支持鼓励学生奋发学习、考取研究生。周铭孝老师打破传统观念，数十年坚持对女学生开展性教育，挽救了许多无知的失足女青年。现在住进敬老院还不忘关心下一代工作，她组织同济大学校友在敬老院附近的中小学开展校外辅导员工作，进行红色基因的传承教育，播种希望的种子。医学院李广君教授用一颗热心和爱心帮助患抑郁症的研究生战胜疾病，指导他写论文和答辩直至毕业，可以说是把他从死神手上拉了回来，救了一人命、暖了一家心。材料学院翁维嵩老师，一生未娶，无儿无女，数十年把学生当成自己的孩子，从资助困难学生上学到学生结婚的婚礼都有他的身影。他关怀学生无数，学生们亲切地称他为“同济爸爸”。

类似“五老”们的事迹在关工委队伍中有许多许多，他们把使命、理念和精神具体化，使弱势群体获得成功的人生。由于他们的言传身教、热情关怀，学生们获益多多，“五老”们也将继续逐梦前行。

工作创新驱动

随着科技的发展、社会的进步、思想观念的变化，坚持不断学习、不断实践、不断研究、不断创新发展，成为关心下一代工作的组织形式和工作内容的创新重要理念。我们在调查中发现，当代青年中有相当一部分学生缺乏感恩思想。于是，校关工委与学研工部、团委联合在新生中开展感恩教育活动——以“感恩父母的养育之恩、感恩老师的教育之恩、感恩祖国的强盛之恩”为主题的征文演讲活动，至今坚持了 10 年。在新生演讲中、在一篇篇征文中，我们看到了学生感恩父母、感恩老师、感恩伟大祖国母亲的真实情感。新冠疫情期间，好多学生报名做志愿者，以自己的行动回报学校。

在关工委组织建设中我们有完善的兼职秘书队伍和分会 3~5 名老同志组成的工作小组。发挥兼职秘书和“五老”集体的智慧和力量，加强工作协调，提高关心下一代工作效率和成果是我们的努力方向。为了加强与学生的联系，我们大胆探索学院分会设立学生委员的工作。2023 年，在土木工程学院等 5 个学院分会中聘请了 5 名学生委员，目的是通过学生委员了解更多的学生所需，以便针对性地开展关心下一代工作及更好服务学生。被聘的学生非常负责，根据各学院的情况提出了问题和建议，他们的建言献策为我们针对性开展工作提供了方便。

注重品牌建设

群团组织的生命在于活动，工作在于成效，影响在于品牌。通过“五老”们一代又一代的努力，同济大学关工委创建了许多品牌项目，提升了社会影响力，为学校赢得了荣誉。关工委副主任万腓力同志带领老同志创办的关工委网站成为教育部关工委十大品牌之一。他团结同志，树立求真、求实、求深、求新、求变的态度和严谨的工作作风，为同济大学关工委网站的创新发展奠定了坚实的基础，15年间6次改版，首页和栏目多次调整更有利于读者浏览，现在的16个栏目和40个子栏目更贴近青年学生，有较高的点击率，对社会的影响独树一帜；近几年又把由100名学生讲述的《同济的故事》编辑成100个音频故事，放在网上，方便学生和老同志收听、收看。同济大学关工委已成为上海市教育系统关工委理论研究基地。

同济大学关工委的“一键在手、两面相对、三区融合、四方报告、五彩校园、学生党建”已成为学校的品牌项目。各学院根据学科特点和学生思想情况开展的一院一品活动，如电子与信息工程学院的“忘年问道”、航空航天与力学学院的“同飞蓝天”、外国语学院的“心语屋”、土木工程学院的“老少共话促成长”等一些项目也逐渐成为学校的品牌项目。在品牌建设同时加强同济文化建设，组织“五老”编写了《同济的故事》《同济学子话恩师》等图书；在参加教育部关工委开展的“读懂中国”活动中，组织采访了几十名“五老”并撰写的采访文章和拍摄的微视频既宣传了汪品先等老专家、老党员为党奋斗的先进事迹，又展示了同济学术地标和百年优秀文化，提升了学生爱校爱专业的信心，增强了要把同济好的校风、学风、文风和作风传承下去的决心。近几年，大批退休教授、专家参加关工委队伍，他们用教育资源回报教育，他们理想信念的方向成为青年的精神导向。

30年来，同济大学关工委在党委领导下，在近200名为关工委工作的“五老”们的不懈努力下，校关工委多次获得“全国关心下一代工作先进集体”称号，获得教育部“全国教育系统关心下一代工作先进集体”称号，并多次受到上海市教育系统关工委表彰。“五老”中有多位受到全国表彰。

晓情谱出丹心曲、热血绘就夕阳红。关工委的“五老”们将用自己的实际行动诠释老共产党员的高尚情怀，以夕阳之躯，为托祖国之朝阳贡献一份力量。

（同济大学关工委常务副主任　金正基）

万腓力老师对关工委网的建管功不可没*

万腓力

同济大学关工委原副主任

* 本文资料源于《上海铁道大学志》和内部资料《同济大学关工委三十年大事记》。

万腓力老师是1962年入党、“光荣在党”60余年的老党员，他享受国务院政府特殊津贴，曾任原上海铁道大学党委副书记、纪委书记等职；退休后是首批加入关工委队伍的老领导，曾任同济大学关工委副主任，曾兼任报告团团长。

他具有坚实的理论功底

对于一个“四零后”，他很早就掌握了计算机知识，曾为本科生、研究生主讲“计算机语言”“计算机应用”“管理信息系统”“系统分析与设计”等课程，还参编了《算法语言及数据库》等教材。

领衔投入关工委网站建设

（一）同济大学关工委网

他适应网络时代的呼唤，搭建新的育人平台。2005年5月他出席关工委建网座谈会；2007年11月负责关工委网站建设；2008年1月，对网站建设提出要求。2008年3月，就关工委利用网站作关心工作的必要性、可行性及网页功能定位、设计要求、栏目内容、队伍建设、安全管理、效果评价等进行汇报；4月，他以“关工委利用网站开展关心下一代工作的探索”为题，在上海市教育系统专题研讨会上发言；5月成立同济大学关工委网编组；6月，网站试运行；9月，他作为课题组组长作系统演示；12月底网站开通。2009年3月，他任网编组组长，提出将网站挂在同济大学新闻中心服务器，并防范攻击的建议；10月，他在高校关工委网站会上作“我们如何办网站”主题发言。2013年7月完成《关工委网校园文化建设服务平台的研究与实施》一文。

（二）上海市教育系统关工委网站

2013年11月，同济大学关工委提交“筹建上海市教育系统关工委网的建议”，万老师唱“主角”；2014年4月，他还提出“备忘录”；9月他代拟市教育系统关工委网试运行编辑组及分工，编印《用户指南》《编务手册》并参与培训工作。他曾任上海市教育系统关工委网编委会副主任，并对全市相关人员开展培训；2015 年 9—10 月，他分别在武汉、上海召开的高校关工委会上交流发言；2016 年 9 月，他在浙江大学“全国教育系统关工委领导干部培训班”就网站建设发言；2020 年 7 月，他担任“高校关工委线上理论与实践研究基地”课题组组长；2021 年 7、11 月，他在上海教育系统关工委理论研究基地工作推进会上，分别介绍工作进展和主题报告。

（三）中国关工委网

2017 年，同济大学关工委承担中国关工委网站的研究课题，万老师是课题负责人。

他和同济大学关工委网编组获得的荣誉

例如，2009 年，同济大学关工委网获上海市教育系统关心下一代“示范特色项目”，他本人获荣誉奖，其撰写的《网站设计与运行研究》获特等奖，《关工委校园网建设的必要性、可行性及途径》获一等奖；同时，网编组获先进集体称号，9 月他获“上海市教卫系统离退休干部先进个人”称号；2011—2012 年，他先后获全国、上海市教育系统关心下一代先进个人、先进工作者称号，关工委“网上读书启新路”获评特色项目；2013 年 3 月，他执笔的“网站建设的实践研究”获三等奖；2015 年 3 月，同济大学关工委网编组提交的“构筑面向青年学生的关心下一代网络”，获评教育部关工委十大品牌优秀案例之一，8 月他获“全国教育系统关心下一代工作先进个人”称号。2016 年，同济大学关工委网获评教育部关工委“基层教育关工委优秀网站一等奖”，万老师立下汗马功劳。2021 年 12 月，他获评“全国教育系统关心下一代先进工作者”称号。

构建学习型关工委网

同济大学关工委网建站以来，经费有限，但他总是想到大家，多读书、读好书，要与时俱进，就购买了《中国经典名句小辞典》《新编万条成语词典》等工具书。购买的小收音机，不仅考虑到网编组，也想到因兼职多而退出网编组的老师们的使用需求，如“Shinco 新科超长播放待机王”“不见不散 LV290”等。可以说，他为构建学习型关工委网站贡献良多。

（撰稿：同济大学关工委原常务组成员　刘艺林）

一位可敬的长者

——与万鼎力老师共事点滴

万鼎力

同济大学关工委原副主任

2022年年末，万老师因年龄、身体等原因辞去了关工委工作。虽然开会、活动时看不到他的身影了，但总感觉他还在我们中间。同事们常想起他、谈论他，一些往事历历在目。我于2014年参加学校关工委工作后，才与万老师相识，在同事中认识是比较晚的，接触也不算很多。鉴于此，我记的只是点滴。好在已有高手撰文对他作了全面深入的介绍，我仅从侧面写一点近十年来与他接触、了解中留给我印象较深的一些事例，以表达我对他的敬意。

万老师有三个显著品格：尽责、低调、律己。

万老师有很强的责任心，对待工作认真负责。据网站老师介绍，万老师负责网站时，对工作要求十分严格，自己先作出榜样。每次开会他都会事先准备，写好发言提纲；把工作落实到每个老师，并提出明确要求，无故拖延或达不到要求会受到批评，要求及时作出改进。

2020年，上海市教育系统关工委设立八个研究基地，同济大学关工委线上工作研究基地为其中之一，万老师是前两年的负责人。这两年正是基地初创时期，大家在万老师带领下做了大量开拓性工作。他拟定了明确的目标任务，制订了详细的工作计划。在计划推进过程中，定期检查，了解计划执行情况；分析工作拖延原因、提出改进措施，确保了工作的有序进行。2021年，基地完成阶段性任务，调研报告、经验总结、理论探索、文献综述等各项工作，由基地其他老师分头负责；形成的文字材料万老师一一认真审读，提出修改意见。我撰写的1000多字的小文章他看得也十分仔细，连细微处的问题也没放过。虽然后来文章未列入有关文集，但他用红笔修改的文稿至今仍保留在我的脑中。审核调研资料数据时往往经历多次反复，为此，他常常要连续数小时在电脑上工作，甚至到深夜。

2022年4月下旬，《同济学子话恩师》稿件收齐，稍作整理后分发主编、副主编及有关编委作初审。万老师是副主编。4月21日晚，我给万老师发了一条短信，其中有一句话是："坦率说一些稿子还是比较粗糙的，我们只能尽力而为吧。"让他有思想准备。他知识面广，文字功夫好，我希望他多看出点问题来。5月13日，收到万老师短信，告我已审读完，并谦虚地说：“拙校一二，难免谬误，仅供参考。”我看了他的审读稿，近300页文稿的大部分多少都有他修改的痕迹，其中有多篇则花了大力气修改。我挑其中一篇1500多字的文章作了统计，万老师的修改达52处，计140多字。他的认真负责可见一斑。

万老师为人谦虚、低调。

同济大学关工委网站于2008年正式开通运营以来，一直以不断改进工作、提高质量、办出特色为目标。如今，已成为同济大学关工委在教育系统，乃至全国关工委系统具有影响力的品牌。就同济大学关工委网站工作，说万老师是核心、是灵魂，应该没有人会反对。他多次应邀在教育部和上海教育系统关工委作大会发言，介绍经验。讲起网站取得的成绩，他没有说过自夸的话。他不为自己评功摆好，总是把成绩的取得归功于集体的努力。

一个偶然的机会，看到一份简报刊登了他在一次年终总结会上的一段讲话。他建议大家读一读《解放日报》发表的文章《今天我们如何思维》，并引述其中一句话：“做一些事情，但不要把自己做的事情看得很重要。”接下来，他说：“既然人生在世，就应该有入世精神，努力做好自己想做而又有能力做好的事情；‘关心’工作，全校全员在做，社会在做，我们只是其中一小部分，要有自知之明，不要夸大。”这段话不仅是万老师为人谦虚、低调的本色体现，也反映了他对关工委作用、地位的清醒认识。这一点对于从事关工委工作的同志尤为重要。

万老师平时话不太多，对人对事不妄加评议。在关工委开会学习或讨论工作时，他倾听别的老师发言居多；汇报工作，会前都做充分准备，思路清晰，观点鲜明。

对待个人利益，万老师比较自律，比较大度。万老师把关工委发的津贴、奖金悉数捐出，学生捐款也一分不留，都用于网站的活动、慰问等方面的开支。考虑到万老师的年龄，且他家离学校较远，所以近两年他来学校开会、活动时，办公室都会关照他乘出租往返，车费由办公室报销，对此，他没有接受，而是坚持自己出。另外，听同事讲，万老师工科出身，原来是一位基础扎实的专业教师，后因工作需要走上管理岗位，成为一位主管包括职称评定在内的校级领导。他到退休仍是副高职称。他的同事解释，因当时学校晋升正高的名额十分有限，万腓力老师把机会让给了同事。

多年来，万老师把退休后最好的时光奉献给了关心下一代事业，能为学生做点事，他乐意。关工委留下了他多年倾情付出的记忆，留下了他和同事们一起奋斗的足迹，还有遇到挫折时的烦恼和收获成功时的喜悦。万老师离开关工委工作，作为同事会有不舍，但我们深知新老交替是自然规律，人生的职业生涯总有落幕的一天。他也需要让自己得到放松，好好休息。我希望多年为关心下一代事业辛勤工作、无私奉献的万老师，卸掉工作后能放松身心、享受生活、安度晚年。

（本文成文后不久，惊悉万老师不幸离世的消息，深感悲痛、惋惜。谨以此文纪念万腓力老师。）

（撰稿：同济大学关工委常务组　郭超）

信仰的力量，坚守与前行

——记同济大学王国建教授

王国建教授

同济大学材料科学与工程学院

王国建老师是同济大学材料科学与工程学院退休教授。看到王国建老师照片的第一眼，我们就被那略显瘦小的脸庞上炯炯有神的眼睛所吸引，因他的眼中有光。在期盼中我们见到了王老师。

1970 年，王国建老师被分配到云南生产建设兵团二师七团（现孟定农场）务农。长达四年半的知青经历，是王老师人生中浓墨重彩的一笔。在这四年半里，他砍过坝、种过地，垒过砖、盖过房，栽过树、割过胶。初到云南，光脚在泥泞潮湿的土地行走，双脚溃烂发炎，他坚持了过来；瘦弱的他只有 80 多斤，却挑着 160 多斤的担子一走就是十几公里，他也挺了过来；最终，他和战友们一起，将莽莽原始森林变成了郁郁葱葱的橡胶林，让贫穷偏远的小山村变成了朝气蓬勃的大集体。现在回想起整个知青经历，对于当时的艰苦岁月，王老师只是作为有趣的笑谈，作为生活的积累，其中艰辛一笔带过，留下的是对当年生活的记忆。

谈及自己的求学经历，王国建老师用“幸运”二字概括。他下乡时始终带着自己的代数课本、英语教材，劳作之余坚持学习。1974 年，连队有了一个推荐上大学的名额，而王老师也凭借着多年的积累，在连队中全票通过，获得了这个宝贵的深造名额，迎来人生的新篇章。出于对同济大学的喜爱，在填写大学志愿时，王老师毫不犹豫地写上了同济大学的名字。但命运没有安排王老师在这时与同济结缘，他被安排到了位于四川自贡的上海化工学院四川分院高分子化工专业学习。

三年的大学生活，他有一半时间在工厂、农村和部队度过，与工人同吃同住。作为学生的王老师很快地掌握了多门课程的相关知识，积累了丰富的实践经验，为他日后的科研、开发工作打下了良好的基础。

王老师在四川上完大学，留校任教。后又考入华东化工学院（现华东理工大学）攻读硕士研究生。1982 年硕士毕业后，王国建被分配到了同济大学任教。在同济，他遇到了很多优秀教师，他们的言传身教让王国建受益匪浅。在教学道路上，王国建老师始终秉持着循循善诱的教育理念。他深知严于律己的重要性，对待教学工作认真负责、严谨细致，采用“精读三遍法”等教学方法引导学生主动学习、深入思考。他注重采用因材施教、因人而异的教学方式，让每个学生都能在自己擅长的领域得到充分的发挥和成长。

在科研上，他秉持着探索的态度，在高分子防火阻燃材料和功能性化学建材上深耕多年，屡次攻克学术难题，先后获得教育部发明技术二等奖、上海市科学技术进步奖二等奖、上海市科学技术进步奖三等奖、国家科学技术进步奖二等奖等多项奖项。

46岁的时候，他又作出了一个重要决定——再去深造，去攻读博士学位。彼时，承担着教学任务，指导多名硕士研究生的王老师已经很繁忙，周围的同事、朋友也有不理解，都这么大年纪了还要折腾吗？但王老师说：“我要指导学生，首先要提高自己的学历和水平。”所以他毅然提交了材料，通过申请后于46岁再次成为一名“学生”。变化的是年龄，不变的是那一份坚持与韧劲。难度骤然提升的外语课，信息技术课等对他来说都是挑战，但他凭借着自己的钻研，一点点磨、一点点学，顺利完成了学业，于2001年获得上海交通大学博士学位。

在数十年的教书育人过程中，王国建老师始终保持着耐心和细心。他不仅关注学生的学术成绩和职业发展，还注重培养学生的品德修养和综合素质。他鼓励学生积极参加各种社会实践和志愿服务活动，增强社会责任感和公民意识。一直以来，他像园丁一样仔细照料着每一朵“花朵”，让他们在知识的阳光下茁壮成长。他所带的一个研究生曾遇到了严重的心理障碍，封闭自我不与外界沟通，科研停滞。王老师就一次一次地前往学生宿舍和他沟通谈心，鼓励他面对挑战，帮助他理清研究中的思路和困难。最终，这名学生顺利完成了学业，成功拿到了硕士学位。作为教师，他全身心地投入每一堂课。除了讲课内容之外，小到请假条书写格式，大到毕业论文的修改，不管是不是本学院本专业的，王老师都认真教导。王老师说：“选了我的课，就都是我的学生，哪里需要分什么专业。”在教学的这几十年里，王国建老师获得了上海市育才奖、宝钢教育奖优秀教师奖、同济大学师德师风先进教师、同济大学“我心目中的好导师”德学双馨奖、学院“我心中最可爱老师”传道授业奖，等等。但谈及这些荣誉，王国建老师很谦虚地表示："教师的工作很平凡，就是上课、与学生交流、给学生改论文，等等，我并没有做惊天动地的大事。"但平凡细微之处更见真心，王老师用心、关心、细心对待学生，他的言传身教、以身作则为学生树立了榜样，让他们受益终身。

对于青年学子的发展，他也寄予了厚望："多掌握一项技能，机会便多一分"。他鼓励我们在生活和学习的道路上要勇敢追求真理，注重实践和创新，去培养自己的思维方法和能力，扎实地掌握本领，提升自己的竞争力。

（撰稿：同济大学材料科学与工程学院　赵雄、吴东东、陈彩红、宋密、蒋楚萌）

更新观念做好教书育人工作*

王悌福教授

同济大学体育部

* 本文原载《同济教育研究》1992 年第 3 期，有删节。

面对汹涌澎湃的改革浪潮，教书育人工作如何适应和服务于社会主义经济建设对人才的需要，是摆在每一名教育工作者面前的新课题。

育人者首先要更新观念

“育人先育己”，教育者首先要跟上形势，解放思想、更新观念。经过拨乱反正，实践是检验真理的唯一标准的大讨论，“左”的禁锢有所冲破，但远未根除。在现实生活中，我们经常看到由于教育者的思想僵化、抱残守缺、观念陈旧，因而对大学生中出现的“出国热”“交际热”“社团热”“涉外热”“股票热”“经济热”……总是看不惯，片面认为“不安分守己，思想有问题”，习惯于“我说你听，按我的意旨办，就是好学生”。这种扭曲使我们处处感到不适应，时时感到难理解，甚至出现失落感，这又怎能去正确引导学生成为跨世纪的人才。

党的十二大概括的中国经济发展三步走的宏观战略，为我国在21世纪中叶赶上世界中等发达国家绘制了科学蓝图。这个伟大的使命历史地落在当代大学生的肩上，重要的位置要由他们去接班，艰难的任务要由他们去完成，社会需要勇于改革、善于竞争、富有开拓精神，“敢为天下先”的“出头鸟”，而不是“唯上唯书，一切等着上级布置，四平八稳，缺乏冒险精神的凡人”。如果教育者不贴近生活，不学习党的一系列改革开放政策，不了解市场经济、经营机制转换等新情况，而是停留在过去某些本本的教条式理解上，就会不可避免地对经济建设、改革开放起阻碍作用。“能说清的老问题学生不愿听，也不爱听；说不清的新问题自己不懂，甚至抵触，不愿说，也不敢说。”针对这种情况，解决办法首先是解放思想，活跃思路，除了走向学生，更要走向社会，直接进入市场领域对人才素质的要求，才能有的放矢，切中要害，努力创造育人新形式。

实现两个转变

要增强教书育人工作的有效性，使之在新时期发挥其应有的作用，就要实现育人工作的两个转变。

（1）重点转移。党的基本路线的核心是以经济建设为中心，没有第二个中心。对大学生来说，首先是要学好文化科学知识，才能更好地投身改革开放，为振兴祖国作出贡献。因此，我们的一切工作包括教书育人工作就必须服从和服务于这个中心，紧紧围绕出人才、出成果、出效益去加强，激励学生刻苦学习，攀登科技高峰，绝不能搞政治、业务“两张皮”，各自为政。育人工作“无所不在”，教学、科研、管理、服务都是育人的渠道，但主要应结合学生在学习活动中的思想动态来做，并贯穿于学生学习的全过程，形成政治与业务结合、育人与管理结合、理论与实践结合、解决思想问题与实际困难等一系列“结合”的工作机制，从而真正把育人工作落到实处。减少各种形式主义的检查、评比，着重考核学风、班风的实绩，才能强化育人工作的针对性和实效性。

（2）方法转变。育人的根本目的是培养人，必须充分调动人的主观能动性，发挥教与学两个方面的积极性。要改变过去育人工作中“我说你听”家长训导式的教育方法为同志朋友讨论启发式的教育方法。前者强调注入和强制硬灌，像“填鸭”一样“喂”给受教育者，效果往往不佳，这种教育者的“积极性”而导致受教育者消极态度的工作方法，必须改变。后者强调尊重人、理解人、关心人、爱护人，平等相待、谆谆诱导，以理服人、以情感人，引导学生在讨论中开展自己教育自己，融教育的思想性和感染力于一体。把以学生为本和尊重、关心学生有机地结合起来，使其心悦诚服地接受教育，才能最大限度地调动学生学习的自觉性、积极性和创造性，达到育人工作的预期目的。

当前育人重点抓什么

针对学生在改革开放中思想观点上存在的新问题、新矛盾，善于“传道、解惑”，耐心疏导。当前更要激发学生学好本领，增强竞争意识，报效祖国。

（1）学好本领。学好专业和科学文化知识，这是高校全面发展教育的核心，也是学生的天职，它不仅关系到个人事业的发展，还直接关系到中华民族的强弱盛衰。育人就是要抓住这个“龙头”，把德育工作渗透到教学和日常生活中去，使其学习有明确的目的，把学生的思想和力量引导到学习、能力和素质提高上来，加快社会主义建设上来，激发他们“国家兴亡，匹夫有责”的历史责任感，形成良好的学风和班风。

（2）增强竞争意识。面对充满了发展和竞争，同时也充满了机遇和挑战的改革开放新时期，我们一定要有紧迫感和危机感，必须迎头赶上，自强不息，奋起拼搏，才能立于不败之地。我们培养的人才，必须具有全球意识，掌握真才实学，富有强烈的竞争性，思路开阔，顽强奋斗，在激烈的国内外实力竞争中求生存、求发展。因此，我们的育人工作必须加强竞争意识、创新意识和改革意识的教育，建立高效率、强节奏、快速度的全新观念，开拓进取、博采众长，善于竞争、勇于取胜，打破“进了大学松口气”，“吃了定心丸”，“皇帝女儿不愁嫁”的“阿混”思想，才能从容不迫地去迎接各种挑战。

（3）报效祖国。弘扬爱国主义，就要牢记坚持“一个中心，两个基本点”，突出抓好三个基本教育，即国情教育、中国近代史教育和革命传统教育，目的是激发学生民族自豪感和使命感，加深对改革开放和国情的了解，坚定对社会主义的信念。要使每一个青年学生懂得，走社会主义道路，是挽救中国的历史必然，改革开放是由贫穷落后变为繁荣富强的一大法宝。热爱祖国，就要继承革命传统，坚定不移地在党的领导下，走社会主义道路，大力发展生产力，用我们的双手把祖国建设好，以行动报效祖国。

（撰稿：同济大学关工委）

为办好网站　他辛勤耕耘

——记网编组编辑王德林老师

王德林

同济大学关工委原网编组编辑

2008 年 12 月 30 日，经过两年多时间酝酿和筹备的“同济大学关心下一代工作委员会网站”正式启动运行了。而王德林老师就是同济大学关心下一代网站的初创者之一。

王德林老师退休后曾是航空航天与力学学院关工委分会的“一号老同志”。在学校关工委提出如何根据新形势的需要，跟上时代的步伐，搭建一个不受时间、场地限制，便于配合学校主渠道进行思想教育工作的网络平台后，王德林老师就成了关工委网编组的成员。

在学校离退休老同志队伍中，不乏有那么多热心做好关心下一代思想教育工作的志愿者们。但是如何利用网络平台，积极参与校园文化建设，更加切合实际，为德育教育添砖加瓦，做好青年大学生的思想工作，对老同志来说，无疑增加了一道难题……眼花了，记忆力差了，电脑的操作多有不便。

尽管当时王老师已经 70 多岁了，身体状况也不是很好——深度近视，又有白内障眼疾，血压高，平时腿脚也不方便，但他在网编组里认认真真，一丝不苟地做好文章的收集和推荐。他认真地发现和收集对青年大学生励志有关的好文章进行推荐，仔细地做好分管栏目文章的审核和发送，从不含糊。为解决老同志的燃眉之急，网站组织开展了为老年志愿者们的网络知识培训，王老师与几位元老一起，分别承担起了培训的任务，分工负责有关计算机操作项目的教学内容。课前，王老师认真地花时间编写了关于电脑操作的有关章节，并把它打印出来，给受训学习的老同志人手一份。在课堂上，王老师一步一步地演讲操作过程；课下，对操作困难的学员，手把手地给予操作指导。他与网站学生助理一起切磋如何提高老年学员的学习效率，并不厌其烦地辅导，提高学员的学习信心。通过几期的培训，看到大家取得的成绩，他感到由衷的高兴。

为了能更好地发挥网络作用，关工委网站参与了学校大学生党建工作的培训。自 2010 年开始，与党委组织部党校、研工部、团委、学生工作处联合举办了网上读书活动。当学生们把网上读书感想征文递交上来后，网编组的同志们开始了轮流交换审阅稿件。一篇篇打印出来的文章在大家的手中传阅，一遍遍反复地审阅比较……年事已高的王老师毫不示弱，深度的眼镜，还要配上放大镜，仔细地读着、看着、记着，一坐就是半天时间。有时候还要回过头去把前面看过的文章再看一遍，为的是不遗漏真正的好文章……对个别好文章，他都能清楚地说出其优点与独到之处。

为提高网上阅读征文的审阅效率，后来几年的审阅方式由纸质改为网上审阅。王老师跟大家一样，开始了在电脑前阅读。长时间坐在电脑前，对颈椎和腰椎都非常不友好，对于深度近视，又有白内障眼疾的王老师来说，更是非常的艰难。但王老师一直没有退却，和大家一样保质保量按期完成阅稿评审工作。就这样连续七年，王老师在网编组内辛勤地、默默地努力工作着。直到 2016 年底，由于白内障必须手术了，他才迫于无奈地退出了网编组。此时的王老师已年逾八旬了。

但是，他并没有真正地退出，他还在关心着网站。时而，发现好的文章，他还会推荐到网站上来。王老师的工作态度和任劳任怨的精神，深深地感染和鼓舞着网编组内“60 后”“70 后”的同仁们。

学校关工委网站从牙牙学语到蹒跚学步，如今已茁壮成长，成为学校关工委工作的窗口和名片，在全国高校关工委网站中独树一帜，这其中包含着各届学校领导和部门的支持，更多的是全体新老网站工作人员的默默奉献。

“十五年弹指一挥间，百年树人谋新篇”，总结过去，是为了开创未来。让我们共同祝愿网站保持特色，不断推陈出新，从实践中摸索总结，始终保持网站政治上的严肃性、形式上的多样性、文化上的多元化，贴近生活、贴近青年，成为青年学生喜闻乐见的精神家园，成为全国高校关工委网站的一个标杆。

（撰稿：同济大学关工委网编组编辑　朱菊瑛）

一群办网站的老人

同济大学关工委网站团队

2000年后互联网发展非常快。为了适应网络发展的新形势，根据同济大学校区分散，老同志做关心下一代工作不方便的特点，2006年时任同济大学关工委副主任的万腓力老师在进行了大量的调查研究后，向学校申请筹建关心下一代工作网站，由老同志负责维护运行，目的既是与时俱进，适应互联网发展的趋势，也是为关心下一代工作创造一个网络平台。在上海市教委的关心下、在校党委的支持下，关工委网站在2008年年底开通运行。平均年龄超过65岁的志同道合的10名老同志在经过短暂的培训后，加入了网站运行的编辑队伍。当时引起了不少人的质疑，一群老人能办好网站吗？

编辑老师们上岗前虽然接受了培训，但是实际操作还会有很多问题。首先就是害怕“上网”，“这一上网，全世界都能看见，万一编辑过程中有什么问题，影响太大”；其次，在稿件的选择、来源，照片编辑上传的格式等方面都担心出错而畏手畏脚。然而，编辑们并没有被这些困难吓倒，而是学中干、干中学、互相帮忙，迎难而上。网站及时组织了多次学习培训。经过培训员（懂行的老师及网站学生助理）耐心的手把手的指导，大家掌握了初步的编辑技能，增强了信心，关工委网站走上了正轨。

网站开办起来后，困难也接踵而至。首先，一些编辑遇到了网站工作与照顾孙辈的矛盾。有两位老师家中要带两个宝宝，照顾孩子需要耐心和时间，还要有很强的责任心。然而他们没有因此放弃自己网站编辑的职责，通过合理安排时间和精力，在照顾孙辈和编辑工作之间找到了平衡点。

其次，有一些编辑由于身体原因，工作负荷不能过重。但他们并没有因此放弃对网站编辑的热情和责任心，在与其他编辑的紧密合作和互相帮助下，完成了许多艰巨的任务。

还有，当有些老师们外出旅游时都会合理安排好时间或者请其他老师帮忙完成每日“新闻摘报”的录入和栏目的编审，尽量不影响网站工作。再如：有的老师在操作过程遇到了问题，会在群里提出，其他老师会积极提出建议或告知解决问题的办法。互帮互助、共同学习，已成为编辑老师们的习惯和十多年的坚守。

随着社会的不断变化和科技的不断进步，我们所接触的信息和知识也在不断增加和更新。因此，活到老，学到老，通过不断学习提升自己已成为网编组老师们的共识和自觉行动。

学习对于上了年纪的老人来说并不是一件容易的事情。老人的反应能力和记忆力已大不如前，学习需要花费大量的时间和精力，需要放弃一些个人的休闲娱乐。但每当学会了一些新的知识或编辑方法，也会带来更多的快乐和成就感。

同济大学关工委网站一直以来致力于为广大同济大学师生提供及时、准确、全面的信息服务，为同济大学关工委的工作开展提供强大的支持。随着新媒体技术的发展，人们已经不满足只有文字的信息，而是要求文章中要配有图片、语音信息和视频消息，这就大大提高了对网站维护工作的要求。编辑老师们与时俱进，努力学习各种图像设计、音频转换和视频编辑等应用软件，通过不断努力提升自己的技能和知识水平。现在，网编组已经成为一支技术娴熟、能够独立完成各种任务的团队。

由于网站编辑们的共同努力和出色的工作，同济大学关工委网站曾多次获得各级关工委组织的表彰，例如荣获了“上海市教育系统关工委优秀网站”“教育部关工委网站评选一等奖”，成为同济大学关工委对外的一张名片。

编辑老师们经历了教育事业的风风雨雨，积累了丰富的学识和经验，但并没有因此停下脚步。他们无怨无悔地在线上参加关心下一代的工作，利用网络平台参加学校立德树人工作，努力学习有关知识，以更好的技术手段推动网站的发展，为关心下一代工作作出自己的贡献，将在未来的工作中创造更加优秀和出色的成绩！

（撰稿：同济大学关工委常务组　冯方一）

我在关工委网站当编辑

厉仁玉

同济大学关工委原网编组编辑

我是2001年7月退休的，2008年加入同济大学关工委的网站编辑工作。由于年龄关系，现在已经退出网编组，做网站的编辑工作大约有15年。

15年的时间一晃而过，我非常怀念这段时间，我觉得这是我退休后过的非常值得怀念的日子，而且是一项非常有意义的工作。回忆这段时间，我想说几点感想。

对网站的认识

初入网站，就接受到对开设网站的教育。关工委网站的定位，是一个辅助渠道，是辅助同济大学对青年学生进行教育的平台。虽然不是主渠道，不能代替主渠道，但一定要发挥网站自身的优势，用正能量的文章教育青年学生，帮助他们树立正确的人生观，激发他们、鼓励他们。网站编辑的任务就是撰写、推荐、编辑具有正能量的文章。有了这样的认识，我欣然地加入网编组，开始了这个非常有意义的工作。

网站工作

作为网站编辑，主要工作就是推荐和编辑文章。这看起来是一个比较简单的事情，但实际上为了寻找合适的文章，首先要每天阅读报纸，从中找到符合要求的消息，下载复制到网站合适栏目的版面，然后进行编排，送入网站后台，再经过两轮编辑（责任编辑和执行编辑）的审定，才能放到前台与读者见面。

进入网站工作以前，我自认为已经能够使用电脑，其实不过是用电脑看看新闻、打几个字而已，做网站编辑，远远不合格的。所以，我马上进入网站开设的培训班，学习做网站编辑必须具备的操作知识。经过一段时间的努力和反复练习，我基本上掌握了这些操作，开始正式做网站编辑。

前前后后，我在网站工作了15个年头，推荐了超过3000多篇的文章，同时也作为责任编辑和执行编辑之一，经手了许多文章的编辑工作，为网站尽了自己的努力。

网站领导

我至今一直念念不忘关工委网站的万腓力老师，虽然因为种种原因，现在很少与他相见，但心中始终怀着尊重、敬佩之情。万老师是同济大学关工委的副主任，是同济关工委网站的创始人，是亲力亲为、全身心投入网站工作的带路人。

在关工委网站，我看到了万老师认真负责的工作作风，事无巨细全心全意的工作态度。他在工作上对大家严格要求，在生活上对大家嘘寒问暖，这样的领导，这样的带路人，真正令人心服口服。

从网站的筹备开设、网站编辑人员的培训培养、网站规章制度的设立、网站编务手册的制定、网站日常工作的安排、一系列有关网站论文的撰写、网站举办的阅读征文活动……等等，万老师都花费了巨大的心力，为关工委网站开展正常运行和维护，提供了有力的指导和保障。完全可以说，万老师是关工委网站的定海神针，在我心中，深深地烙下了不可磨灭的印象。

网编组

关工委网编组人员，虽然因年龄变化而有进有出，但基本上保持在 10 人左右。我的切身体会是，这是一个非常团结、相互关心、认真负责、不计报酬的集体。组里的同志都是退休人员，大多家里都有许多的家务事要做，有的还要看护第三代，但他们对编辑工作，都是任劳任怨，百忙中抽出时间，认认真真做好自己所担负的网站事务。他们的优秀事迹数不胜数，他们的热心、热情、一丝不苟，值得我好好学习。

网站与时俱进

这么多年来，关工委网站一直稳定发展、越办越好，除了有好的领导和一个强有力的编辑组，网站还不断地跟随时代步伐前进，努力做到与时俱进。

网站在运行过程中，发现原有栏目不能适应新的需求的，就适时增加栏目，而且数次进行改版。这样的更改保证了网站的新鲜性，保证了网站对新生事物的敏感性，也大大提升了读者对网站的关注度。

网编组请学生对网站提出改进意见，并对所提意见的文章给予适当的奖励，这也提升了学生们浏览网站的热度。

网站还与学校的各级党校合作，每年举办网上阅读征文活动。网编组和关工委有关老师，对学习心得进行三轮筛选，评定选出优秀文章发表在网站上，并给予奖励。虽然每年要评选几百篇的文章，大大增加了网编组的工作负担，但大家都会愉快地、认真地做好这项工作。

关工委网站有万老师这样的好领导，有网编组这样的优秀集体，所以从网站设立起始，十多年来，一直走在教育部各高校关工委网站的前列，各种表彰的奖牌挂满了同济关工委会议室的墙面。

今后，我将继续关注同济大学关工委网站，继续为网站尽一点点微薄的努力。在此，祝愿同济大学关工委网站继续前进，并获得更好的成绩

（撰稿：同济大学关工委原网编组编辑　厉仁玉）

怀感恩之心　盼青胜于蓝

——访同济大学口腔医学院名誉院长石四箴教授

石四箴教授

同济大学口腔医学院

学院里人人都知道老院长石四箴教授，院史馆内有她笑意盈盈的照片。她是一位满载荣誉的学者，是我国“儿童口腔医学”教材的开创者；曾长达20年在我国儿童口腔医学学组、专业委员会领衔任职，是亚洲小儿齿科学会的前会长……获得全国优秀教师称号的她，更以其教师的情怀激励着一代又一代学生。

我们是三年级学生，分别是蒙古族、维吾尔族和汉族，此次能采访石老师是我们珍贵的时刻，既激动又心怀忐忑。师生间能否轻松、融洽交流？一入门，认真、严谨、亲切、和蔼是老师给我们的第一印象。长桌上一叠叠的资料和照片，是她准备编写儿童口腔医学发展史的素材。她那拉家常式的聊天，瞬间消除了我们的紧张心情。

浓暖的亲情　坚定的原则

石老师的籍贯是台南市。其祖父是19世纪当地商界巨头，岛内的历史档案和博物馆内都有记载和留存其手迹。对岸有她众多亲友和熟识的同仁，亲友们也以她为荣。她所著《台湾情女儿心》一书让岛内亲友深受感动。她多次在先辈的故居驻足流连，寻访父亲曾就读的小学、中学。她曾组织23次沪港澳台高层次论坛，以自己精湛的专业技能和浓浓的故乡情谊赢得两岸同行的尊敬。石老师自豪地称自己是台南人、上海人、幸福的中国人。

怀有浓暖亲情的她，政治立场绝不含糊，坚决同“台独”分裂行为作斗争。2000年筹组亚洲小儿齿科学会期间，有台湾教授游说“一中一台”“两个中国”。时任台盟上海市委会主席、上海市政协副主席的她旗帜鲜明发信各国会长：“贵国政府持一个中国的原则，你们教授不和自己国家一致？奥运会不是有例在先？”筹委会上，石老师联合我国香港代表合力直面批驳，最后取得胜利——确定台湾是地区代表，代表团名是Chinese Taipei。2007年石老师率领80名同仁出席国际儿童牙科学会，开幕式上，场内一大片挥动的五星红旗，令主席台上的她为背靠祖国的中国学者自豪。

忆成长之路　怀感恩之心

石老师高中毕业时才16岁，母亲定她报考上海第二医学院口腔医学系，后又有系主任让她主攻儿童口腔科。其实她曾想入北大俄语系，但她后来也喜欢口腔内科。一旦投入、全力以赴是其作风；不能等、靠、要，应找、创、干是其理念。

老师说自己是新中国第一代的红领巾少年，少先队、共青团、共产党育成了她爱国爱党和正确的人生观；石老师始终感恩老师和母校。在校的学习和工作让她不断获取了知识和实践；恩师们的教导造就了她学术业绩的底气；父母的辛劳、爱和期盼是激励她向前的推力；同学、朋友的情和助给她留下许多美好的记忆。石老师那动情的回首，让我们理解了爱国之情、幸福之源、感恩之心和报效之理。

石老师毕生钟爱儿童口腔医学，先后出版著作17本，发表论文272篇；她积极寻求各方支持，开设幼儿园口腔保健室，在服务中增强儿童口腔医学专业实力，获上海市重点学科。2004年创建的专业临床基地保障研究生的培养，备受海内外专家赞扬。学院的发展也得益于石老师的拼劲。1994年，她转入上海铁道医学院新建且弱势的口腔医学系跑道。在领导的支持下，她带领同事们共同努力使口腔医学系先后获得研究生培养点、重点学科，成为全国教材主编单位，成立口腔专科医院和研究所。最终，学院正式成为我国第6所被获名的口腔医学院。老院长所处的开创年代，其中的艰辛可想而知。

踏实的准则　不衰的斗志

石老师一生致力于培养儿童口腔医学人才，其中耕耘教坛是石老师引以为豪的生涯。她始终怀念备课、列纲，黑板前为本科生开讲，为硕士生、博士生指导研究和论文的那些日子。至今她仍会为年轻医生分析疑难病例、传授临床技能，2023年还应邀在全国儿童口腔医学大会作“回顾与展望”

的报告……我们感慨石老师真是战斗不息啊，她则笑言：现在轻松多了。

石老师曾带教50名研究生，其中还有慕名而来的日本学生。严厉是学生们的感受，她对数据的敏感更是让学生惊讶。这数字似有误、再核算；这论点的逻辑性差、别列入；这部分实验再重复一次……但论文答辩日的石老师，脸上洋溢着自信、轻松的微笑，因为她相信学生们都能获高分。这就是石老师的张与弛。如今该专业的主任、教授中，不乏有她当年的学生。石老师告诫我们：错，没关系，改正就好。认真、踏实干，水准就会提升。但一定要远离蒙混和作假。

我们认为，石老师的踏实学风和其所获学术地位有关。不难理解85岁的老教授，至今仍每年接获日本名校东京齿科大学客籍教授的聘任。她说自己从中也颇有收获。

时间有限，我们多想再听听老师人生中的故事，但只能意犹未尽作别。爱国爱党、持正确人生观是主心骨；知感恩才明报效；重视基础知识、钻研专业知识和技能，踏实向前才能真才实学报效祖国。清晰的叮咛已扣入我们心弦，更激励我们要成为有理想、有知识、有担当的青年，在教育强国的建设中，奉献自己的青春和力量。

（撰稿：同济大学口腔医学院　赵子何、拉莱姑丽·木拉迪力、陈诺）

人生有多个梦想促使他砥砺前行

——记同济大学关工委刘艺林

刘艺林教授

同济大学关工委原常务组成员

刘艺林老师在62岁退休后不久，即参加校关工委工作，曾任同济大学关工委常务班子成员、报告团团长、土木工程学院关工委分会常务副主任，并开展课题研究，为大学生点燃希望。他先后获评同济大学和上海市教育系统关心下一代工作“先进个人”和“先进工作者”称号。他还做过同济大学第六届团校人生发展导航导师、2006级地下建筑与工程系硕士生辅导员。

他人生第一个梦想是在高中阶段确立的（为祖国健康工作50年），已经实现；第二个梦想是他退休以后确立的（为祖国服务60年），正在实现中。

在新冠疫情期间，他撰写的《退休——不能停止前行的脚步》一文被收入同济大学编撰的《盛赞百年辉煌，助力百年征程》一书。他所在的退休党支部书记王静枫对他的赞词是：“这篇纪实文稿在老同志中反响甚广，老有所为，夕阳依然灿烂！”

他在关工委常务班子期间

在关工委的岗位上，他参与了校关工委各项工作的讨论、决策与实施，提出了建立网站、“微同济”关心下一代的建议，并主持报告团工作。

在校关工委副主任万腓力直接领导下，他全力投入了同济大学关工委网站的建设。如2006年5月，他参与网站筹建讨论，并就管理办法等形成会议纪要，6月他汇报网页设计初稿；2007年11月，他任网站工作组副组长；2008年3月，他出席上海市教育系统关工委“利用网络作关心下一代工作”可行性研讨会，在4月的专题研讨会上，他作了“加快同济大学关工委网站建设的思考”的主题发言，6月起，同济大学关工委网试运行，12月底该网开通。

从2014年5月起，他还利用“微同济”与学生谈心。

他任关工委报告团团长期间

（1）身教加言教。他的报告题目比较宽泛，除作“如何应对突发事件”的主题报告外，还兼及下一代健康成长的其他内容，报告的题目有“大学生践行爱国、敬业、诚信、友善”“党的先进性与青年成长”“我身边的优秀共产党员”“党的组织纪律与组织生活”“中小学师生抗震救灾英雄谱”等。2004—2017 年，他作各类报告近 140 场，受众近 47000 人次。

刘老师参加 2006 年在沈阳全国急救中心管理人员培训班，2008 年在上海市科协“名家科普讲坛”宣讲汶川地震抗震救灾，2011 年参加上海赴西部山区科学教育传播活动，2012 年参加上海市“减灾系列活动”，自 2013 年起多年参加的上海市中小学“科普校园行”，影响力较大。他说，仅 2015 年宣讲“拥挤踩踏应对”，受众人数就超万。

（2）编发《报告团动态》。在该电子刊物中，他设置了工作规则、组织建设、信息交流、先进事迹、节约型校园、集体备课、报告掠影、参观考察、老骥伏枥、老有所为、学习型团、评比表彰等栏目。当兄弟院校关工委收到《报告团动态》后，有的说“很受启发”，有的说“我们将认真学习借鉴”等。当他看到复旦大学关工委列出的报告清单后，即把同济大学的强势学科也列在报告团的系列讲座中，丰富了专家讲座内容。

（3）难忘的圆梦会。刘老师于 2014 年 6 月底主持的“王平老师圆梦座谈会”让人印象深刻。他当天为什么不把黑挎包放下来呢？很长时间是个“谜”，后来他说：“前些日子发生了‘尿潴留’，虽未确诊但是个大病，在黑包里装的是尿袋！”原来说好当天是请报告团副团长耿忠平主持会议的，他一想不行，因为两位数学专家对王平的《逻辑代数新编》“评议”在他手上，耿老师不知情，在这样的情况下，他顶着精神压力和黑挎包不能放下的情况主持了会议。尽管自己吃了点苦，可是会议取得了积极成效。譬如，王平老师私下跟他说：“这个会比‘追悼会’还好，这些年，我除了做关心下一代工作，还把‘数学’重新捡了起来，写了《逻辑代数新编》小册子。”

（4）每年有《总结》。他时常分析报告团队伍的现状，开展全体团员参与“报告团在校园文化建设中的作用”研讨，研讨方案得到校党委宣传部、有线电视台的认可，并向校关工委办公室提交了多项研究成果。

报告团在他带领下齐心协力，荣获了2014年同济大学关工委“先进集体”称号。

他任关工委分会常务副主任期间

他主持建立了土木工程学院关工委分会网站。他曾任该网站的策划与网管，因首页网幅（BANNER）是请学生设计的两个动态图，不定期更换，故非常吸引网民眼球。该网站可以根据文章三要素搜索，亦可调整文章所属栏目，必要时进行灰度显示。设置的“土木分会”栏目体现分会特色；“艺术天地”栏目，体现“五育并举”；“有问必答”栏目，体现言而有信。譬如，当土木学子提出比较尖锐的34个问题后，他征得班主任同意展开了讨论，最后由吴杏云老师面对面解疑释惑。

刘老师的忘我工作精神感动了师生，也感动了社会。他曾收到“需要帮助的帮助”匿名邮件，大意是“退休老人在关心下一代，我（民营企业家）也想做善事，条件是同济大学土木工程学院的经济困难生，他们每学期要向我汇报成绩，我会给予资助旨在完成学业”。经他多次协调，此事最后得以落实，土木工程学院设置了“XXX助学金”，使这位好心人的善举得以实现。

开展课题研究

退休20多年来，刘老师曾主持负责了上海市教育系统关工委两项课题研究，分别为独立、合作完成。其中一项是“高校优秀生培养及潜能生转化研究”。在他随机跟踪的八名男生中，涌现出四名优秀生，其中一名是入伍返校后挂科（中等生）转化成功的，一名中等生是挂科11门的潜能生转化成功的，另一名中等生是对两度网瘾的潜能生帮扶。刘老师对这名两度网瘾的潜能生倾注了大量心血，在接到室友“报警”后，就要在夜间去网吧进行干预。这名潜能生读了两所大学（9.5年），终于转化成功，并与刘老师结为忘年之交。其家长多次对孩子说：“刘老师就是你的再生父母”。还有一名潜能生在读时却被班主任、辅导员误认为是“性格内向”的中等生。该生经心理专家初步认定患“社会恐惧症”，由于讳疾忌医故离校八年不能融入社会，至今刘老师和其家长仍然有微信联系，期盼该生能大胆走进“精神科”“心身科”或“心理科”就医，将来能自食其力、融入社会。

他跟踪一名优秀生的典型已经十多年了。经过同济大学与国外大学联合培养，该生已经博士毕业，曾获评“上海市优秀毕业生”“同济大学优秀共产党员”“优秀党支部书记”等称号——可能成大才、担大任。

他与我合作完成的第二项课题“利用微信群对推优生加强政治引领”，虽获三等奖，但他在“面对面”帮扶中费时不少。他在项目推进中发现个别“00后”的许多特质始料不及，例如，不愿听先进人物报告，不遵守《群规》，不写《学期小结》等，而且发生在主要学生干部身上——他们在毕业前经过二级学院考核都入了党，且均获评“优秀毕业生”称号，所以刘老师牢记关工委工作方针“甘当配角、慎重对待、真心帮扶”，对他们通过“面对面”不断疏导，取得成效。在微信群关闭以后，当他发现一名直博生在读博期间“挣扎”时，他应邀重建微信。经过几个月的疏导，该生走上正轨，然而该生自称“左支右绌”的现象，还需要时日慢慢扭转。

为大学生点燃希望

他任课时发现，同济大学浙江学院的一名学生是高考落榜的三本生，他鼓励这位沮丧的学生刻苦学习，经刘老师十多年的激励，该生进步很大，实现了梦想，先获得硕士学位，并入了党，回到家乡应聘为国家公务员。还有一位带着高考失利遗憾的民办大学学生，主动发给刘老师含成绩单和

“大学总结”的电子邮件，请求帮助。该生申请入党，想成为有价值的人，刘老师本着“不请不到、有请必到”的原则，不言弃、主动作为，对其进行了个性化鼓励。该生毕业后参加了三甲医院规范化培训，回到家乡以后考出“驾照”，并到当地三甲医院就职。

刘老师也认可做好关工委工作，必须实现从“要我做”到“我要做”的转变，并他应邀加入同济大学土木工程学院关工委分会微信群，正朝着“迈小步、不停步，年年有进步”的方向砥砺前行。

他担任团校导师和硕士生辅导员时，也做过大量工作，囿于篇幅不再赘述。相信当刘老师不久将实现人生的第二个梦想后，还将继续追梦！

（撰稿：同济大学关工委报告团成员　孙金花）

关心培养下一代的创意能力

朱钟炎

同济大学设计创意学院关工委分会常务副主任

2019年年底一天有事去学院书记办公室，当时范书记邀请我参加关工委工作。自此我作为“五老”的老教授身份担任了设计创意学院关工委分会的常务副主任，开始了关心下一代的工作。尽管此后不久就遇上了新冠疫情，虽受影响，但也展开了讲座、辅导、非遗文化等各种工作活动。其中主要的有结合参与市教委的课题而进行的调研与实践活动。

作为教师身份培养下一代是义不容辞的职责，是职业生涯的主要内容，但退休以后接受关工委的工作，如何继续关心下一代，以什么方式进行，如何关心则是一个新课题，是当时我不断思考的问题。因为对于学生的管理学校都有各级组织、团委、学工办、学生会等规范的组织机构，而关工委主要是依靠退休的“五老”进行关心下一代，如何区别于其他常规组织，以“五老”的资源和优势进行对下一代的关心，值得思考。恰逢上海市教委有一个课题要求对中小学的创意思维教育状况进行调查。之前由于我有一门精品课“产品设计创意”和上海市教委重点课程项目“设计与思维”课程，是全校开课的通识课程，也是我对人才教育的研究内容，并且我是教务处全校的督导，每学期有规定的督导听课任务，因此当时我将督导听课与创意思维课题结合起来，研究教师上课的教学方法如何达到最佳效果。在教学中研究发现，有的大学生，特别理工科学生，逻辑思维很强，但缺乏创新创意，究其原因就是由我们的教育理念、教学方法造成的。在长期的教学等各种场合中，我发现创新创意思维教育必须从小抓起。因为根据心理学从少儿成长的客观规律来看，学龄期（甚至学龄前）的儿童教育，要把开发儿童的智力作为重点，即发展儿童的注意力、观察力、记忆力、思维力和想象力等。如果错失了这时期的良好教育，以后再学习就十分困难了，甚至无法补偿，其中一个突出的方面就是对创新创意教育的忽视，甚至无意识中的扼杀，导致儿童养成负面的习惯。

根据课题要求，我对教委推荐的几所中小学进行了调研。设计创意学院也一直有教学合作的中小学，如以设计创新教育为特色的同济黄浦设计创意中学、上海市学生（青少年）科创教育基地等。调研的和田路小学的校长是上海市优秀校长，对于创新创意教育非常重视，因此学校里从教学课程到课外创意活动课程开展得很全面。和田路小学邀请我们给三年级学生上课外的创意思维课，于是从 2021 年学期 10 月份开始，我们每周五对学生们进行课外创意思维课训练，除其间因新冠疫情停课外，该课程一直延续到 2023 年上半年。这门课程内容是将我精品课程的部分内容进行补充调整，专门针对少年学生特点的方式进行教学。学生的反应充满好奇、新鲜，非常投入，每到周五课前就非常期待，课题练习很认真投入。课程教学效果很不错，很多学生在参加市青少年科技活动竞赛中拿了不少奖项。对教学训练的过程和结果进行总结分析，具有很大的教学研究价值。教学必须从小抓起，同样创新创意思维训练也应该从小抓起，从小学、中学、到大学成一系统训练模式。经过两年多的时间调研完成教委的课题，其成果准备整理成书稿。整个过程对下一代创新创意思维训练的活动，也完善了学院“一院一品”设计创意特色。

此外，我们的工作还考虑和学生社团活动结合。学院学生会提议与学生会一起举办讲座，正好通过讲座向学生们介绍我之前的精品课程“设计创意方法”内容。讲座后还有个赠书环节，有学生反映最好有个系列讲座，以便对教学内容的补充。

在配合学院的“绿芽计划”执行过程中，我会协助相关的中学进行课外创新创意训练活动。其间会组织学院的学生利用每周三下午课余时间去安亭高中给中学生上课外创意活动课，主要是希望通过感性的活动激发学生的兴趣点，通过教学活动使学生们体会从“受教”的学生身份转变为“授教”的教师身份的不同。

在开展关于“读懂中国”的活动时，当时觉得这个活动必须有具体落地的措施，否则就很抽象空泛。首先，要从多角度分析了解中国——中国的历史、中国的文化底蕴、中国的大好河山、中国建设的成就，等等。于是组织学生一起去景德镇参与画瓷非遗文化传承的相关活动，通过眼、手、心的有机联动，通过生动的实践，使学生们深刻体会“读懂中国”的内涵。

党的二十大报告指出：“教育、科技、人才是全面建设社会主义现代化国家的基础性、战略性支撑。”所以我们要坚持教育优先发展，加快建设教育强国、科技强国、人才强国，更需要创意强国，而我们要做好关工委工作就需要利用自身的资源，发挥创新创意思维，关心下一代，培养下一代。

（撰稿：同济大学设计创意学院关工委分会常务副主任　朱钟炎）

丰富的退休生活

刘秀兰

同济大学关工委网编组成员

我曾经不止一次问自己退休生活怎样过，旅游、老年大学、交友逛街等，有着一系列遐想。2009 年年底我正式退休了，退休不久后有幸加入同济大学关工委网站工作，从此我的退休生活变得更加丰富多彩，同时，也具有挑战性。

当时网站还处在起步阶段，一切工作在摸索中开展。2010 年，同济大学关工委网站为了让更多的学生知晓网站，推出网上阅读活动。谢伟芬老师把文章整理打印，分别给每位编辑老师审阅。

通过这次网上阅读活动，我领悟到网站服务内容和要求，我应该做点什么。它是服务于大学生的平台，因此应该为他们提供一些奋进理想、励志思考文章，这也是配合学校主渠道做好学生的思想政治教育工作的需要。大学是我国培养高素质人才的重要阵地，政治教育作为大学教育的一个重要方向，不仅仅是“灌输”，更重要的是培养学生的思想意识、社会责任感和文化素养，以适应社会发展和创新创业的要求。

目标明确后，我爱上了网站工作。它不仅丰富了我的退休生活，而且促使我不断学习，看报看杂志。在阅览过程中我会很注意文章内容，把符合推荐的文章上传网站。我给自己定了一个要求，推荐给网站的文章一定是要能先感动到我自己。每当看到学生在征文活动中看了自己推荐的文章写的读后感，心里无比高兴。

这十多年来我付出了不少，也得到了许多，在关工委网站工作中实现了自己的价值，收获了快乐。可能有些人不能理解，认为已经退休了为什么还要干。我想每个人有自己的想法和活法，只要自己快乐就是好。

十多年来我还有个收获，那就是学会互联网知识和有关技能。记得我刚进网编组时什么都不懂，后在万腓力和谢伟芬两位老师帮助指导下，参加了一系列业务培训，而后我逐步掌握计算机的知识和技能，学会了编辑、审稿、排版、上传文章。这些知识技能也能运用到我的现实生活中。当今社会是互联网时代，因为互联网，有了即时通信工具，人与人之间距离变得更近，可实现在异地和家人朋友聊天。因为互联网，我们足不出户能购物，点外卖，能滴滴打车，甚至使用网上银行。互联网对于我们衣食住行的改变，可以说是翻天覆地。未来还会有更多的不可能变成可能。

当今世界快速发展，掌握新技术可以使你的生活更加便捷和有趣，学习使用智能手机互联网和社交媒体等技术能够让你与世界保持联系，获取信息娱乐资料等。我们要与时俱进，不断学习新知识。

（撰稿：同济大学关工委网编组编辑、党建组成员　刘秀兰）

我这十二年

乔建新

同济大学关工委常务组成员

时间过得真快，一转眼我来关工委工作已经12个年头了，我清楚地记得2012年5月的一天，金正基老师给我来电话，说他已在校关工委工作，希望我能一起来为关心下一代做些工作。接到电话后，我没犹豫就爽快答应了。说实在的，我当时是第一次听说“关工委”。毕竟，我从1992年转岗到学校企业工作，已离开学生工作队伍有20年了。但是现在学校有需要，我应该听从召唤。于是，我辞掉了在企业做顾问的工作，来到了校关工委。

刚到岗位上时，我对关工委的工作感到既陌生又熟悉。陌生的是，作为退休同志如何配合做好这一块工作，另外面对的是新一代的年轻人，如何做并要做好，做出成绩，给我带来了很多思考。所以，我来到关工委的第一步就是深入了解现状，走访学校的有关部门，并向以往做关工委工作的老同志请教、学习。

来到关工委后接受的第一项工作是配合做好“校园文化”工作。经过大家讨论、研究，决定先从“感恩教育”着手，并且从新生抓起。新生刚刚离开家乡、离开父母的照顾，情感上处于空窗状态，这时候引导他们感恩的话题，能够引起强烈的情感共鸣。同时，新生的感恩想法还带有淳朴的因素，还可以把感恩情感与学业发展、人生理想、国家振兴结合起来。实践证明我们这个想法是有效的。

习近平总书记寄语当代青年：“面对美好的岁月，要有饮水思源、懂得回报的感恩之心，感恩党和国家，感恩社会和人民。”为使活动更有效、更可持续，我与学校相关部门多次沟通，获得了他们的大力支持，使“感恩教育”活动进入主渠道，各展所长。这是“感恩教育”能够顺利开展和持续进行的一个主要原因。

目前，此项活动已纳入学校每年对新生进行思想教育的计划。该活动受到青年学生的认可，成为一个品牌，是因为我们在活动设计中既体现思想深度，又贴近学生情感，既紧扣时代脉搏，又关注学生需求，形成了“五老”思想引领，学生自我教育，共情家国恩泽，立志跟党奋斗的活动模式。

“感恩教育”活动开展十多年来，我们特别重视活动的与时俱进，避免十年一面。虽然新生年年换，但感恩不能总停留在“家”的位置，要跟随“国”的步伐，才能引导大学生不断进步。

“感恩教育”活动在2014年被上海市教育系统关工委评为“特色项目”。2021年我们全面总结了校关工委配合主渠道在新生中开展此项活动十年来的经验体会，撰写的《在大学生中开展感恩教育的实践与研究》一文，获上海市教育系统关工委课题研究成果特等奖。

2012年，随着党的十八大的召开，全党对党建工作越来越重视，许多高校都聘请了部分老同志担任“党建特邀组织员”，起到了很好的作用。同济大学也在2012年10月成立了党建组，有六名老同志被组织部聘为“党建特邀组织员”。我也是其中之一。此项工作对我来说是一个新的领域，但只要工作需要，我也要努力学习，把它做好。其他几位同志在退休之前都在从事着党务工作，所以我首先是向各位老师学习，同时学习有关文件，了解一些党员发展工作的规定、要求及其他相关知识，并完成每周一次入党材料预审，以及其他党建的各项工作。就这样，我和其他同志一起成为大家眼中的行家。随着2018年同济大学入选首批“全国党建工作示范高校”培育单位后，党建组的压力也更大了。为了把住入党材料的质量关，我们深入基层，协助开展学院组织员、学院党支部书记的培训，并总结出“严把二关，分类细化，责任到岗，明确到人，层层把关，审完担责”24字入党材料把关守则。这几年中先后为学生、辅导员、学生党支部书记等以上党课、讲座、座谈等形式进行培训，如我以“国家的需要就是我的岗位”为题给经济与管理学院入党积极分子上党课，以“高校党支部的发展党员工作”为题给学生党支部进行培训，以“坚定理想信念，努力做一个合格的共产党员”为题给环境科学与工程学院作讲座，以“学党章，明方向”“做好党的助手和后备军”“首次谈话怎么谈”给新生院辅导员、团干部、党支部书记作讲座、辅导。

2021年初，学校的党建工作顺利通过教育部验收，成为首批“全国党建工作示范高校”。2016年，学校关工委党建组获得“上海市教育系统关工委先进团队”称号。这12年中，我们党建组的各位同志都获得过上海市教育系统关工委“特邀党建组组织员”优秀个人称号。

在来到校关工委后不久，又受欧阳杰老师的邀请，我参加了以他为组长的“师生面对面”活动。这个活动当时采取的形式主要是组织一些有经验的老同志，围绕一个时事热点或其他主题与学生进行交流座谈，在交流互动中，对学生进行人生观、价值观等方面的教育，为学生解疑释惑。这几年通过这种形式也开展了许多活动，受到学生的欢迎。

一场突如其来的疫情，不仅打乱了人们正常的生活节奏，也使许多正常工作难以开展。“师生面对面”常规的活动不得不取消。就在此时，校关工委接到新生院的求助电话，希望我们能帮助他们一起参与回答学生线上提出的一些问题。学生的需求，就是我们工作的方向。在线上做思政工作，这对以往习惯于面对面进行交流的老同志来说是一种新的尝试。但经过几个月的线上交流的实践，我们更加自信，只要我们真心、耐心、细心地对待每一个学生的提问，一定会受到学生的欢迎。

为能帮助学生解决思想问题和实际问题，我们以云信箱为线索，采用寻诊的办法，有针对性地选择一些具有一定代表性，适合老同志开展面对面教育的问题，征询提问题的学生，是否愿意与老师面对面开展交流，以便更好地解决问题。如果愿意的话，就约定时间地点开展面对面的交流，做到线上线下相结合。这项工作是长期的，不断变化的，我们将与时俱进，适应新形势，不断总结经验，不断创新，更进一步做好学生思想工作。

虽然常务组成员有分工，但在我看来，只要是关工委的工作都应关心，积极参与。除了上面提及的工作，我还参与了“读懂中国”、新生入学教育、理论研究等其他工作。

这 12 年来，我虽然挺忙，但我觉得很充实。平时我喜欢坐在关工委的会议室里工作、学习。因为一踏进会议室，看到两边墙上挂满的奖牌和锦旗，就仿佛看到这些奖牌和锦旗后面浮现出的一张张熟悉的面孔。两次全国先进，多次教育部、上海市的先进集体奖牌的获得，是一批批关工委老同志 30 多年来努力工作的结果，他们为了帮助国家和学校培养合格的社会主义接班人，呕心沥血，不求回报，忘我工作。他们的精神令人感动，也鼓励着我们一定要努力把学校的关心下一代的工作持续做下去，为同济的立德树人工作献上自己的一份力量。

（撰稿：同济大学关工委常务组成员　乔建新）

赓续红色基因

孙金花

同济大学关工委报告团成员

在中国共产党成立100周年之际，习近平总书记带领中央领导集体重温入党誓词，仪式感很强，仪式背后的红色意涵十分明确，可概括为八个字，即“正本清源、树立旗帜”。

入党誓词有80个字，可浓缩为“初心”“使命”四个字。我虽然已经退休，但并不影响我践行入党誓词、履行党员义务，更不影响我做党的理论宣传员。

我是校关工委报告团成员。做党的理论宣传员必须宣传两个方面的内容：一是党的理论，特别是习近平新时代中国特色社会主义思想；二是讲好英模、优秀共产党员的故事。

要做宣传党的理论的工作，自身必须先学一点、多学一点。我们每天都面临海量的信息，这就要求我们必须用马克思主义的立场、观点和方法去甄别真假，判断是否符合历史逻辑、理论逻辑、实践逻辑。习近平总书记强调要“不断提高政治判断力、政治领悟力、政治执行力”，这三力既是共产党人的优良传统，也是学习贯彻落实党的二十大精神、开启全面建设中国式现代化国家新征程的现实要求。

宣传理论必须结合鲜活的事例、生动的故事，否则会显得枯燥空乏，或者高不可攀。而鲜活的事例、生动的故事涵盖党的故事、中国故事、同济故事和身边人的故事。在学习党史、四史和主题教育中，我先后用讲课、讲故事、写新闻报道等方式来宣传身边党员们的初心和使命，弘扬他们的大爱、拼搏、无私、忘我的精神。我宣讲和撰写最多的是和我同一支部，又同在校关工委工作的陈增堂同志和曹丽芬同志。

陈增堂同志是关工委报告团的副团长，同济大学心理咨询中心的创始人，是上海高校心理咨询协会原理事长、上海市心理学会原副理事长、上海教委学校心理健康教育专家。后又分别担任了上海市心理学会和上海高校心理咨询协会监事长。退休后，他开设了上百场“人生幸福与成功的艺术”等心理讲座，为建立上海市心理学会婚姻与家庭心理学专业委员会付出了巨大努力和精力。上海抗疫保卫战是没有硝烟的战场，陈增堂同志是抗疫战中的逆行者，是抗疫精神的践行者。我多次报道了他的事迹，他的事迹不光刊登在同济官网上，还刊登在教育部、上海老干部和“学习强国”等网站上。抗疫精神是中华民族伟大精神的重要组成部分，是中国人民弥足珍贵的精神财富，更是我们进步的力量泉源。

曹丽芬同志是校关工委网站的信息员，她秉承“立德树人”的宗旨，围绕新时代重大主题，几乎每年为学校关心下一代工作网站推荐几百篇文章。所选报刊有《人民日报》《光明日报》《文汇报》《中国教育报》和新华网等八个主流媒体；涉及内容有党建为民、历史传统、理想奋斗、创新发展、安防保健、校园拾贝等，量大面广。曹丽芬同志兢兢业业、朴实低调，是“光荣在党 50 年”的老党员，虽然历经世纪沧桑，但仍然初心如磐。

……

榜样的力量是无穷的，我宣讲的故事感染了一届又一届的莘莘学子。经济与管理学院的本科生党员张婷，品学兼优，是一个典型的红色基因传承人，她因罹患癌症已经离世，捐献了遗体。她的一生短暂而美丽，她留给我们的是对人生的思索。人生的价值不在于生命的长短，不在于经济上的贫富，更不在于职位的高低，而在于对社会无私的奉献。人生的价值只有在奉献中才能体现。人生的幸福不是因为有钱或有权，而是社会的公认。

伟大来自平凡，崇高来自普通，伟大和平凡之间、普通和崇高之间没有一道不可逾越的屏障。陈增堂同志、曹丽芬同志都是普通和平凡之人，他们虽然没有惊天的豪言壮语，但他们胸怀“国之大者”，尽力而为、量力而行、各尽所能，以不同的方式继续在为学校和社会发光发热，为赓续红色基因作出表率。

我入党已经 53 年，必须向身边的优秀党员学习，同时在我的理论宣传中讲好他们的故事。

坚守初心和担当使命不应该是一句空话，要化为实实在在的行动。这个行动首先是必须善于学习、善于积累、善于运用，然后才有可能提高政治判断力、政治领悟力、政治执行力。多年来，我先后开设了“坚定不移地执行十个坚持”“理想 现实 奋斗”“不忘初心、牢记使命”“学习新党章做一个合格的共产党员”“赓续红色血脉 弘扬五四精神”等主题党课。

为了学习贯彻落实党的二十大精神，我开设了“与时俱进的党的指导思想”和“中国式现代化是理论和实践的创新”等主题党课。

高校是先进思想和创新理论的策源地，应当引领社会。我作为学校关工委报告团成员有责任发挥自己讲课的特长，勇担社会责任，把党的创新理论的魅力从校园传播向社会。我不但面向兄弟院校讲党课，也面向社会讲党课，社会层面包括街道、中小学生和上海市高级人民法院，讲课的次数达百余场。

一切过往皆为序章，我将一如既往，继续发挥余热。除了坚守初心，还必须与时俱进地学习新理论、新科技、新观念和新方法，在新时代新征程新赛道上积极为党的事业增光添彩，让红色基因代代相传。

（撰稿：同济大学关工委报告团成员　孙金花）

我十年的关工委工作生涯

汤建明

同济大学物理科学与工程学院关工委分会常务副主任

2013年，我接受物理科学与工程学院党政领导的委托加入关工委队伍，那时我还没到退休年龄，至今一晃当了十年的学院关工委分会常务副主任，从此，也有了“一号老同志”的称号。这项工作为我提供了向各个学院“一号老同志”学习的机会。

这支队伍中的一部分“一号老同志”是我平时工作相遇认识的，另一部分则是进入这支队伍后才认识的。与他们相处一段时间后，发现这些老同志身上闪光点很多，其中最大的特点是：个个都是乐于奉献的。他们原来都是学校各个学科领域的专家和学术带头人，几十年来他们辛勤耕耘劳作担负着同济大学的发展重任，托起了同济的辉煌，培育了一代又一代的同济学子，为祖国的繁荣强大贡献了力量。这也是我在同济工作几十年中有幸遇到的第三批乐于奉献的人群，另外两批人群分别是学工部研工部各个学院的负责学生工作同志，以及各部门的工会主席。

在学有榜样、干有方向的工作氛围中，为了做好这项工作，我为自己拟定了从事关工委工作的目标和要求：“一切为了学生和为了学生的一切”；用“三心”，即用心、留心、诚心做好关工委的每一项工作，围绕学校党委的中心工作和立德树人的根本任务，担负起践行为党育人，为国育才的重任。

历时十年的关工委工作中，在学院党委的大力支持下，我一步步践行着自己拟定的工作目标和要求。

一

依托学院物理青少年创新实践基地（物理工作站），每年对外接待全市学生多达几千人次，例如2023年接待学生数达6444人次，他们来自上海中学东校、上海市西南模范中学、上海市实验学校附属东滩学校等七所学校。这是一项极有意义的工作，它将极大地激发和提高了学生学习物理的兴趣。物理工作站内设有初、高中学生乃至大学生学习需要的声、光、电、磁之间互相转换的各类实验装置，声波的传播可视装置，力学的应用、飞行器的空气动力学装置等，可供学生动手操作的实验设备。

为了更好地发挥物理工作站基地特有的教、学和示范的功能，除了对外接待学生，2019 年上海市辽阳中学与物理科学与工程学院举行了“三区融合，共同育人”为主题的关心下一代工作签约仪式。杨浦区教育局关工委主任邓继红、辽阳中学的领导和教师代表、同济大学关工委副主任陈立丰教授、物理科学与工程学院关工委分会主任党委书记张众教授及有关老同志出席了签约仪式。

2014 年，杨浦区关工委、同济大学关工委、杨浦区系统关工委共同举办启动了“杨浦区老少共筑中国梦”科普夏令营，来自杨浦区各街道的 200 余名中、小学生参加了活动。杨浦区组织部副部长、老干部局局长、区关工委常务副主任、区老干部局副局长，同济大学关工委常务副主任等领导出席。物理科学与工程学院、海洋与地球科学学院分会老同志参加了活动。由于举行活动前的准备工作充分，200 多名学生对工作站参观、学习、动手表现出极大的兴趣，收到了很好的效果。

二

由于物理工作站卓越的工作成效受到了多方高度关注，2018 年，教育部关工委主任李卫红、常务副主任姚喜双、副秘书长于虹以及来自全国各省（区、市）及计划单列市教育关工委负责同志、全国教育系统关工委社区教育联系点负责同志 100 余人对物理工作站进行了全方位的参观、学习和指导。同济物理工作站新颖教学设施和方法给他们留下了深刻印象，通过此次活动也极大地扩大了同济物理工作站在全国的影响。

上述选列的工作，本人身体力行地参与组织接待和协调工作，并始终要求自己以高度的责任心开展每一项工作。从大批的学生进入同济大学的校门那一刻起到参观、学习物理工作站结束，我会自觉地用心关注学生们的安全，目标是要确保整个工作顺利完成。2018 年由教育部关工委主任带队的全国 100 多名同志莅临同济到物理工作站和海洋深海探索馆的调研期间，由于活动安排的临时变动，在比较紧急的情况下我连夜协调，确保了活动的圆满完成。同时，我在这次的协调事务中得到了学习和锻炼。

三

另外，关工委物理科学与工程学院关工委分会还积极参与学生的党建工作，为确保发展的党员质量，借助本人现为同济大学老教授常务理事工作的条件，选择和动员了早年在同济物理科学与工程学院学习、参过军、留校当教师且学科带头人、至今已是80多岁德高望重的老教授，请他们给递交了入党申请报告的学生作一次端正入党动机的报告，用他们亲身成长经历激励年轻一代，帮助他们扣好人生的第一个扣子。在完成一系列考察工作后，我代表上一级党组织对那些支部大会已经通过的新入党同志逐一进行谈话。我特别向他们强调，必须牢记入党誓词，明白加入中国共产党的初心，了解战争年代入党的条件和和平年代入党条件的区别等。要求他们真正做到思想入党，时刻想到自己是一名中国共产党党员，在实际工作中严格要求自己。十年来为党组织输送了新鲜血液、为党育人做了一点应该做的事。

（撰稿：同济大学物理科学与工程学院关工委分会常务副主任　汤建明）

回首往事点滴

刘浩荣教授

同济大学数学科学学院关工委分会原常务副主任

自2011年我参加原数学系关工委工作，前后有五年之久，也曾担任过数学系关工委分会常务副主任。顾名思义，“关工委”工作就是要配合学生工作主渠道，帮助做些关心学生的工作，为“立德树人”的培养人才总目标服务。

我为家境贫困的新生发过“节日红包”

2011级新生进校后，不足一个月便将迎来国庆节长假。经班主任调查，当年数学系的新生中，有18名家境比较困难的学生。为了让他们初到上海后，也能高高兴兴地在上海过好第一个国庆节长假，我想在经济上给他们一点帮助，让他们可以有条件去逛逛大上海。后经与班主任商量和有关系领导同意，我捐出了一笔稿费，给每位贫困学生发了100元的“节日红包”。

为学生追求远大理想和实现奋斗目标而助力

原数学系2013级一名来自安徽安庆地区的新生彭同学，在第一学期“数学分析”主课的期中考试中，成绩非常突出，班级里的一般同学成绩最高只有70多分，而只有他一个人考到90多分，真是名列前茅。据班干部反映，该学生曾流露过有一个远大理想：将来要努力争取成为一名“数学家”。我得知情况后，曾去宿舍找那位学生多次交流，鼓励他学好当前的功课之余，可阅读些数学课程的经典著作，扎扎实实地打好基础。为此，我还特地赠送给他一套20世纪50年代的苏联教材，菲赫金哥尔兹著的《数学分析教程》，全书分三卷共八册。该学生本科毕业后，被保送到北京中科院数学研究所读硕士，硕士毕业后，又回到上海某高校攻读“计算机理论”方向的博士学位。

2011级数学专业学生胡同学，在班级里是团支部书记，学习成绩优秀。在大学本科四年中，他不仅读好数学专业，还在业余自学了“工民建”专业的一些主要课程。毕业前，他放弃了数学系给他保送读硕士研究生的名额，而决心要去报考清华大学的“土木工程”类硕士研究生。当时，我曾找他交流，他说想换个学校环境，决心报考清华。于是，我也决心为他助上一把力。根据该学生的要求，我从本校建工系专教“结构力学”课程的周竞欧教授处，借来了他的一套曾为考研复习班讲课用的讲稿和两套“结构力学”考研用过的试卷。该学生得到这些资料后，复习时如鱼得水，效果更佳。临考前，应那位学生的要求，我又请周竞欧教授免费为他答疑半天，该生感激不尽。考研成绩出来后，真是出人意料，在报考清华大学“土木工程”硕士生的考试中，无论是笔试还是面试，他都是第一名！

“一把钥匙开一把锁”，及时帮助学生做好思想工作

2013级新生梁同学，在数学系读完一年级后，便转到了“道路交通信息工程”专业，插入该专业二年级学习。那年的期中考试，他在班上得了第三名，很不满意，有较大的失落感，特地给我发来微信，不仅责怪他自己，还要我为他保密。虽然，这名学生已经离开了数学系，但是，他遇到了挫折，思想上有了苦闷，仍然来找我，说明这是他对我的信任，我不能坐视不管。就在那个星期的星期天下午，我特地从同济本部赶到了嘉定校区，与他交谈了近两个小时。一方面勉励他从实际出发，不要过高要求自己，鼓励他在学习的道路上，要有经历艰难曲折的思想准备；另一方面，也帮助他分析查找原因，指出他因转专业而造成的知识脱节等因素，要抓紧补上所缺的知识内容。例如，在数学系所学的“数学分析”课程，尚未学过“无穷级数”和“常微分方程”等，而这些内容在工科类的“高等数学”中都已学过了。为了帮助他补上这些数学课所脱节未学过的内容，我还带了一套自编出版的函授用《高等数学》教材（上、下册）送给他。考虑到该学生家境，全靠父母亲在异地打工收入供养他读大学，我在分别时，给他留下了300元的生活零用钱。后来，该学生曾去美国学习过一年，又回国读完硕士研究生，现在华为公司任职。有一年的元旦，他还约了两名原在数学系同宿舍的学生，冒着雨雪来校看我。

为某些有特殊困难的学生送温暖，献爱心

2011级新生郑同学，到校后一直担任班长，我与他的接触也较多。经过半个多学期的交往，他才对我说出了考大学前，家庭不幸的遭遇。他家在广东揭阳山区，有一次他母亲带着他的二姐外出旅游，其二姐在爬山时不慎跌落身亡。母亲因女儿的不幸而自责，一段时间内难以解脱思想包袱而自尽。剩下的姐弟四人，全靠他父亲在外打工支撑。该学生除了家庭经济困难，在心灵上受到的打击更是可想而知的。他凭着坚强的毅力，完成了高中学业，并顺利地考入同济大学数学系，确实是很不容易的。我得知他的家境情况后，从心底里为他流泪。我想应尽力为他抚平心灵上的创伤，多关心他的成长，给予一点经济上的资助。当他参加过学校党校学习后，要求采访一名老党员时，他找我交流过，曾问起我读大学时入党的动机等。在我与他多次交流和启发下，他勇敢地写了入党申请书，很快加入了党组织。当他在第一学期寒假回去过年前，我特地给了他300元，供他在路途中使用。平时，我也不定期地资助他一点零花钱。郑同学本科毕业时曾被评为上海市的优秀毕业生。后来，他被保送攻读学校经济与管理学院的硕士研究生。工作后，他每次到上海都要来看望我。

另一个学生牧同学，也是2011级来自安徽的学生。第一学期寒假回家过年时，不幸跌伤，在当地医院做了股骨手术。因急于回校上课，未等到病愈，便提前回到学校。学习上因缺了课，既要补旧课又要补新课，学习负担重。平时只能靠拄着两根拐棍走路，生活上很不方便，且需要补充营养。于是，我曾多次从家里炖了鸡汤或骨头汤等送到学生宿舍，并向管理宿舍的阿姨们说明情况打过招呼，允许借用微波炉使用。该学生及其家长曾多次向我表达感激之情。后来，他在广州的某高校读完硕士后，曾来上海浦东的某单位应聘面试，结束后立即赶到我家看望我。

再有一名学生，也是2011级的学生刘同学，因身体有病需要休学一年。他父亲和外公特地从湖南衡阳山区农村赶来上海，把孩子接回家时，痛苦的心情也是可以想象的。我只能安慰他们，鼓励学生好好休养，早日康复

后再回校复学。当他们离校时，我还专门去送行，在地铁站内分别时，我也给他们硬塞上了300元钱，作为他们三人在路途中的生活费补贴。第二天，他们到家后便立即打来电话报平安，并再次表示感谢。

我觉得，我的一点付出是很值得的，既表达了我个人的一点师生情谊和对学生的关爱，也代表了同济大学对学生的关爱和负责精神。

（撰稿：同济大学数学科学学院关工委分会原常务副主任　刘浩荣）

一身清廉，默默奉献

——记同济大学关工委网编组编辑朱菊瑛

朱菊瑛

同济大学关工委网编组编辑

朱菊瑛老师，退休前是同济大学纪委干部，退休后一直在同济大学关工委网站做志愿者，是关工委网站的编辑，曾兼任过上海市教育系统关工委网站的编辑。她勤于学习，乐于助人；克服病痛，坚持工作；精于业务，默默奉献。她为退休的老同志利用网络平台，教育青年学生做了榜样。她以娴熟的计算机应用水平，成了学校关工委网站的“达人”。

克服病痛，坚持工作

朱老师退休前夕，曾患大病，手术后，身体一直欠佳。但她不愿意待在家里，身体稍有好转后，就回到工作岗位，直至退休。

退休后她也没停着，参加了学校关工委网站的编辑工作。她负责网站两个栏目的执行编辑和责任编辑。她作为执行编辑，认真负责自己栏目的撰文，编辑发文；作为责任编辑，她仔细严格地审核文章，严格按照《编务手册》的要求操作。

几年来，她忍着身体的各种不适（浑身酸痛及睡眠质量非常差等），满怀激情地投入社会公益事业中。老年大学的合唱团演出曾有她拍摄的照片和制作的PPT；老年大学的宣传画廊的图片、照片、宣传画的更换、制作、排版都是她的“活”……

勤于学习，精于业务

办公自动化是每个机关干部必备的工作技能，但要用在网络平台上就明显不够了。朱老师进了网编组后就感觉原来的计算机水平还不够，比如FLASH软件操作功能的掌握、各种照片的传送等，必须进一步学习。于是，朱老师利用培训班学习的机会，认真学、仔细记，回家反复操练，不懂的地方就请教老师、请教学生。就这样，经过学习、实践，终于掌握了多种软件的使用方法，能熟练地在网络平台上编辑发表各类文章和图片，制作多种视频资料等。

为了提高自己的拍摄水平，她曾参加老年大学的摄影班，经常带领大家去外景拍摄，并将照片制成 PPT，切磋交流；为了丰富自己的退休生活，还报名参加过编结班，并将编结成果分享给同事。她积极参加校友会，为来自全国各地的校友提供服务。

她就是这么一个勤于学习，不断充实提高自己的“烦”人。

踏实工作，默默奉献

朱老师退休后的时间是陪伴着同济大学关工委网站的成长而前行的。在网编组的 15 年里，除了自己管的栏目，她还承担了课题的调研、网站的改版，网络数据的统计，筹备并组织了全国高校的网站交流会。为了会议，她推迟了早已约好的胃镜检查。每年暑假的高温季节，正是网上阅读活动审阅文章的关键时候，尽管家里有空调、电扇，但朱老师只能拿着扇子，慢慢地扇着（因为空调和电扇吹了后，会关节痛）。

她到学院给党校入党积极分子作报告，最后她不会忘记提醒：“请同学们关注关工委网站，因为它是一个对同学们的学习、成长有帮助的网站。”她给负责学生工作的教师们交流时也不会忘记提醒：“请老师们关注关工委网站，因为这里的内容，是给学生们上课的最好教材。”

我们被朱老师无私与敬业的精神所感动，所折服，她是我们学习的榜样。

一滴水也能折射出七彩的阳光，一棵小草也能为大地装点绿装，她没有惊天动地的丰功伟绩，只有默默地奉献于关心下一代网站的一片初心。

（撰稿：同济大学关工委常务组成员　谢伟芬）

开启网上阅读活动

朱菊瑛

同济大学关工委网编组编辑

自2010年，同济大学关工委网站在学校有关部门大力支持下，发起并组织开展“网上读书启新路”活动，受到学生的热烈响应，每年都有不少学生积极参与。据粗略统计，截至2023年，共收到了学生投稿5000多篇。该活动2011年被上海市教育系统关工委评为“示范特色项目”，经多年打造，如今已成为全国教育系统关工委有影响力的工作品牌。我作为网站的编辑每年都参与了有关工作，不少事情回忆起来历历在目。

这项活动的缘起与学校对入党积极分子的教育有关。各学院分党校每年春季开学，要求每名学员提交一篇学习体会。一些学生在寻找适用的学习材料时遇到了困难。网站的同志了解后，认为可以在这方面发挥作用，配合做点事，适时提出了开展“网上阅读”和评选“我最喜欢的文章”活动的想法，立即得到了学生处、研工部、团委等部门的积极响应和有力支持，多方合力共同推进了活动的健康发展。

网编组老同志承担了大量具体工作，是活动的主力军，在推荐文章、评选等环节发挥了重要作用。

首先，认真推荐文章。选择推荐文章既要考虑文章或图书的质量，又要考虑读者对象，有针对性。我们以网站设立的“理想奋斗”“党建为民”“观察思考”“学业事业”等栏目为重点，向学生推荐适合他们阅读的好文章。学生的积极性很高，通过阅读开启心智、启发思想，并写下了自己的体会。每年收到的征文有400～500篇，最多的一年有900多篇；作者覆盖面广，有本科生、硕士研究生、博士研究生。

其次，认真评选。学生的大部分来稿能保证质量，是用心之作。出于对学生劳动的尊重，编辑组要求评选的过程严格按照程序、科学制定评选标准。为防止遗漏，在征稿截止后，编辑要对每篇文章进行编号，然后分组审读，并交叉审读每篇征文，分别提出获奖各等次建议名单。最后，全组开会讨论，在评选标准的把握上形成统一认识，投票决定一、二、三等奖获奖名单。

编辑组成员年龄最小的六十多岁，最大的已八十有余。大多年老体弱、两眼昏花，尤其在有限时间内大量阅读文章都会比较吃力。但是，他们往往忘记了疲劳，为能读到来自学生的好文章而高兴，将之作为一种学习的机会，也是一种愉快阅读的享受。大家忘掉了辛苦、放下了家务，工作紧张时甚至连第三代也顾不上了。

最后，表彰宣传。每年评奖结束后，网站和学工部、研工部、团委一起召开表彰会，向作者颁发获奖证书、奖品，以资鼓励。这是对学生付出的尊重，也是激励。获奖文章由网站安排发表，使作者更有成就感，也与更多学生分享成果，让他们有所启迪。

“网上阅读”和评选“我最喜欢的文章”活动为老同志发挥特长、服务学生提供了很好的平台，是关工委对学校思想政治教育的一个的积极补充。我祝活动越来越好。

（撰稿：同济大学关工委网编组编辑　朱菊瑛）

关心下一代是老同志们的神圣职责

祁德庆

同济大学土木工程学院关工委分会常务副主任

自接受土木工程学院党委安排，我接任学院关工委“一号老同志”的工作已近三年。在这以前我对关工委工作的组织与职责一点都不了解，因此，为了做好组织上交给我的任务，我认真学习了教育部党组关于加强关心一下代工作的意见的34号文件等相关文件精神，参加校关工委组织的岗位培训，与老主任陈忠延老师多次沟通交流学习，对关工委的工作任务有了初步了解，为进一步开展好学院关工委工作打下了基础。

在参与学校关工委工作中，给我留下深刻印象的是工作中遇到的许多可敬可爱的老同志们，他们是激励我做好关工委工作的榜样和动力。

学校关工委的老领导金正基老师、陈立丰老师，他们尽管年事已高，身体也不太好，但其关心下一代工作的情怀、对待关工委工作的理论思维、具体工作的细致指导都令我钦佩。党建组的乔建新老师是从土木工程学院出去走上领导岗位的，在一次参加系里学生党建工作座谈会上后，他对我能参加关工委工作表示欢迎，并就如何做好关工委的工作提出了许多具体意见，使我受益匪浅，他对学生党建工作的指导也给我留下深刻的印象。在关工委日常工作中交往最多的是校关工委副秘书长谢伟芬老师。关工委工作事无巨细，她一件一件落实的精神感染了我，真正感受到关工委老同志的不为名、不为利的精神。

记得当我还是青年教师的时候，给土木工程专业的学生上“工程流体力学”课。那时的学生班主任是吴杏云老师，因为对学生来说流体力学是一门比较难学课程，学生也容易挂科，她作为班主任每周都会找我一次，了解每一个学生的学习情况，和我沟通教学情况，吴老师对待学生的关心和热爱那时就感动了我。以后我在系里担任行政工作期间，每年总会与党总支领导一起去吴杏云老师家里探望。她曾经长期担任着土木工程专业的班主任，是一名深受学生爱戴的优秀班主任。一直到我退休后，参加关工委工作时才知道吴老师退休后长期从事土木工程学院的关工委的工作，并取得了很大的成绩，是我值得尊敬的老前辈。

在我们学校关工委工作的老前辈们，克服年老体弱，兢兢业业无私奉献地从事党的关心下一代事业，是一批可敬可爱的老同志，是我学习的榜样，激励着我把学校关心下一代的工作做好。

土木工程学院党委历来重视关工委的工作，首先选配了强有力的分会工作班子，党委书记任分会主任，主管学生工作的副书记担任副主任，共4名老同志和1名年轻有为的兼职秘书。后又请来了学院原副书记桥梁工程专家吴定俊教授，防灾所原副所长防灾专家翁大根教授和地下工程专家白航教授，建立了日常工作制度，落实了办公场所和工作经费，提出了工作要求。党委领导重视，是我们做好关工委工作的有力保障。

学院关学联会创建新时代“‘土木之友’育人基地”项目获评上海市教育系统关工委先行先试优秀特色项目；与会代表在全市表彰大会上进行了交流发言。将育人基地拓展到“一站式”学生社区，由老同志下到学生相对集中的社区，实现老少协同，师生共创，以满足学生各方面（政治思想，学习科研，生活等）的发展需求，也成为土木工程学院关工委工作新探索。作为上海市关工委研究项目，其成果获得了上海市教育系统关工委课题研究二等奖。这个项目实际效果非常好，因为老同志们经验丰富，通过分享交流他们的亲身经历，遇到的困难，一个个具体的事件，学生们乐于接受其中蕴含的道理。我们主要分享与交流土木老一辈传承精神的两个特点。一是实践性。实践是检验真理的唯一标准，尤其对于土木学科来说，不仅要有扎实的理论基础，更要锻炼实践能力。二是创新性。正是在南浦大桥、东方明珠等工程项目中不断地创新突破、攻坚克难，我们的土木工程专业才具有雄厚的实力。下学生社区活动也以与学生分享交流老同志所经历的工作和学习为主，讲好中国故事与专业学习经验和事业发展等方面的感悟和体会，让学生感受中国发展道路。经过课题的研究，和实际活动的开展，取得良好的效果，进一步推进使之成为关工委工作的新亮点。

通过教育三区联动，与上海市昆明学校共建树立育人新平台，相互交流。“读懂中国”采访活动和“感恩教育”征文活动以及关工委网上征文活动工作，建立关工委学生委员制度，促进关工委工作更具有针对性。

三年来的工作，使我认识到关工委工作是一项“功在当代、利在千秋”的伟大事业，是我们一辈子从事教育科研工作的老同志的神圣职责，要通过一项项具体的工作体现出立德树人的成效，以同济大学关工委老前辈们为榜样，扎扎实实做好培养下一代的工作。

（撰稿：同济大学土木工程学院关工委分会常务副主任　祁德庆）

关工委凝心聚力
帮扶学生脱困的成功实践与思考

李广君

同济大学医学院关工委分会常务副主任

新时代，高校作为中国特色社会主义人才培养基地，承担着“为党育人，为国育才”的光荣使命。高校关工委在党委领导下，坚持“围绕中心，配合补充”工作方针，加强对大学生进行爱国主义教育，有针对性地引导、关爱、学生健康成长，取得实效。

近年来，我在做基层关工委工作中，遇到一名患“精神抑郁症”的硕士研究生，多次扬言要跳楼结束生命，为帮扶这名学生，在学院党委领导重视和校关工委关心、指导下，各相关部门凝心聚力、协同合作，努力帮扶，终于使他走上社会，奔赴工作岗位。

凝心聚力　真诚帮扶

医学院七年制临床医学硕士研究生立欣（化名），广西柳州市人，从小聪慧好学，爱好象棋，曾获市中学生比赛第一名。入校后学习刻苦努力，尊敬老师，友爱同学，各门功课考试都顺利通过，成绩优秀。但由于家庭的变故和自己恋爱失败，他一时难以承受，开始失眠并产生了严重负面情绪，精神抑郁、性格孤僻，不愿与人交往，整日躲在宿舍睡觉或呆坐，经常流露出极端情绪。

医学院向学校职能部门汇报该生情况后，研工部、教务处以及他正在实习的第一妇婴保健临床学院领导、硕士生导师等都积极进行劝慰和帮扶，但他仍然多次扬言要跳楼结束生命……。

2017年12月，校关工委常务副主任金正基老师在医学院关工委调研，了解到立欣的情况后，非常重视，立即启动关工委的关爱、帮扶行动。金老师约我一起去宿舍看望他，金老师和颜悦色、动之以情、晓之以理耐心与他交流，并带他到饭店吃饭，使他感到了温暖。之后，金老师又和我多次去立欣的宿舍看望他，经过多次互动沟通和交流，基本上摸清了他的思想脉络。

春节期间，考虑到立欣一个人过节可能会因孤独而引发精神波动，就邀请他到我家里做客，并与他同游古镇，尝小吃，我们过了一个开心年，使他感到了家的温暖。同时，我运用精神卫生专业知识及心理疏导方法，针对性地做思想疏导，用真情逐渐打开了他尘封多年的心结，经多次开导、劝慰、鼓励，并辅之以药物治疗，立欣的精神面貌逐渐开朗起来。

金正基老师还与医学院领导、学工办、辅导员、实习医院和立欣的父母一起开会，进行协调，统一思想、商讨对策，制定了切实可行的帮扶方案，并建立了“微信群”，及时加强沟通交流，取得实效。

协同合作，追求圆满

经过几个月的不懈努力，精心帮扶，立欣的情绪逐渐稳定，情况有所好转。关工委金老师等同志趁热打铁，鼓励立欣赶快作毕业论文的准备，在专业导师指导帮助下，立欣不负众望，经过两个多月的努力奋战，认真准备，完成了论文。金老师和我先后多次给予他精神鼓励和一些必要支持，并先后参加了他的论文预答辩会和答辩会。立欣最终通过了论文答辩，获得了硕士学位证书。大家都为他高兴，祝贺他迈过了人生道路上的一个坎，又向前迈进了一大步。

考虑到立欣的情况比较特殊，他毕业以后可能找不到住处，更难以找到工作，很可能会遭到打击，“旧病复发”，我们先前的努力就要归零，为此金正基老师深情地表示说：“我们应该帮助他。”于是我们想方设法帮他联系、寻找住处，我还到学生宿舍帮他搬行李、图书等到新租房屋。金正基老师还多方联系，帮他寻找工作单位，使他终于有了自己满意的新工作，愉快地走上新的工作岗位。

立欣的父母再三感谢学校老师们的真诚教育和帮扶，几次来到学校时心情都非常激动，声音哽咽。多年来，立欣也一直与我们保持联系，前不久，他还以微信发来他和女友充满幸福微笑的照片，我们真为他高兴，并祝他幸福快乐、生活美满。

新时代 新征程 新思考

新时代，如何将立德树人和党的建设、思想政治工作与教学、科研等业务工作融合在一起，尚有一些影响培养人才的种种现实课题，需要我们认真进一步研究。比如校园学生自杀这一非常沉重的话题，是社会学家、心理学家、教育家们十分关注的一个严重的社会问题。据《中国青年报》的一份调查结果显示，14% 的大学生出现抑郁症状，17% 出现焦虑症状，12% 存在敌对情绪。至于硕士、博士研究生中患抑郁症的比例更高，自杀的比例亦呈增加趋势。究其原因，大多因为面临学习和就业的压力难以排解，或恋爱失败遭受精神创伤。特别是“90 后”“00 后”，他（她）们大多是独生子女，中学时期好多又都是“学霸”，长时间受父母、老师的格外“宠爱”，面对挫折和压力的心理承受能力较弱，缺乏社会责任和对人生价值观的正确认知，负面心理较重，易患精神抑郁症，遇到挫折就可能采取自杀等极端行为。如果发生，这对国家是一个损失，对其家庭父母、亲人更是悲剧和毁灭性打击，故应采取一切方法防患于未然。这也给高校提出了一个重要现实课题，需要认真总结和研究。

通过对立欣同学帮扶的这一成功实例，我认为，从处理过程和结果来看，对立欣同学的帮扶是成功的，起码有三大亮点。一是党委重视，统一指挥，指导思想明确，建立相应帮扶小组，按照相关政策规章办事。二是充分发动群众，分工负责，精准帮扶。在长达一年多的时间里，从相关领导到辅导员，从教师到学生，从学生社区管理人员到室友，先后有上百人次以各种方式参与了帮扶，做了大量耐心细致的工作。三是关工委老同志以极大的爱心，高度的政治担当，凭着丰富的阅历和领导工作经验以及专业特长，坚持不懈，以情感人，积极主动配合主渠道精准帮扶，发挥了关键作用。

党的二十大报告提出，高质量发展是全面建设社会主义现代化国家的首要任务。“教育是国之大计、党之大计。培养什么人、怎样培养人、为谁培养人是教育的根本问题。育人的根本在于立德。全面贯彻党的教育方针，落实立德树人根本任务，培养德智体美劳全面发展的社会主义建设者和接班人。坚持以人民为中心发展教育，加快建设高质量教育体系，发展素质教育，促进教育公平。”

要按照习近平总书记要求：“坚持把立德树人作为中心环节，把思想政治工作贯穿教育教学全过程，实现全程育人、全方位育人，努力开创我国高等教育事业发展新局面。”加强新时代爱国主义教育，传承和弘扬爱国主义精神，教育学生胸怀大志，为国为民。

要加强对学生的挫折教育，树立敢于担当的正确人生观、价值观。告诉学生人生的道路上没有一帆风顺的，困难、挫折、失败的事是经常发生的，如果一遇到困难和挫折就畏手畏脚，怨天尤人，那就永远不会成功。只有擦干眼泪，挺直腰杆，披荆斩棘，勇往直前，才能取得最后的胜利。

年轻的学子们是祖国的未来和希望，党的事业将由他们传承，关工委要在党委领导下，运用专业知识，配合学校，为学子们健康成长，凝聚起全面建设中国式现代化强国，全面推进中华民族伟大复兴的磅礴力量，贡献出自己一份力量。

（撰稿：同济大学医学院关工委分会常务副主任　李广君）

在有特色的关工委工作中享乐

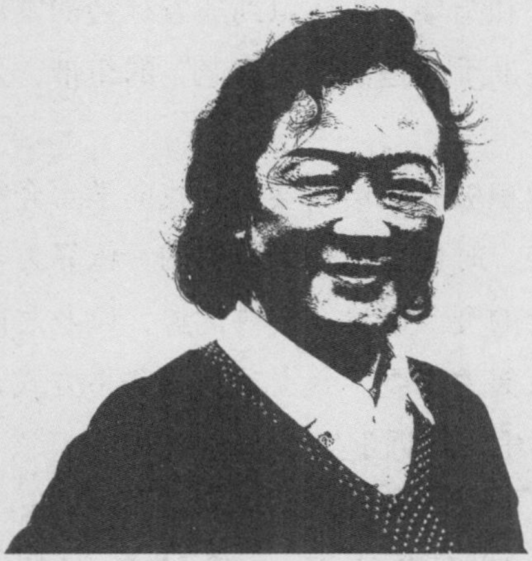

李文敏

同济大学建筑与城市规划学院关工委分会常务副主任

启程我的关工委工作

作为一名退休教师，对工作了几十年的学校的感情、对学生持续不断的爱，并没有因退休而终止。虽年龄让我退休了，但对职业的热情仍让我的心和学校、学生连在一起。我会做督导关心学校教学，与青年教师磋商教学；给学生开讲座与学生面对面交流。记得三年前的一天，学院党委书记找到我，谈到接任学院关工委分会常务副主任工作，寥寥数语令我感到党委的信任与鼓励，感动之余我爽快地接受了这份沉甸甸而有意义的工作。

正式上岗前的培训令人难忘，关工委的工作目标、相关条例给了我做好关工委工作的信心和指导。我认识到随着社会的发展和进步，关心下一代工作委员会是党的助手，是搭接“五老”的纽带，是联系党政与青少年的桥梁。

在全院学生入党积极分子培训会上，我向学生介绍“关心下一代工作委员会”的政治标准、时代主题、组织架构、依靠力量及工作重点，特别强调学院关工委分会的资源优势、学科优势，以及之前的丰富成果，鼓励学生相信关工委、依偎关工委。我主动公开联系方式，敞开胸怀以热心、爱心、责任心拥抱学生、贴近学生。

享乐我的关工委特色工作

我所在的建筑与城市规划学院，建院历史悠久，许多教师接续继代参与过国家级、各省市级规划设计，建设实践活动丰富，一些教师还亲身经历了四平校区建设的创业时期，他们有热情、有激情、有爱心，是我做好工作的重要支撑。这几年在学院党委的关心下，我和学工办合力策划，组织了凸显学院特色的思政教育活动，受到学生欢迎和喜爱，吸引了很多学生参与，取得了良好的效果和口碑。在此，与大家分享为乐。

活动 1：讲城市建设历史，使学生认识到身上承担的使命。

2023 年 3 月的一个周末，我带领学生完成了一次学院的传统课外活动

“City Walk”，沿着苏州河中远两湾城段，边走边看边讲述苏州河两岸城市建设、更新的发展过程。从上海“一江一河”的发展定位，剖析苏州河的变迁；从沿岸的建筑设计、景观策划、步道贯通到滨河业态转型，让学生从专业层面、从现场空间、从要素更新等多角度、多层次了解上海城市发展的演变过程；梳理城市建设的历史渊源和发展脉络，让学生感受城市发展的时代特征和精神内涵。通过这次活动，学生们进一步认识到前辈们为城市发展所付出的努力和奉献，对城市建设更新有了更直观的感受，也增强了对自己生活学习城市的自豪感和责任感。

活动 2：读校园建筑赓续文化血脉，使学生领会同济文化和家国情怀。

在学院党委的支持下，我和学工办老师共同组织硕、博研究生党员参与“寻访校园建筑背后的事迹”活动，邀请学院亲身经历校园建设的老专家、老教师细细讲解这些建筑背后的创业故事和历程。贾瑞云和吕典雅两位教师都是 20 世纪 50 年代毕业留校任教直至退休的，是四平校区规划建设的见证人、学院兴起的驱动者、学科体系的建构者、满园桃李的栽种人。他们讲述三好坞的鹅的由来、校门保留的起因、文远楼的设计理念、大礼堂的建造和获奖过程，每一段往事都承载着同济辉煌而悠久的历史。虽然每个故事对后辈来说是历史，但对他们来说是宝贵的回忆。两位老师对每栋建筑的过去侃侃而谈，分享了许多历史资料里没有的独家校园奇事，用口述史为学生党员注入了灵魂，为研究生支部制作“济忆地图”增加了厚重的内涵。这次活动使学生们深深地从校园历史文化传承活动中感悟到活生生的历史画面，无不感叹受益匪浅。

学生党员都为学院有这样一批精英教师感到自豪，提出希望关工委分会今后多组织类似活动，让更多学生能够分享深藏在老教师老专家心中的同济文化，赓续家国情怀。

活动 3：访校园里的法桐树——和植树前辈相约植树节。

每年的植树节是校园里最具仪式感和意义深远的日子。2023 年 3 月，我和本科生学工办共同策划了“访校园里的法桐树——和植树前辈相约植树节”特别活动。植树节当天阳光明媚，春日清风，院党委副书记唐育红亲临现场。学院建筑系贾瑞云教师与景观学系本科生党支部全体党员相聚在毛主席像广场北侧的梧桐树下，贾老师带着当年和她的同学们亲手栽下梧桐树的老照片，分享当年植树节的珍贵场景。从北侧、南侧的苗源，分批栽种，梧桐树挺过风雨……贾老师话语里充满了对梧桐树的热爱与情怀，唤起了在场师生对老一辈的崇敬与感激之情。今天的林荫大道既是同济大学的名片，也是校园文化传承的空间。我也从梧桐树的景观应用和栽培技艺为学生作了专业讲解，帮助他们认识法国梧桐的生长习性、设计应用以及对环境的贡献，引发了学生们的专业性共鸣与思考。

之后，学生们带着劳动工具在学校绿地除草劳动，体会劳动的快乐与光荣，愿像贾老师一样在校园中留下劳动印迹，树立和传承劳动美德，共同感受校园生活的美好和活力。学生们说用自己的双手维护校园绿色，能为环境保护贡献自己的力量，同时也培养了环保意识和责任感。

活动 4：探索帮困助学新模式。

随着社会的发展，问题学生出现新的变化，例如思想障碍、心理困难、成绩下降、交流迟钝、焦虑抑郁等，而且问题学生的数量和类型有上升苗头。为此，我与学工办研究共同提出：①以正确树立人生观、价值观的心理帮困为支撑，打造健康心理环境；②利用学院“五老”优势开展一对一助学帮困；③关工委老同志＋学生干部＋辅导员结为互助帮困小组；④本、硕、博横向交流学习技巧；⑤组织社会实践和志愿服务活动，为学生提供交流服务平台，如与学校离退休工作办公室合作，利用课外时间，请学生志愿者为老教师提供手机功能讲解演示服务。通过这些多渠道帮困助学模式，强化了学生的健康心理空间，拓展了学术视野和研究兴趣，在参与中学生也感受到学业与社会的联系，找到了展示自我、锻炼能力的机会。同时，培养了他们的社会责任感和社会责任意识，激发出他们的学习热情和创新潜力，不少学生放下了包袱，开启了快乐而自信的学习历程。

（撰稿：同济大学建筑与城市规划学院关工委分会常务副主任　李文敏）

我在关工委工作的体会和感想

李文峰

同济大学艺术与传媒学院关工委分会原常务副主任

在校关工委和学院党委领导的大力支持下，我在担任艺术与传媒学院关工委分会常务副主任期间，始终坚持以习近平新时代中国特色社会主义思想为指导，结合学院实际情况，围绕立德树人这一根本任务，积极参与培养社会主义合格建设者和可靠接班人的工作。

在任期间，我充分发挥老同志的专业优势和经验优势，为学生成长成才提供支撑保障。在学院关工委分会常务副主任这个岗位上工作近十年时间，我积极参与投入校关工委布置的各项工作，也取得了一些成绩。在学院关工委分会工作期间，受学院党委的委托代表组织与近 60 名入党前的学生进行了谈话。2019 年，我大力支持并联合学生党支部对退休教师音乐专业王丽琴教授和广告专业王健教授进行访谈并拍摄制作视频，微视频《读懂中国——王丽琴老师专访》获得 2019 年“读懂中国——我和我的祖国”活动三等奖。2021 年，我积极配合参与并组织学生第二、第三党支部采访学院退休老教师吴小庆和钟勤；两位老党员与学生们分享自己的入党故事与学习工作经历。2021 年 3 月，我在学院举办的“惟廿卓越 新承不凡”2021 年校友论坛中精心做好服务工作，邀请王荔教授等退休老教师回忆与各位校友的美好校园时光和峥嵘岁月。

我积极响应配合校关工委的各项工作。2020 年，我在院领导的配合下精心组织学院学生参与“中国梦 · 感恩情”主题征文和演讲活动，在我们共同努力下，学院获评“中国梦 · 感恩情”专项教育优秀组织奖。2020 年 10 月，广编专业贾雨翔同学作为导演跟随校关工委领导前往贵州兴义紫马中学拍摄并制作 2020 年“读懂中国”系列活动微视频期间，我作为院关工委的一员，在领导的带领下，积极配合，并做好保障工作。

我在工作活动中结合专业特色，弘扬同济文化，探索社会主义核心价值观教育的方式方法，积极协助剧目排演，参与完成“同济校史三部曲”的创排，并紧抓《国之英豪》剧目入选由中国科协、教育部、共青团中央等五部委联合开展的“共和国的脊梁——科学大师名校宣传工程”这一契机，打造打响凝聚家国情怀的“同济出品”艺术品牌。2019 年 9 月 16—17 日，我参与承办同济大学庆祝中华人民共和国成立 70 周年主题党课暨上海市教卫工作党委系统“伟大工程”系列示范党课，作为首场全校范围的“不忘初心、牢记使命”主题教育集体学习，邀请李占才、葛耀君、周怀阳等老教授，讲述他们与祖国同行的人生历程，诠释“同济天下”的爱国情怀与使命担当。2022 年 12 月 13 日，我第二次参与承办上海市教卫工作党委系统“伟大工程”系列示范党课，以反映同济老校长李国豪将个人发展同国家和民族命运相融光辉一生的原创话剧《国之英豪》为生动的教育内容，在大礼堂的舞台上谱写了一首荡气回肠的爱国诗篇。

2020 年 10 月—2021 年 4 月，我和院关工委分会其他人员组织学生开展语音版《同济的故事》录制活动，完成《20 世纪 60 年代前期的校文工团》等四篇文章的音频设计与录制，并发挥专业优势，组建诵读指导学生团队，配合整项工作顺利完成，并获评优秀组织奖。2021 年 6 月 17 日，我精心组织院分会老同志与学院青年学子代表一同出席我校“老少同框，讴歌党魂”中国共产党成立 100 周年庆祝大会，共同唱响《唱支山歌给党听》。

几年来，在学院党委的带领下，我强化思政引领，做深“惟新”品牌，丰富文化认同突出理想信念教育实效。2021 年 5—6 月，我认真做好“致敬百年党的优秀新闻工作者，践行新时代马克思主义新闻观”系列讲座的安排，让学生们更深刻地领悟到作为新闻工作者的初心和使命。另外，我配合联系各位老师在学院官微开设“惟新人物”专栏，挖掘学院优秀教师、校友的奋斗故事，并组织学生团队对退休老教师进行专访，相继推出《“嫁给歌剧的女人”：女高音歌唱家王丽琴老师侧记》《走进长笛艺术——专访张小平教授》等推文，传递老教师们对于学院青年学子的谆谆教诲与深切关怀。2022 年上半年，在院领导的指导下，组织了“惟新惟读”系列线上读书会，邀请退休教师王荔教授、蒋原伦教授等带领师生围绕他们的著作《耕读致远》《媒介与修辞》等展开研读与分享，思想的碰撞给乏味的校内生活增添了乐趣与收获。在 2023“读懂中国”活动中我院《滴水之恩，涌泉相报》微视频荣获校关工委的特等奖和组织奖。

从我做学院关工委工作以来，始终得到校关工委领导关心和支持，多次参与校关工委组织的在上海和外地的参观、考察、交流学习，工作能力得到不断提高。围绕院关工委立足“三全育人”“发挥特色育人、创新品牌育人”的思想，进一步加强和改进关心下一代工作的丰富内涵，扎实推进关心下一代工作纵深发展，不断完善关心下一代工作体制机制，持续提升关心下一代工作服务能力和服务水平，我积极主动地走进学生中，了解他们所想、所需，以师生喜闻乐见的形式和方法开展关心下一代工作。我以身作则，为人师表，强调身教胜于言教，在无形之中为学生树立榜样，并严格遵守校、院关工委的要求，克服困难完成工作，发挥主观能动性，培养学生的专业创新能力，将党的精神与专业结合，发挥自我优势，引领学生成长。

（撰稿：同济大学传媒学院关工委分会原常务副主任　李文峰）

我的关工委工作

李尧臣

同济大学航空航天与力学学院关工委分会原常务副主任

我于1991年在美国的Notre Dame大学航天与机械工程系获得博士学位后，仍在该系做了两年的博士后工作，后于1993年带着全家回国。在友人的推荐下，来到上海铁道大学工作，开始从事教学和科研工作。不久晋升为教授。2000年上海铁道大学并入同济大学，我进入了同济大学理学院工程力学与技术系，从事教学和科研工作，并被聘为博士生导师。2004年该系更名为航空航天与力学学院（以下简称为航力学院），我被任命为基础力学教研部副主任，后来又升为主任。2008年退休。2011年我被任命为航力学院关工委分会常务副主任的职务，从此就开始了我的关工委工作。

说实在的，一开始我也不知道关工委工作应该做点什么。后来，我与学院党委书记、关工委主任陶伟忠一起研究，阅读了许多关工委工作的文件、全国关工委主任田淑兰讲话内容、"关心下一代"杂志的文章和学校关工委工作的简报。对关工委的工作有了一定认识后，我认真考虑了学院的关工委工作应该怎么做。在这期间，校关工委副主任陈立丰同志给了我很多的指导和帮助。在与他的多次谈话中，他给我讲解了关工委工作的精神和原则，介绍了学校其他学院的关工委工作情况和工作内容。他有一段话给我留下深刻的印象：在学院里我们是配角而不是主角。我们不是去替代学院的党团工作和学生工作，而是去协助他们的工作。经过一段时间的探索，确定了我们的工作重点基本上是两个，即"三区融合，共同育人"和"师生面对面"工作，还有就是要完成校关工委布置下来的任务。

2012年，在学院党委书记、关工委分会主任的协调下，航空航天与力学学院与同济中学、五角场镇（市光片与长海片）居委建立了"三区融合，共同育人"的共建工作关系，并将这项工作取名为"同飞蓝天"。这项工作的内容是：每年从同济大学航力学院学生中派出四名辅导员，与同济中学的班级结对，依托航力学院和五角场镇的教学资源、政治资源和"五老"资源，开展青少年的德育教育活动。这项工作每年有三项必修内容：一是在3月5日五角场镇在当地举办学雷锋志愿者活动；二是在4—5月间航力学院为同济中学高一学生举办一次科普活动，具体内容包括作一次航空航天方面的科普讲座，组织参观航空航力学院的航模实验室与飞机结构陈列室，和组织一次航模制作活动并进行飞行比赛；三是在暑假中由辅导员带领同济中学学生进行一次访问老红军和老干部的活动。而选修的内容可视当时情况自由进行。

在3月5日雷锋纪念日那天，五角场镇在当地举办学雷锋志愿者活动。航力学院的辅导员和同济中学的师生代表都参加了。五角场镇党委书记亲临现场指挥，同济中学党支部书记，关工小组主任也来参加了活动。活动的规模很大，我们在广场周围搭起帐篷，建立了多个服务点，提供理发、修伞、修鞋、量血压、法律咨询、健康咨询等服务。我们和同济中学师生则依托我们的资源，负责解答中小学生教育方面的问题。例如，一名学生家长来咨询说，她的孩子学习成绩还可以，所以她的期望值比较高，但是现在孩子不愿学了，不听话，很逆反，沟通起来也很困难，问我们怎么办。我们听了她的叙述后，觉得她的小孩还是不错的，但家长和孩子之间需要有良好的沟通才行。同济中学关工小组常务副主任和她谈了很久，谈了一些和孩子的沟通方法；航空航天与力学学院的辅导员也谈了自己的中小学时期类似的经历，谈了自己是怎样转变的，父母与他又是如何沟通的。那位学生家长听了后满意地离去了。

4—5月间的那次科普活动在航力学院进行。因人数较多，分了两次进行。科普报告是由航力学院的教师负责，每次主题均不一样，有学院航模制作活动的开展情况、古代玛雅文明时期的航空航天活动遗迹、两弹一星的研发、无人机飞行原理与结构、登月工程，等等。其中“两弹一星的研发”的报告是由校关工委陈立丰同志来作的。除了介绍两弹一星的原理与结构，他还讲述了两弹一星研发的重大意义，介绍了参与两弹一星研发的英雄们的丰功伟绩和在强国强军上的卓越贡献。报告结束后他还给学生们布置了小飞机模型制作的作业并分发材料。模型制作完成后，同济中学在校内举行了一次飞行比赛，以飞行时间最长者为优胜。最后是参观实验室。航模实验室里有从小到大的各式飞机模型，有制作航模零部件的3D打印机，还有国内外各种型号的飞机模型，在飞机结构陈列室里，还展示着飞机螺旋桨发动机和涡轮发动机，飞机的操纵系统、机身和机翼结构，以及飞机的主要零部件等。来参观的学生们都很感兴趣。

访问老红军和老干部的活动则安排在暑假，由辅导员带队，结对的班级派出代表参加（通常都是班干部）。采访前，他们先要列出提纲，开学后则要向年级汇报采访成果。采访的对象主要有刘春英、曹建中和张德义等人。刘春英是一名医生，居住在五角场镇长海社区。解放前她在辽宁工作，东北解放后，她所在单位被接收，她就参加了解放军，担任卫生员，并随部队南下。曹建中是老干部，也是居住在五角场镇长海社区。解放后，他在中学担任物理老师，并编写过物理教科书和教辅书等。张德义在 1938 年他年仅 14 岁时就参加革命。当时，新四军经过他的家乡，他毅然决定跟随部队。在部队中，他担任卫生员。解放后，担任上海制药厂厂长和党委书记。采访中，他向我们讲述了当年打日本鬼子的故事，以及有一次巧妙地与敌人周旋，最终在老乡的掩护下，把药品送到前线的故事。他还分享了中华人民共和国成立初期开发新药以及和外商谈生意的故事。学生们听得津津有味。采访结束后，学生们提了一些问题，发表了自己的感想体会。他们深感到如今的美好生活来之不易，决心学习前辈们为理想信念勇于献身的精神。此外，在暑假期间，有的辅导员和学生还参加了社区服务活动，如防火宣传和演习活动等，以实际行动践行社会责任。

我们的选做项目也丰富多彩。我们组织同济中学和五角场镇社区代表参观学院实验室，包括理学院的物理实验室和海洋实验室。这两个实验室各有特色，物理实验室分为力学、电学和光学三部分，各项小实验都生动展现了深刻的物理原理。海洋实验室则规模更大，展品也更丰富。同济中学校庆时，我们为同济中学的学生举办了一场力学科普活动。学院的研究生做了国产 C919 大飞机研发的报告，并做力学小实验，引起了学生们的兴趣。此外，还举办了三区中国梦座谈会以及三区庆祝建党 93 周年座谈会。社区的老党员，包括一些 20 世纪 50 年代的劳动模范参加了座谈，他们畅谈了中华人民共和国成立初期在各自岗位上所作的贡献。八一建军节前夕，组织了三区学生慰问武警部队的活动，聆听了部队党委书记关于部队建设的报告，还参观了战士宿舍和他们使用的武器，观看了战士的格斗、擒拿表演。这次活动让学生深受启发和教育。最后，我们参与了同济中学班级举办的改革开放40周年座谈会，畅谈了改革开放以来人民生活的巨大变化和祖国建设的巨大成就。

“师生面对面”的工作保持每年一次的传统，主要是由党委副书记，关工委分会副主任主持，其中最为隆重的应该是2019年那一次。2019年，全国的高校均在开展“读懂中国”活动，其中一项内容就是为杰出的老教授拍摄制作视频。我们安排了学生对老教授的采访活动，并安排研究生与老教授的座谈，座谈内容多种多样。座谈中，有的学生问研究方向是集中在一个方向上好还是几个方向上好；还有的学生提出，他在某个课题上投入一段时间之后，感觉意义不大，怀疑当初选题没选好，不知道怎么办；另一名学生则分享了他对课题的新解决方法，但在导师不认可，导致研究陷入僵局，数日没有进展，应如何应对。我建议他们与导师深入沟通，详细阐述自己的方法和思路，争取导师的理解和支持。同时，我也分享了自己读研究生时类似的经历以及处理方式。我很高兴学生们能提出这样的问题，这样的交流才能具体地体现出我们对青年学生的关怀。

多年来，我们始终如一地完成了校关工委布置的各项工作。每年春季，我们都会在学生中开展一次名为“我最喜欢的文章”的网上阅读征文活动，鼓励学生选择在关工委网站上发布的有关人生哲理和励志奋进的一篇或多篇文章，认真阅读并写出感悟。每年秋季，则在学生中开展一次感恩教育征文活动，对收集到的文章进行评奖并举办讲演比赛。我们学院在这些活动上都表现出色，供稿量远超要求。校关工委编的《同济的故事》一书中，航力学院贡献了两篇佳作：一篇讲述了现仍保存在学院的杠杆式万能试验机，这台解放前就已投入使用的老式试验机见证了学院的历史变迁；另一篇追溯了同济校歌的来历。校关工委还编辑了《同济学子话恩师》一书，我们学院为此组织学生采访了老教授，并积极供稿。2018年的“读懂中国”活动，我们学院也积极响应，安排学生与老教师进行座谈和采访活动，为老教授撰写文章并制作视频。学校里还组织了“院士回母校”等活动，旨在加强爱国主义教育。通过学习中国历史（主要是近代史）、党史和改革开放史，我们就能理解为什么中国会走上中国特色的社会主义道路，为什么中国特色社会主义需要中国共产党的领导。通过与老教授的座谈、采访与制作视频等活动，我们可以学习他们的爱国情怀，学习他们奉献自己的聪明才智，他们用自己的专业为祖国的社会主义现代化作贡献的精神。

我这些年在关工委的工作，得到了领导和同行们的肯定。2008 年，学院关工委分会获得学校的先进集体奖，我个人也获得了先进个人奖，同时，我们每年都在进行的“同飞蓝天”共建工作获得了特色项目奖。通过这段关工委工作的经历，我体会到这项工作是必要的及其深远的意义。这项工作是青年学生德育教育的重要组成部分，但是德育教育不能仅仅停留在口号和说教层面，而是需要通过一系列的实践和活动来深入进行。“三区融合，共同育人”是为学生早点接触社会提供机会。回顾过去几年的工作，我们开展的活动都是有教育意义的活动，在青少年的德育教育方面发挥了不可替代的作用。

最近，中共中央办公厅、国务院办公厅印发了《关于加强新时代关心下一代工作委员会工作的意见》，这是以习近平同志为核心的党中央对青少年的亲切关怀，对关工委工作的充分肯定。在新的形势下，我们老同志要深入学习，与时俱进，为培养有理想、有本领、有担当的青年一代，帮助促进青年学生健康成长，培养德智体美劳全面发展的社会主义建设者和接班人作出应有的贡献。

（撰稿：同济大学航力学院关工委分会原常务副主任　李尧臣）

情系下一代　奉献一辈子

——记同济大学关工委副主任陈立丰

陈立丰

同济大学关工委副主任

当一个人第一次患上人们谈虎色变的癌症时，能坦然相对，已经非常了不起了；当第二次再患上癌症需要手术时，没有崩溃实属硬汉；当被宣布癌症骨转移时，还是淡定地和关工委的老同志们一起学习、一起工作，那需要什么样的意志和信念啊！他说：“我是一名共产党员，关心下一代工作已成为我生活中不可缺少的一部分，我要坚强，不能被病魔打垮。”他就是现任同济大学关工委副主任的陈立丰教授。

退休前一年他被检查出患有胃癌。党组织的亲切关怀，同事们和亲人的关心，给了他战胜病魔的勇气和信心。他很快调整好自己的心态和情绪，勇敢乐观地面对疾病，积极配合医生治疗，经过两次手术，六次化疗，他又回到了校园。

2005 年 7 月退休时，面临是全身而退回到家里养病，还是重返学校力所能及地再做些事的选择。他看到同济校园中许多离退休老党员，虽然年老体弱和身患疾病，仍长年默默无闻活跃在学校关心下一代工作中，他被他们的行动所教育激励，他又回想起自己受党组织几十年的教育培养，北大荒和四川凉山州的艰苦生活和工作的经历锤炼了他战胜困难的坚强意志、改革开放的伟大实践更提供了施展才能的广阔舞台。他说我要以实际行动来实现自己在党旗下的誓言，“为实现共产主义奋斗终身。我应该回到学校继续尽自己所能做一些有利于学生健康成长的事”。于是，他毅然向党组织提出自愿参加学校关心下一代工作。

最初他担任了学校航空航天与力学学院关工委分会的常务副主任。在学院党委领导下，他边学边干，和其他老同志以及学生口青年教师一起走到大学生中，积极主动开展了各项关心下一代的活动。他参加了学院教学督导工作，深入到教室、实验室认真听课，并与青年教师交流分享自己多年在教学一线摸爬滚打的经验教训和教书育人的体会。他参加大学生党建工作，每学期给大学生们上“坚持党的宗旨，践行党的宗旨”“努力做一个合格的共产党员”等内容的党课；组织他们学党章，帮助他们树立听党话、跟党走的理想信念。为了更好帮助大学生在社会大课堂中锻炼成长，在院党委的支持下，他组织和带领大学生们走出校门，到中学、到街道社区开展大学生志愿者活动；到中学指导中学生开展航空科普活动、到社区开展学雷锋为人民服务活动等，帮助大学生在社会实践中经受锻炼增长才干。

2009 年年初学校党委任命陈立丰为学校关工委副主任，他的担子更重了。此后十几年陈立丰先后协助两任校关工委常务副主任，团结带领全校广大关工委老同志，认真学习、努力工作、积极创新、不断拓展同济大学关心下一代工作的活动内容和活动模式。

牵线搭桥，亲力亲为，为推动同济大学和杨浦区的“三区融合，共同育人”工作付出了大量的心血。十几年间陈立丰走遍了与学校共建的中小学校及社区，积极和杨浦区关工委，杨浦区教育系统关工委一起创建了大学校区、中小学校区、街道社区的“三区融合，共同育人”关心下一代工作新模式。这在空间和时间上大大丰富和拓展了学校关心下一代工作的内涵。至今同济大学已有 13 个学院和杨浦区 12 所中小学及相关街道社区共建了大学生校外教育实践基地。“大手牵小手”爱心传递活动正在中小学蓬勃开展。

陈立丰组织各学院分会老同志带领大学生到结对的中小学、到街道社区，创造性地开展了航空航天与力学学院的“同飞蓝天”活动、经济与管理学院的“彩虹计划”活动、政治与国际关系学院和法学院的“大学生担任中学生辅导员”项目、外国语学院的“大学生担任居委会见习干部”项目等。在陈老师的协调下，学校关工委还在暑期举办了两届杨浦区青少年科技夏令营，培养青少年从小热爱科学的兴趣。

陈立丰根据十几年与中小学、社区工作的体会，撰写的课题成果报告《“三区融合，共同育人”——同济大学关心下一代工作新模式的实践与研究》获 2019 年上海市教育系统关工委课题研究特等奖，该项目也被评为 2020 年上海市教育系统关心下一代工作“优秀品牌”项目，2022 年被教育部关工委评为全国教育系统关工委参与社区教育十一个最佳案例之一。

十几年来，陈立丰和校关工委老同志一起深入全校各学院开展调查研究，帮助学院分会发挥学院学科特色，创新关心下一代活动。他参加各学院分会举办的“师生面对面”活动，针对学生关心的热点问题和学生们平等交流、坦诚沟通，帮助他们树立正确的人生观、世界观、价值观；到新生院参加“中国梦·同济情”的感恩教育活动，在活动中和广大新生一起感恩党、感恩祖国、感恩老师、感恩父母，激励学生们发愤图强，为振兴中华而努力学习。

20 年来他勇敢战胜癌症，全身心地投入学校关心下一代工作。他先后到航空航天与力学学院、经济与管理学院、新生院等十多个学院为学生们上党课，以自己几十年受党教育培养的成长体会告诫学生们：要坚定理想信念，脚踏实地刻苦学习，以只争朝夕、不负韶华的奋斗姿态，为实现中华民族伟大复兴的中国梦而不懈努力；他到同济中学、市东中学、同济初级中学、杨教院附中等给中学生作“航空报国追求第一”“中国人的骄傲——神舟飞船”“光辉的历程伟大的精神”等报告，弘扬“‘两弹一星’精神”“载人航天精神”“航空报国精神”，对学生们进行爱国主义教育和社会主义核心价值观教育。

2020 年新冠疫情突如其来，但关心下一代工作没有停步。在学校党委领导下，我们充分发挥全校关工委老同志的聪明智慧，在做好防疫工作的同时，采取线上线下相结合的方式，组织学生们参加了网上党课教育、网上阅读征文活动、网上感恩教育等活动。陈立丰应邀在线上为航空航天与力学学院、新生院的学生们上“光辉的历程——新中国的航空事业”的党课，教育学生们继承和发扬航空英雄模范和科学家的航空报国精神。

正当陈老师和老同志们一起满怀热情不断推进和深化学校关心下一代各项活动时，2020 年，病魔又一次悄悄向他袭来，他被诊断患了前列腺癌，再次面临人生的严峻考验。然而，面对第二次癌症挑战，他的意志更坚强，心态更从容，战胜癌症的信心更大。他积极配合医生治疗，手术后不久又以精神饱满的状态回到了学校。他积极组织各学院关工委分会开展 2021 年教育部关工委以“讲好入党故事，传承红色基因”为主题的“读懂中国”活动；和大家共商学校关工委庆祝中国共产党成立 100 周年的各项活动。2022 年，他又被查出前列腺癌骨转移，但他仍然坚持边治疗边工作。他深知，恰逢同济大学关工委成立 30 周年，有好多事情等着他去做，他不能倒下。他和同志们一起认真总结同济大学关工委 30 年来的经验和体会，共同编写了《同济大学关工委 30 年大事记》，详尽地记录了同济大学关工委 30 年来的荣誉、成绩及发展历程。这个过程中，陈老师倾注了大量的心血。

2023 年是教育部关工委“基层组织建设年”，他不顾自己虚弱的身体，在校党委领导下，坚持和同志们一起深入全校各学院进行调查研究，强化二级学院分会组织建设、队伍建设和班子建设，推动学院“一院一品”活动，几个月内调研了 3 个校区 22 个学院，并撰写了调研报告，报校党委。

陈立丰不仅自己积极参与关工委的课题研究，还花大力气推动了各学院课题研究的持续发展。2023 年他主持的课题“科学精准指导二级学院分会的实践与研究”获上海市教育系统关工委课题研究特等奖。

在病魔面前，陈老师是不幸的，但他又是幸运的。他有组织的关心、亲人的照顾、老同志的陪伴，更有自己为之全身心投入的关心下一代事业。他满怀激情地说：“我要感恩几十年党的教育，一辈子忠诚履行党员职责，一辈子为党育人，为国育才。在近 20 年的关工委工作中，我收获了进步、收获了年轻、收获了友谊、收获了快乐。虽然我的生命之舟也已驶向‘耄耋之年’，但作为关工委的一名老兵，我更要倍加珍惜时光，遵照习近平总书记教导：‘努力成为青年朋友的知心人，青年工作的热心人，青年群众的领路人。’”

陈立丰以自己的实际行动做到了老有所学、老有所为，思想常新、理想永存，他决心在关心下一代工作的“老年志愿者岗位”上继续发光发热，为党旗增添光彩，为培养社会主义建设者和接班人作出新的贡献。

这就是一个老共产党员情系下一代，奉献一辈子的风采！

（撰稿：同济大学关工委常务组成员　谢伟芬）

无私奉献　倾情育才

——记沈君佐老师与分会团队

沈君佐

同济大学口腔医学院关工委分会原常务副主任

2014 年，口腔医学院关工委分会（以下简称“分会”）正式成立，退休党支部书记沈君佐老师接受学院党委安排，任分会常务副主任。当时，她对关工委组织并不了解，但她一直认为服从组织安排是一名党员应有的态度，就一口答应了。到岗后，她认真接受培训，加强自身学习，积极开展工作，对学校关工委的性质任务逐步有所了解。沈老师长期从事党政管理工作，是一个党性强、负责任，经验丰富的老同志，很快就进入了角色，工作顺利开展了起来。分会虽然起步较晚，但发展较快。

回顾她在分会工作十年间分会的发展历程，沈老师有不少经验和体会。她认为，学院党政的领导，有关部门的支持是根本保证；学校关工委的指导和支持是重要依靠；老同志团结合作、积极进取是基本条件。

做任何工作离不开人，分会成立之初当务之急是组织队伍。在这方面，沈老师有得天独厚的条件。她退休前是口腔医学院党委书记，退休后一直担任学院退休教工党支部书记。她首先想到的是退休教工党支部，支部的老党员大多受党教育多年，具有良好素质，经验丰富，对学生有感情。他们对关工委工作表现出很高的热情。沈老师还把党外的老同志动员组织起来。分会的基本队伍就建立起来了。沈老师和分会同伴们志同道合，共同努力推进工作不断向前发展。

沈老师对关工委的地位作用有清醒认识，明确分会要当好配角，做党政的得力助手。分会要坚持做到两个“自觉”。一是自觉接受党委的领导，重要问题、重要工作要及时向党委汇报、请示。坚持在党委领导下开展工作。二是自觉配合学院中心工作，围绕立德树人这个根本任务开展活动，助力学生成长成才。

分会十分重视与学研工部、团委加强联系、密切合作。一方面，组织老同志积极参与学院组织的有关活动，主动承担一些力所能及的工作。如，学院与静安区新时代文明实践中心合作成立“健康社区行”大学生校外实践教育基地，老同志主动参与，发挥了联络、引领、指导等作用。在全国口腔医学思政教育年会上，学院组织学生参加了“思政课堂展示”比赛，分会老同志则主动参与审读剧本、观看排练，并提出建设性意见、建议。

另一方面，以分会为主组织活动时，积极争取党政指导和有关部门配合支持。如“读懂中国”采访的顺利进行，感恩教育的成功组织，都得到了学院党政和学生工作部门的大力支持。

分会是教育系统关工委的基层单位，上级部门、学校关工委与分会相互依存。一方面，分会要把上级部门、学校关工委作为依靠力量。分会要充分发挥上级部门和学校关工委的组织资源、人才资源的优势，加强分会工作。如，由各类专家组成的校关工委报告团是对学生进行思想政治教育的重要力量。沈老师主动邀请多名专家到学院作专题报告、讲座，参与专题讨论会，主题有形势报告、党史学习、理论学习辅导、心理知识普及等，内容涉及学生思想、学习、生活等方方面面，及时为学生答疑解惑，帮助学生健康成长，受到了学生的好评和欢迎。另一方面，分会积极配合、支持上级部门和学校关工委部署的工作。如，“读懂中国”活动开展几年来分会都积极参与。沈老师带头接受学生采访，她讲述了自己亲眼看见、亲身经历的我们国家从站起来、富起来到强起来的飞跃过程。她强调了中国共产党的英明伟大和社会主义制度的优越性，鼓励学生坚信党的领导，并跟随党的步伐前进。沈老师还精心挑选已有 63 年党龄、89 岁高龄的赵关孝，已有 66 年党龄、90 高龄的朱逸安两位老党员为采访对象，希望通过他们的真实经历，向学生传递不平凡的人生故事。沈老师说起 2022 年的采访时十分感慨。当时正值新冠疫情期间，学校实行闭环管理，老同志进不了学校，学生出不了校门，采访难以在线下进行。沈老师和有关同志适时组织了“五老”采访微信群，师生通过网络，采用书面和语音进行交流，顺利完成采访。再如，校关工委组织的感恩教育、网上读书征文等活动，分会每年动员组织学生认真参加，学院的学生参与人数和获奖数居前列。2016 年荣获同济大学关工委网站征文活动组织工作奖。分会还对发现的好苗子加以培养。在 2018 年感恩教育征文中，一名来自新疆，署名马秀秀的文章引起沈老师和学校关工委老师的注意。马秀秀讲述了她的家庭多年来得到党和政府及各方面的关心帮助，以及她本人得到学校领导、老师亲人般的关心照顾的经历，感情真挚。学校把她的文章推荐到教育部，后其文章被评为2018年“读懂中国”活动优秀征文。她的经历还被作为典型事例写入《在大学生中开展感恩教育的实践与研究》一书。该书课题荣获了“2021年度上海市教育系统关心下一代工作课题研究”特等奖。沈老师作为指导老师为此感到欣慰。马秀秀曾应邀在校关工委组织的迎新座谈会上作发言，采用了多种形式来帮助学弟学妹们坚定理想信念，成为关工委开展工作的积极分子。此外，在“三区融合，共同育人”“师生面对面”“老少同框话七一”等学校关工委组织的活动中，分会都态度积极，表现突出。

结合学院专业特色打造分会的工作特色，是学校关工委的倡导，也是沈老师和老同志们工作的着力点。

分会和有关部门动员并组织大学生向中小学生、社区居民宣传普及口腔医学知识，开展义诊、咨询活动。2021年，分会组织老教授、老专家参与“孤独症儿童护牙行动”，这是由学院团委于2009年，与有关社会组织发起的志愿服务项目，广受社会大众和业界好评。分会老教授、老专家在参与组织，指导青年志愿者开展相关宣传、咨询、诊疗等方面发挥了积极作用。为配合学校关工委组织开展的感恩教育，分会向要求入党积极分子赠送《同济学子话恩师》一书，同时沈老师还带领学生去养老院，向老人宣传口腔卫生知识，为老人提供咨询、义诊服务，受到好评。

分会已成为学院党政的得力助手和学校关工委的有力支撑，得到了学院党政的肯定和鼓励，多次获得上级部门和学校关工委颁发的优秀征文奖、组织奖等。沈老师个人也获得了同济大学口腔医学院“先进个人”（2020年）、同济大学关心下一代工作委员会“先进个人”（2019年）等称号。

沈君佐老师虽然退休多年，但仍然每天忙碌。她担任学院退休教工党支部书记、关工委常务副主任、同济大学老科协常务理事等多项职务。她还积极参与社区义工服务，从2011年起，定期为社区居民义诊、测血压等，被评为“精神文明建设优秀志愿者”“身边好人”“社区好党员”等。她常说：“人在世界上，要付出多、得到少，才有意义。”她这样教育学生，也是她一直践行的人生观。

（撰稿：同济大学关工委常务组成员　郭超）

躬身杏林育禾苗，初心不忘谱华章

张苗章教授

同济大学医学院

“悬壶济世度春秋，妙手回春解疾忧。杏林春暖花千树，橘井泉香惠九州。”在我们学习和成长的道路上，总有一些人以她们的行动和精神，成为我们前进的灯塔。她就是上海市同济大学附属第十人民医院妇产科主任医师张苗章教授，同时也是一名退休老党员。

张教授长期致力于临床研究和教学工作，她的奉献精神深深影响了每一名接触过她的学生。她是医院里备受尊敬的老前辈。张老师从事妇产科工作已经50余年，她用自己的专业与热情，守护着无数新生儿的健康，见证了一个个家庭的幸福。在漫长的职业生涯中，她遇到过许多危急时刻。记得她和我们分享过一个小故事：一名年轻的产妇在之前检查被告知胎位很好，正在医院待产。但是张老师在做产前检查时，她敏锐地察觉这位产妇胎位不正，是所谓的“臀位”，这就意味着无法正常分娩，存在新生儿窒息的风险。面对这一紧急情况，张老师当机立断，用双手调整胎儿的位置，直至胎位正常产妇可以顺利分娩。作为一名经验丰富的临床医生，张老师的双手可以查出很多问题。在与我们的短短一个多小时的分享中，她就多次提及，作为未来的医务工作者，必须注重自己的基本功，不能过度依赖影像判断，最基础的查体是万万不可忽略的。她结合临床实践，总结经验，撰写了多篇有影响力的学术论文。她的努力得到了医院和学术界的认可，多次被评为优秀医务工作者。

张老师积极响应帮扶云南的号召，随医疗队下乡到云南怒江。作为一名经验丰富的老医生，她深知这些偏远地区的医疗条件亟待改善，特别是医务人员的缺乏。

到达怒江后，张老师没有选择先安顿休养，而是立刻投入工作，她希望尽快了解当地的医疗水平状况，以便更好地帮助提高医疗水平。她仔细查看了医院的设施设备，询问了医生们的工作情况，详细了解了当地常见病和多发病的情况。张老师组织医疗队与当地医生进行深入交流，她根据自己的经验，详细讲解了一些先进的医疗技术和治疗方法。为了让这些建议真正落地，她带队进行实地教学，手把手地教当地医生如何操作先进的医疗器械，以及如何更有效地诊断和治疗病人。与此同时，张老师还积极参与健康宣传工作。

在怒江的日子里，张老师夜以继日地工作，她的脚步遍布了乡村的每一个角落。她不辞辛苦地为病人诊治，用实际行动践行了“医者仁心”的誓言。张老师的工作，不仅提高了当地的医疗水平，也为云南培养了一批临床医生。

张老师特别重视年轻医生的实践能力。她组织了一系列实操培训，带领年轻医生操作医疗器械，模拟各种临床场景，让他们在实践中不断提高技能。她常说：“医学是一门实践的科学，只有多动手，才能真正掌握。”

在一个又一个的讲座和培训中，张老师结识了许多有志于医学事业的年轻人。她不仅是他们的老师，更是他们的良师益友。为了更好地传承知识和经验，张老师编写了多本医学教科书和培训教材。这些教材涵盖了她多年的临床经验和实践心得，结合了最新医学研究成果，成为许多医学院校的重要教学参考书。

张老师退休后，依然不舍得离开她热爱的医学事业。她的心依然紧系在医疗事业上。为继续发挥余热，张老师选择了另一条奉献的道路，即举办各种讲座和培训，将自己的经验和技术无私传授给后辈们。

张老师的讲座内容丰富，从基础医学理论到复杂的临床操作，再到她在怒江的实践经验。她毫无保留地分享，讲述自己在乡村医院的工作经历，如何在资源匮乏情况下救治病人，如何通过健康宣传提高村民的健康意识。她的故事感人至深，让每一位听众都为之动容。

她常说：“国家培养了我，我就要尽我的能力去回报社会。”张老师不仅尽自己所能救助了医院里一个又一个的病人，还同样为祖国培养了一批又一批优秀的临床医生，张老师无私地传承着她50年来的临床经验，也同样将她的精神一并传承下来。

张老师的奋斗精神不仅仅体现在她个人的成长故事中，更体现在她对教育事业的无私奉献和对学生的关爱上。她深知，教育不仅仅是传授知识，更是培养人格，塑造灵魂。在她的课堂上，学生们不仅学到了丰富的专业知识，更感受到了老师的爱与责任。她用实际行动诠释了什么是“师者，传道受业解惑也”。

“教育强国，奋斗有我”不仅是一句口号，更是一种信念，一种行动指南。在这个时代，国家的发展和社会的进步离不开教育的强大支撑。教育是民族振兴的基石，是社会进步的重要推动力。要实现教育强国，离不开每一名教育工作者的辛勤付出和每一名学生的奋发图强。张老师的故事正是这种精神的生动写照。

她从一个偏远农村走出来，凭借自己的努力一步步走向成功。这种不屈不挠的精神，正是我们每一个人都应该学习和传承的。无论面对多大的困难和挑战，只要我们心中有目标、有梦想，并为之付出努力，就一定能克服一切困难，实现自己的价值。

让我们以张老师为榜样，点燃奋斗的激情，在实现教育强国的道路上，勇往直前。

（撰稿：同济大学医学院关工委分会）

青年思想引领者

——陈忠延教授访谈录

陈忠延教授

同济大学土木工程学院关工委分会常务副主任

陈忠延教授在同济大学土木工程学院教书育人岗位上耕耘多年，退休后，仍心系教育，为关心下一代事业作奉献。我们与他相约，对他作一次采访。2023 年 9 月 22 日下午，与陈教授如约见面。

从小区门口到家，短短几分钟的路程陈老却和我们聊了很多。虽然早已退休，但陈老对学校和学院的人事物的了解和热爱让我们身处校园的学生都自愧不如，即使只听三言两语也能十分真切地感受到陈老面对年轻人时所充满的热情与活力，何况接下来近两小时的促膝长谈呢。

来到陈老家中，当谈及对我们青年学生有何嘱托时，陈老谆谆叮嘱："热爱专业，报效祖国。"

说到这里，陈老不由地谈起自己的青年时期。1958 年进校学习，1963 年毕业后留在教研室工作。在那个时代，从事什么方向的研究完全听从国家的分配，一收到系所的分配通知，他就收拾东西前去报到了。最开始并不了解分配到的方向具体研究些什么，但为了国家的需要，就去学习去钻研，并在这过程中，渐渐把它转化为一种热爱。而现在的大学生有了自主选择的机会，那最重要的就是"热爱"。陈老讲到之前的一位学生，头脑很聪明，但对于自己的专业不感兴趣，这样就很难在专业领域取得成就。对于专业的选择，陈老说，一定要多做了解，发现自己的热爱，只有真正喜欢，才能更加坚定地走下去。

关工委 18 年的工作经历，让陈老对学生思想情况颇为了解，也有些独到的见解与建议。

陈老谈到大学生首先要提高思想认识水平，热爱党，热爱国家。现在的国际形势正在发生急剧的变化，变化的一个表现就是战争，战争的关键就是技术，技术的关键是人才，没有人才就没有先进的武器，所以现在的焦点在于人才。像芯片，我们受制于人，而国外的封锁也让我们无法引进人才，所以关键还是要自力更生。而现在去西方留学有两大问题，一是好的专业不让你进，担心你掌握了关键技术后对他们造成威胁；二是学成后不让你回国，不予以放行。进退两难的状况，这就更需要我们要怀着一颗报国之心，克服困难，自力更生。

其次，陈老谈到大学生间要广泛交流，注重团队合作。陈老以桥梁专业为例，提出桥梁专业不能仅仅局限于桥梁力学模型的分析与研究，还要尽可能地去接触艺术、造型美学等；不能总是一个人待在图书馆读书，要和不同专业的教师和学生进行交流，在此基础上去开始新的创造。同样，在工程项目实施过程中，同样需要多多交流，完成一份好的设计，往往不是一次性的，而需要往复交流与修改。当然在这过程中，要有团队意识，注重团队合作。

再者，陈老谈到大学生要合理规划自己的大学生活。他指出，大学是人生中一段非常宝贵的时间，需要安排自己的锻炼、学习和社交活动。陈老回忆自己学生时代有同学会经常熬夜，如今身体问题就慢慢显现出来，因此他强调一定要科学安排作息时间。同时他也提醒我们要对大学这个“象牙塔”有充分的认识。有一名学生入读大学时就已经规划好每年的计划，包括实习的企业，游玩的目的地，设计得非常完善，但其中存在许多问题。这时候就需要老师的引导，要让学生的目标方向与大学的目标方向相一致。

近两小时的访谈很快接近尾声，面前这位耄耋之年的老人全程精神矍铄，娓娓道来。陈老语言质朴，却字字千钧，“热爱专业，报效祖国”是陈老的人生追求，更是陈老对我们青年一代的谆谆叮嘱。已是耄耋之年的他，用他依然苍劲有力的笔画写下这句话，我们认为其中包含的智慧、经历和深意，一定是值得我们新时代的青年人用一生去体会的。

（撰稿：同济大学土木工程学院　刘凤瑶；
同济大学艺术与传媒学院　王灿）

情　结

吴於人教授

同济大学物理科学与工程学院

我和弟弟被父亲看作是献于人民的礼物，故给我们起名为“於人”“於民”。我们眼中的父母，是废寝忘食的工作狂，乐于助人的榜样，乐观积极的表率。追悼会后，目送遗体捐献，身盖党旗的父亲被推走，我觉得，人生就该鞠躬尽瘁，死而后已。

感悟物理教育是科学情感、思维与实践的教育

大学任教期间，我在同济学校和物理系领导的支持下，前辈的引领下，创建了物理探索实验室，变演示为探索，课内课外为学生营造物理研究的氛围，极大地激发学生的物理学习兴趣。我发现不断发展的信息技术可以用于教育，于是积极研究，并参与，继而组织感兴趣的教师和学生研发多媒体教学软件。我参与、主持了多项全国高校合作型计算机辅助物理教学系统、仿真实验系统和教学资源库建设项目。与教师们共同研究如何利用技术改进教学手段，并基于新理念改进教育模式，突出创新能力的培养。我们开创了同济大学生的物理课题研究竞赛，和老师们一起努力创建特色鲜明的、基于创新人才培养的大学物理课程教学体系，多次获得上海市和国家级教学成果奖。参与教授的“大学物理”和“大学文科物理”分别获评国家精品课程和上海市精品课程。

基于对大学生物理学习现状的分析，我深刻感受到了中小学生的科学素质培养的迫切性。为此，在上海市教委、上海市科委和同济大学共同支持下，我们首创了上海市青少年科技人才培养基地——同济大学物理实践工作站，我有幸担任首任站长。我与工作站的学生志愿者团队一起创建了“假日物理俱乐部”亲子活动、“趣味物理竞赛”“物理狂欢日”等公益活动品牌，开设了物理研究型学习课程和寒暑假科技夏令营。工作站对中小学、区县校外活动机构和家长孩子开放，各种活动和课程逐渐获得社会认可，被上海主流报纸报道，获得良好的社会效益。

不难发现，被物理的魅力引发了探索欲望的学生，如果能在一次次研究挫折面前坚持不懈，如果教师在他们面临困境时给予帮助，引导他们认

识到只要努一把力，再分析一下，勇敢冲刺，就能获得成功，那么这名学生一定觉得物理不难。物理是被收获自信的学生踩在脚下，滋润他幸福成长的土壤。

致力于人才早期德育、智育发展

创新教育的研究与实践使我越来越明晰，孩子的好奇心、原始想象力和创新力需要小心呵护，需要依据人的自然发育进程，进行德育和智育相结合的培育。教师在科技研究实践的指导中需要关注学生的个性发展，培养他们的自信心、责任感和诚信的品格，帮助他们开阔视野、敢于面对挑战、不畏挫折。

退休后，我全身心投入青少年物理教育和科创教育的研究与实践，被上海市教委聘为创新实验室建设指导专家，并参与物理类、数学类创新实验室装备指南的编写。

我支持同济物理实践工作站原副站长创业，创建了智勇未来科学家实验场及智勇科创品牌，共同带领有志献身于青少年科创教育，引导孩子们跨学科研究的青年人（包括博士、硕士），共创面向未来、幸福万家、造就人才的事业，为孩子们创建了各种跨学科研究室，装备了物理类、化工类、工程类、生态环境类实验设备和器材。智勇未来科学家实验场成为上海市教育委员会上海博雅网认证的中学生社会实践基地。

我带领智勇科创的教师编写了《重器铸梦——探秘中国大科学装置》的脚本，由人民教育电子音像出版社出版，并获得中华优秀出版物奖等多个奖项。在编写过程中，国家重大科研项目发展历程中的科研人员的坚毅精神，国家的坚定决心深深地打动了我，这使得我们对国家的未来更加充满信心。因此，我们不但在短视频平台上向公众一一介绍这些国之重器，还和智勇科创的教师一起编写了“科学重器　筑梦未来”课程，供中小学课后拓展学习，并可作为青年科普和爱国的教育内容。

无论是共青团上海市团校成立上海市创新学院，聘请我为创新导师，并在学院设立“吴姥姥科创导师工作室”，还是静安少年宫联合智勇科创推广“科普百校行”活动，我参与“科普百校行”科普活动项目的升级研究，并深入学校一线考察实践，以及一次次面对青少年的讲座、活动，当然也包括各种媒体上的露面，我都视之为自己传播科学、弘扬科学家精神的机会和职责。

研究中国特色的中小学科学素质教育

所谓中国特色的科学素质教育，是适合中国国情的，真正能保证学生德智体美劳全面发展的教育。我们需要努力使大众正确理解刷题和单纯应试的危害，摆正素质教育和应试教育的关系。素质教育是培养全人的教育，包括各类分支教育内容，应试教育是素质教育中的一项内容。包含在素质教育中的应试教育也是希望学生能够高水平应对考试挑战，但其教育目标和教育方法与站在素质教育对立面的应试教育截然不同，因而育人的结果也不同。

以物理学的学习为例。我认为，基于经验和实践研究的，高度概括和运用数学语言描述的物理学理论，既然反映了自然界基本规律，是其他学科和一切工程技术发展的基础，那么物理教育应该是科创教育的基础。融入科学课的物理学内容以及初高中的物理课，不应该是灌输式地、机械地完成知识传授，单纯应试。孩子原本就是天生科学家，出生就在探索自己的未知，极其类似科学家探索人类未知，但是被逼无奈刷题，浪费了宝贵的生命。在听了众多物理课和科学课后，我深感小学科学课中的物理探索和初中物理课亟待进行深入的研究与改革。如果学生能够学会用实践研究的态度和方法对待学习，又何愁应对考试？

我参与主编的，经过研究与实践后出版的《NEW 物理启蒙　我们的看听触感》《NEW 物理探索　走进声光力电磁》荣获上海市中小学、幼儿园优秀图书二等奖，并进入向学校推荐书目。该读物可供家庭进行物理科学小研究，也可供学校开设拓展课程。该系列课程引导即将进入学科正式学习之前的学生体验科学研究的基本环节。课程实施中，一个个精心设计的探索性实验，让学生们学习像科学家一样好奇、观察、质疑、交流、合作共赢，像科学家一样不畏困难，大胆而有依据地进行实验设计、步步深入直至得出自己的结论。该课程旨在帮助学生在学校正规物理课程学习之前，逐步养成较浓的研究意识，在以后学习中能自觉分析学习内容，透彻理解科学规律，不再将学习的目光专注于做题和考试。

该课程体系源于同济大学物理科学与工程实践工作站，经过十年积淀，上海市教育评估协会组织专家对其进行评估，并总结了四条特色与亮点，充分肯定了课程的目标、方向、设计和实施的科学性和先进性。同时，提出了建议："进一步明确智勇科创课程的市场定位，并在现有基础上扩充教师团队，培训中小学的相关教师，进一步扩大教学成效。"

由我主持编写的《迷人的物理之惑》获同济大学"中央高校基本科研业务费专项资金（科技创新和科普类）"资助，是面向高中学生的物理读物、研究参考书。该书通过物理研究和应用的真实故事、发展历程和前沿展望，并引入中学生的相关课题研究案例，引导青少年感受物理的魅力，引发他们质疑、思考与讨论，并能由此而兴趣盎然，思维跳跃，摩拳擦掌，并发掘自己感兴趣的研究课题。参与该书编写的还有长期从事物理第一线教学，长期进行物理教学研究的大学和中学物理老师，有热爱学生、热心科普和教育的物理科研者，希望该书能够很好地服务于中学物理教学。

我们的团队坚持党的教育方针，坚持中国特色的理科素质教育和科创教育。十多年来，服务学校 900 多次，惠及校内外学生数万。我们的理科跨学科教学研究与实践团队，坚持十多年，设计了系列小学、初中理科思维和实验研究的课程，踏出了一条理工科未来人才基础培养的有效途径。我为他们自豪。我们的创新课题导师们指导学生完成自己发现问题、调研、预研究、开题答辩，并经历艰苦研究、弯路、挫折、坚持等过程的创新课题项目，逐年递增，成绩卓著。我为他们骄傲。

利用新技术达到育人目标，影响更多人

2018年我在团队的支持下，开启自己的全新科普传播形式——短视频。

年过七旬，平均每周三条视频，确定主题、写脚本、选实验，有时候还需要些自制“教具”。宇宙射线、楞次定律、减慢光速……这种高端艰涩的物理科学成为爆款短视频，被普罗大众理解接受。较早一条火起来的视频是关于“人造太阳”的，有72万的播放量，获得了5万点赞。还有一条“在镜子面前演示宇称不守恒”有9百万播放量。有越来越多的人喜欢上物理，留言讨论问题，更为关注科学。我觉得再累也值得，因为我们科普了科学知识、科学精神；科普了物理有趣，物理有用；歌颂了科学家的付出，展示了我国的科技发展成果；提升公民科学素养，增强了爱国情怀。

虽然我们团队不忘初心，努力研究与实践，坚持正确的教育路线，相关工作被包含人民日报，新华社，中央电视台、光明网、上海卫视等在内的很多媒体报道，媒体宣传浏览量约20亿次，科创粉丝突破1300万，但是我们也清楚地看到，让适应时代需要的教育健康发展，尚任重而道远。

（撰稿：同济大学物理科学与工程学院　吴於人）

汪品先

——“找到了和年轻人对话的方式”

汪品先院士

同济大学海洋与地球科学学院

“情深似海，海有多深？”“海枯石烂，大海也会干枯吗？”“深海压强那么大，为什么没有把深海生物压扁？”打开哔哩哔哩网站汪品先院士的账号，一个个生动的短视频迎面“扑”来。

随便点开一个视频，“爷爷好”“海洋太有意思啦”“这说话太有气质了”……大量弹幕像雪花一样洒落下来，表达着观看者的喜爱，凸显着这片科普天地的热度。画面中的汪品先风趣幽默，深入浅出地讲解着海洋科学知识。他最多播放的一期视频“百慕大三角到底有什么秘密”，播放量达到 400 多万。

著名海洋地质学家、中科院院士、同济大学海洋与地球科学学院教授汪品先今年（2024 年）已经 88 岁了。他曾在 82 岁高龄时 9 天 3 次深潜南海，发现了深水珊瑚林。除了是在海洋科研领域贡献卓越的知名学者，如今，他还以另外一个身份活跃在人们视线中——最受年轻人喜爱的科普 UP 主之一，仅仅在哔哩哔哩网站做科普两年，粉丝数就有 170 万。

为什么要做科普？为什么地球科学尤其需要科普？汪品先有自己深刻的理解。

汪品先认为，地球系统科学是大幅度跨学科的，科学家本身需要跨学科交流，具有天然的科普需求。“我要懂你的学科，你要懂我的学科，互相要懂的话，那就要用普通的语言来表达，这就是科普，科普不光是为了大众，也为了科学家自己，同时也是关心下一代工作的有效手段。一是为了自己理解得更透，二为了便于学科交叉。”汪品先说，“另一方面，地球系统科学具有高度趣味性，更容易适应社会对科学的需求。像深海就是吸引年轻人和做科普的上好材料。”

而能够如此迅速地成为“科普网红”，汪品先说既有机缘巧合，又靠方法得当，他觉得自己找到了和年轻人对话的方式——讲故事。“在学校里讲课只有几十、几百个学生听讲，在互联网平台上，动不动都是几万几十万人听讲。”汪品先说，他很喜欢和年轻人交流，希望他的经验和想法可以影响更多的年轻人。

把科普故事讲好，并不是一件容易的事情，需要花费很多心血，汪品先每次都精心准备、反复提炼、认真对待。“教学、科研和科普应该是三位一体、无缝衔接的。你要做一个好的科学家，是应该能够用普通的语言表达研究成果的。只有吃透了自己的科学内容，表达才可以运用自如。”很多青少年都非常喜爱汪品先，称他为“我们所追的星，让民族璀璨的星”。他就是这样身体力行地实践着关心下一代的工作。

除推出科普短视频，汪品先还积极参与各类科普讲座和论坛，设立“汪品先专家工作室”，在同济大学开设通识课程“科学与文化”，出版了《深海浅说》《科坛趣话》《十万个为什么（海洋卷）》等深受读者欢迎的科普图书。汪品先说：“我觉得我们这些人做科普，还是很有价值的。在今天的中国，科普正在变成新的消费需求，新兴的科普产业提出了更高的质量要求，科学家们要和大家一起推进科普事业。”

汪品先曾说，他对什么都可以慷慨，唯独对时间不可以。他多次寄语年轻人要“说真话、求真理、做真人”。如今，汪先生仍在不断为自己树立新的奋斗目标，争分夺秒地从事科学研究、投身科普工作，一如既往地支持、关心着下一代年轻人的成长。

（撰稿：同济大学环境科学与工程学院　刘志伟）

年半援疆路，一生新疆情
——记生命学院何俊民老师事迹

何俊民

同济大学生命科学院关工委分会常务副主任

2005—2022年，何俊民同志一直担任生命科学与技术学院教工党支部书记，且于2013—2014年作为第七批中央国家机关、中央企业援疆干部到位于距上海4000多公里的新疆和田市的新疆维吾尔医学专科学校援疆一年半。在此期间他经历了暴力恐怖袭击的考验，以及南疆恶劣的自然环境条件的磨砺，克服了家庭困难，为该校的科研管理正规化建设作出了贡献，还主动承担了多门相关的专业课程，受到受援单位师生的好评。他通过每周的政治学习，逐步了解了民族政策，坚定了政治立场，在反对三股势力斗争中立场坚定，旗帜鲜明，从不会管、不敢管、不愿管到敢于发声，并且在不同的场合主动向民族师生宣传民族团结、反对分裂、抵制非法宗教活动。由于何俊民同志的突出贡献，援疆结束时被新疆维吾尔自治区党委、自治区人民政府授予“第七批中央和国家机关、中央企业优秀援疆干部人才”荣誉称号并记二等功一次，后又被同济大学党委先后授予“优秀共产党员”“优秀党务工作者”的称号。

何俊民同志从新疆回沪后还延续着新疆情。这些年，学院每年都招收多名来自新疆的民族生。他们相当部分为国家专项计划录取的考生，虽经大学预科班培训了汉语，但大多汉语水平仍不是很高，尤其在专业学习上存在一定的困难，且普遍家境较贫寒。作为在学院里唯一一名有新疆生活工作经历的、熟悉民族政策和维吾尔族风俗的教师，何俊民同志主动要求担任学院新疆民族生的新生导师，以真情在学习、生活以及找工作等各方面关心、指导这些学生，为他们排忧解难，协调解决各种问题，甚至从经济上资助学生，同时对他们注重加强民族团结的思想教育。

每年秋季开学，何俊民同志都会组织学院的疆籍民族生举行一次民族团结教育会，并邀请学院疆籍民族生研究生学长学姐与学弟学妹交流，以亲身的成长经历指导学弟学妹，同时还邀请疆籍汉族学生的代表出席交流会，鼓励汉族学生关心帮助民族生的学业。这已成为学院学生工作的特色项目。对此各族学生都感触很深，如2019级疆籍汉族学生张峻弋就这样说：“在新疆当地的学校现在民族团结教育抓得很严，没有想到在同济大学也会接受到民族团结教育。”

2015级维吾尔族学生依合巴里由于挂科较多，一度面临退学。何俊民同志主动与任课老师联系，指导该生学习。由于该生试读期间没有奖助学金，何老师还资助了他部分学费。最终该生在2021年顺利毕业离校。

2017级维吾尔族学生米尔甫因家庭变故，情绪有些不稳定。何俊民同志协助辅导员老师找该生谈话，让她分清是非，稳定思想，减少对学业的影响，并帮助她申请奖、助学金，最终该生按期毕业。

新疆民族生也信任何俊民老师，愿意与他交流。比如，2020级哈萨克族学生阿依曼面临毕业就业，不知道应该如何正确选择，感到非常迷惘，于是找到了何俊民老师。何老师虽然已退休，但作为学院关工委分会的成员，仍然专程到学校与阿依曼当面交流，为她较全面地分析了各种选择的利弊，鼓励她回疆建设家乡，并向她推荐了同济大学新疆校友会的负责人，请他们协助推荐就业。

何俊民老师以他特殊的经历，为新疆籍少数民族学生在学校和学院的成长作出了贡献。

（撰稿：同济大学生命科学与技术学院关工委分会）

壮心书写航天测绘新篇章

陈映鹰教授

同济大学测绘与地理信息学院

五月的一天，学生采访小组如约来到同济大学测绘与地理学院陈映鹰教授的家中。一开门，陈映鹰教授热情地招呼我们喝茶，并准确地叫出了所有人的名字。我们很难把这位精神矍铄、面色略带严厉却为人亲和的老先生与他的卓越成就联系起来。他就是我国第一代巡航导弹精确制导系统研制的核心专家、线扫描高分辨率卫星遥感影像摄影测量领域的学术带头人、合成孔径雷达制图及其在弹道导弹精确制导工程领域的先行者。

精耕细耘

陈映鹰教授与航空摄影测量的缘分，起源于一个美丽的“误会”。18岁的他曾怀揣着成为战斗机飞行员的梦想。填报志愿时，他误以为航空摄影测量专业能让他驾驶战机翱翔蓝天。然而，正是这个误会，让他和摄影测量与遥感结下了深厚的情缘。

他被武汉测绘科技大学摄影测量与遥感专业录取，1964 年毕业。同年进入中国测绘研究院工作。1970 年 8 月，因国家需要，他穿上军装进入中国人民解放军总参谋部测绘研究所工作。20 年时间，他从一名普通的技术员做起，逐渐成为领域内的专家泰斗，承担了为国家培养国防人才的重任。先后主持完成国防科技重点项目、制导武器关键技术研究等，其中“扫描图像信息处理的研究”获得 1978 年全国科技大会奖。

1990 年，陈映鹰作为国家选派的高级访问学者前往美国俄亥俄州立大学进修；1992 年回国。为了迅速赶上发达国家的科技水平，陈映鹰教授一直奋战在科研前沿，潜心巡航导弹精确制导的研究，他常年以总指挥的身份亲临现场指导实验，经过艰苦不懈的努力，终于获得成功。“巡航导弹高精度影像末制导技术的研究”成果广泛应用于多类型导弹系统、炮位侦查雷达、北斗导航定位系统等重大工程，产生了显著的军事效益和社会效益。

润物无声

学校根据国家战略目标和我校实际情况，瞄定嫦娥登月这一重大科研项目，重点发展相关学科以培养更多适合国家需要的后备人才。为科技强国、教育强国作出应有的贡献。1998 年，已是副军级级别的陈映鹰教授来到了同济大学，承担起了为我国测绘事业培养新人的重任。

来到同济大学后，他亲自创建了遥感与空间信息研究中心，带动了同济测绘专业摄影测量与遥感方向的发展。经过了 20 多年的努力，他已培养了大批新一代导弹精确制导、高分辨率卫星遥感影像摄影测量的骨干与领头人，他们已成为我国的国防事业以及许多国家重点科研项目的中坚力量。

陈老师的学生、现任同济大学测绘与地理信息学院研究员、遥感技术应用研究中心副主任、博士生导师林怡回忆起自己的年轻时光，对陈老师充满了感激，她说："我一进入工作岗位就跟随陈老师开展航天图像处理与分析的研究，这么多年他对科研工作一丝不苟、严谨认真的态度始终鞭策和影响着我。他是我的硕士、博士导师，无论大小论文撰写他都是细心把关、悉心指导。当我在研究过程中遇到困惑和灰心丧气的时候，他总是耐心引导，鼓励有加。现在，他时常也发微信关心和叮嘱我，让我注意身体，不要工作过于疲劳。他不仅是我事业上的引路人，更是如慈父般的存在，给予我温暖与力量。"

陈教授的学生、现任同济大学测绘与地理信息学院副教授的张绍明说："实事求是，是陈老师给我的最宝贵财富，务实的精神贯穿了陈老师的一生。"陈教授生活简朴，但对学生，他总是慷慨解囊。"读书的时候，大家生活都很艰苦，根本没有多余的钱去购买科研资料。陈老师知道后，自费为我们收集了国际上最新的科研资料与书籍，供我们学习、研究之用，这对我们的科学研究起到了巨大的帮助。陈老师总会自掏腰包，解决我们生活的困难。当我们感谢陈老师的帮助时，他总会摆摆手，对我们说：'我的导师也是这样做的。'"

奋斗有我

采访结束后，陈老师邀请我们参观他的书房。直到今天，他依然保持着编写程序和锻炼身体的习惯。“人活到老，就要学到老，学习是生命的基本动力”。直到今天，他仍会来到学生们的办公室指导工作，为后辈们指明科研方向。

一进书房，书柜的最显眼处，摆放着王之卓院士赠给他的英文版《摄影测量原理》一书。他指着书眼含热泪说：“一代宗师王之卓先生，让我永远怀念。”他又语重心长地对我们说：“目前航天遥感发展势头强劲，你们生逢其时，一定要保持对知识的渴望，珍惜韶华，努力学习，多读书，才能‘致远’，传承同济测绘的优良传统，不辜负祖国和人民的期望！”

他，是邻家老爷爷，淳朴和蔼让人心生暖意；他，是博学良师，深厚学识让学生心怀敬畏；他，更是航天测绘行业的佼佼者，以卓越的成就引领行业发展。他，是同济大学陈映鹰教授。

（撰稿：同济大学测绘与地理信息学院　吴蕴泽、马礼、周盈盈、尤燕玲、李爱静）

我是党员，我是志愿者
——记退休党员张洪兰同志

张洪兰

同济大学关工委党建组成员

习近平总书记在“不忘初心、牢记使命”主题教育总结大会上讲话:“我们党要求全党同志不忘初心、牢记使命，就是要提醒全党同志，党的初心和使命就是党的性质宗旨、理想信念、奋斗目标的集体体现。”在退休党员的队伍里张洪兰同志就是一位忠实践行入党诺言的优秀共产党员。

张洪兰在党 51 年里，长期在党的组织部门工作，有着丰富的党组织工作经验。2010 年退休后，她一直担任组织部退休党支部书记。多年来，在她的带领下党支部生活常态化，开展了丰富多样的组织活动。她经常上门探望生病的同志，对不能参加活动的人，常常电话联络嘘寒问暖。她自己在被确诊肺癌后还坚持把老党员“光荣在党 50 年”纪念章送到党员家里后再去住院手术。术后她克服了痛苦郁闷的情绪，坚持完成了机关党总支布置的工作，担负起党支部书记的责任。每到年终她总是代表党组织给老同志送上一份慰问品，她劳心劳力以真诚温暖着老同志们的心，深得大家的信任。

在 2012 年 10 月学校党委组织部在学校关工委内聘了六名有着党务工作经历的退休老干部为“同济大学特邀党建组织员”。张洪兰同志就是其中一名，特邀党建组织员重点工作是协助组织部对学生党建工作规范及学生入党动机和对党的理论认识方面的材料进行审阅。这项工作政策性、原则性很强，要求工作认真细致。十多年来，每年均要审阅大量的材料，对年纪大的同志也是身体上的考验。考虑到张老师身患癌症的情况，大家都为她的身体捏一把汗。但是，她怀着极大的勇气接受手术治疗后毅然重返工作岗位。同志们关心地劝她休息，她总说“没关系”。她从不要求照顾，而是积极地工作，大家被她的精神感动。

2017 年，为响应上海市教育系统党委的要求，张老师到所在居委会进行了党员登记。从那时起她开始做志愿者：帮助小区卖菜；第一个报名参与垃圾分类；等等。2020 年她成为上海市志愿者，参与了第七次全国人口普查的全过程。她还参与居委会组织的新冠防疫工作，协助组织疫苗注射、核酸检测、抗原检测，等等。楼里有位耄耋老人丈夫去世了，子女来不了，她也足不出户时间长了有些抑郁。张老师常去关照她，有时一天打八个十个电话，耐心开导她。她常喝的菊花茶没有了，张老师把自己的菊花茶送给她，把家里仅有的水果送给她，做了面食也送给她，教她做检测和查看结果等。在张老师不间断的关心下老人情绪好了，不再哭了，不再埋怨儿女了。我们问张老师“你这么干不觉得累吗？”她说：“帮助了别人就是快乐了自己，今后我还会当志愿者。我是党员，我是志愿者。”

张洪兰同志是一名不忘初心、牢记使命，践行为人民服务，闪耀着优秀品质的共产党员。

（撰稿：同济大学关工委原党建组成员　杨梅芳）

团结合作，共克时艰，身先士卒，同心战“疫”

——我的抗“疫”经历及心理援助之路

陈增堂

同济大学关工委报告团副团长

2024 年春节，十几年前我接待过的一个学生来信告诉我，他现在有一个温馨、幸福的家庭，还是当地一个单位的负责人。

回想起他当年的精神状况，一瞬间我几乎泪下。与此同时，八年前另一个令我感动的情景也蓦然浮现脑海。2016 年 4 月初的一天，我正漫步在熙熙攘攘的樱花大道上，突然肩头被人从后面轻轻地拍了一下。还没容我转过头去，一个笑容灿烂的年轻人就跳着站在了我面前。他紧紧抓住我的手说："真的是你啊陈老师，我终于见到你了！我觉得你应该退休了，在校园里看不到你了！"

他说的没错，那时我退休刚满一年。我有些意外、有点茫然也有些激动地也握住这个年轻人的手，问他姓甚名谁及有什么事情。他说我肯定记不得他了，但他永远不会忘记我。他现在一切很好，这次是利用出差的机会来学校走走看看。如果能碰到我最好了，碰不到就等以后再找机会见面。还说这次见面了他心满意足了，等等。

我瞬间被感动也被震撼了，对一个老师来说，还有什么会比这让一个老师更开心高兴，并且更有成就感和价值感的事情呢？

我是一个心理健康工作者，退休以后逐渐离开了大学生心理健康服务的第一线。然而 2020 年突然暴发的新冠疫情，在我退休五年之后把我推向了另一种工作方式的第一线。由于工作性质的限定，我无法详述细节，就力争按照金正基校长的规定和要求，把近几年在心理抗疫中的一部分工作，做一简要汇报。

作为上海高校心理咨询协会理事长、上海市心理学会副理事长，几年来我参与了心理抗疫的全过程。而且都是第一时间参与，务求冲锋在前，身先士卒。

首战武汉

难忘的 2020！庚子新年伊始，新冠疫情的突袭，令当年的春晚气氛也陡然紧张起来。

疫情就是命令，防控就是责任。随着武汉疫情的加剧，作为心理健康工作者，我立即警觉起来，意识到心理援助、心理干预在重大灾难及社会紧急状态下的重要性。当上海援鄂医疗队于2020年除夕之夜出发的同时，我也随之进入了工作状态。此后数年，我带领工作团队以高度的责任感和使命感，投入了这场不期而遇、世所罕见、悲壮而又艰难的战斗。

由于疫情形势紧张，2020年没等大年三十春晚节目结束，我就和工作团队打招呼、谈想法、通报思考情况。大年初二即1月26日，召开会长会议讨论心理抗疫、心理援助工作。2月1日，发布《上海大学生疫情应激心理自助手册》，2月3日发布《上海高校心理咨询协会抗击疫情心理援助工作指南》。如此高效的工作，使这两份材料像及时雨不仅受到上海老师的欢迎和称道，也受到全国同行的欢迎并被广泛转发，甚至还传到海外，受到日本同行的重视并被借鉴。

在我们的动员、组织下，广大会员纷纷终止春节休假，积极响应协会倡议，坚守工作岗位，紧张有序地投入了这场艰巨的疫情防控阻击战。

当教育部2月21日关于组织心理援助志愿者支援武汉的通知一发出，我立即带头报名参加，并发动、组织广大会员积极报名。不到三天由213名上海高校心理老师组成的心理援助志愿者队伍就组建了起来，创下全国第一。

在此后半年多的时间里，作为一名咨询师，我和全国同行一起，在“教育部华中师范大学心理援助热线平台”上，团结一致、互相支援，日日夜夜，并肩战斗，直到武汉的抗疫斗争取得了阶段性的胜利。

由于工作量巨大、工作的特殊性及工作时间的不确定性，为不影响家人，也为专注工作，减少干扰，大年初三，我便离开家人，早早把自己隔离了起来。足不出户，却心系千里之外。网络通八方，荧屏容四海。看似远在天边，却又近在咫尺。一条网线，把全国的同行联系在了一起。在最紧张的三个多月里，每天工作都不少于十几个小时。

为保障身体，也一定程度上为排遣孤独，我下载了广播体操音频，规定自己每天上午、下午及晚上，各做一套广播体操。后来有时有空了、累了，也会起来做一套。

2020年年底，当收到“教育部华中师范大学心理援助热线平台”工作证书和制作精美的水晶纪念品的时候，一瞬间我感慨万千，泪水夺眶而出。我参与了、我见证了、我付出了，我们胜利了！

二战西安

2021年年底，西安疫情突发。12月31日，我接到“陕西省高校心理素质教育研究会”会长郑林科教授紧急求援信，希望我们招募10名资深心理咨询师，紧急支援西安心理援助热线工作。次日即2022年元旦，我便组建起由18名心理老师组成的“上海高校西安抗疫心理援助团”。第二天即1月2日，便投入了工作。在此后的40天里，我和华东理工大学的李永慧老师带领这个所谓的“18勇士”团队，和西安高校的同行互相支援、互相鼓励，分享经验、并肩战斗，共同见证了西安经历的艰难时刻，一起迎来了胜利的曙光。“上海高校西安抗疫心理援助团”的快速组建、积极参与及其优秀表现，不仅受到西安高校师生的欢迎，也得到了中共陕西省教育工作委员会和陕西省教育厅的高度肯定以及联合表彰。

再战上海

几乎没来得及好好总结西安心理援助工作，大家也没有得到很好的休整，上海的新冠疫情防控形势陡然升级。“保卫大上海”的战役打响了。为助力上海抗击新冠疫情的战斗，3月中旬教育部委托华东师范大学组建“教育部华东师范大学心理热线平台”。我一如既往一方面带头报名参与，一方面带领协会响应教育部号召，积极动员、组织了200多个会员参加心理热线平台的工作。为协助华师大热线平台工作，我还应邀积极与中国心理学会联系组建专家团队，并参与了热线平台督导团队的部分工作。与此同时，为加强对实际工作的指导，我还应邀从当年援助武汉热线平台的咨询师中，挑选了18名富有接线经验的咨询师，组成建言献策团队。

除此之外，我直接参与了每周五16：00—18：00时段的热线值班任务，并在值班结束后对值班咨询师进行一个小时的业务督导。这项任务随着上海疫情的缓解直到2022年7月30日圆满结束。华东师范大学在2022年8月5日的总结表彰大会上，对我负责的上海高校心理咨询协会的突出表现给予集体表彰。

“转战”全国

鉴于全国疫情形势的发展及心理服务的需求，2020年3月14日，中国心理卫生协会大学生心理咨询专业委员会组建全国督导师服务团。我受中国心理卫生协会大学生心理咨询专业委员会委托，负责第六督导组（华北地区）的督导工作。

从此以后，在中国心理卫生协会大学生心理咨询专业委员会的协调下，随着全国各地疫情的变化情况，我们的工作“足迹”从华中、华东，到华北、华南，几乎遍及全国主要地区。几年来我和我的工作团队已经无法统计我们究竟接了多少求助电话和网络求助者，处理了多少突发情况。我们不计名利、夜以继日地忘我工作以及奉献精神，受到业内的赞誉，得到党和政府的肯定和表彰，同时也为上海高校赢得了荣誉，增添了光彩。

忆往昔峥嵘岁月稠。难忘的2020，艰难的2022，艰巨、光荣而伟大的抗疫斗争。过去的几年里，全国人民在党中央、国务院的坚强领导下，团结一致，万众一心，终于赢得了抗击新冠疫情斗争的伟大胜利。作为一名退休教师，作为学校关工委的一员，我为全过程参与这一伟大斗争，并在其中为大学生的心理健康、为社会安定贡献了自己的绵薄之力而骄傲和自豪！

2022年10月16日，党的二十大胜利召开。我一边观看开幕式，一边心情激动地写下了如下文字：

盛会久盼今日开，举世瞩目中南海。抚今追昔展宏图，两个百年情满怀。

下个百年更精彩，风雷激荡新时代。初心牢记履使命，复兴路上大步迈。

（撰稿：同济大学关工委报告团副团长　陈增堂）

学习、脚印、传经

——记金正基为年轻教师所作的一个报告

金正基

同济大学关工委常务副主任

2021 年 11 月 26 日，校关工委常务副主任金正基老师应邀到电子与信息工程学院，参加学院党委和关工委共同组织的活动。这是电子与信息工程学院党委和关工委分会已延续多年的系列活动——“忘年问道”活动之一。这次活动以担任辅导员、班主任的青年教师为主。金老师担任主讲。

金老师早年毕业于电子与信息工程学院，所以，他以“我今天是回娘家来了，很亲切，很高兴”作为开场白，一下拉近了彼此距离。不讲废话，切入正题。金老师围绕人生和工作两大主题，结合自身的经历和思考重点谈了以下三点。

学　习

金老师说，对于我们所处的世界，未知的永远多于已知的。无论是人生的哪个阶段，都要坚持学习。要通过不懈努力、不断积累，丰富自己的知识，成就人生。他以自己的经历为例。在他的职业生涯中，曾遇到六次岗位变动。有的是跨界调动。他从电子与信息工程学院毕业后，长期从事思想政治教育和管理工作。20 世纪 90 年代，中共教育部党组决定他调高科集团（央企）任董事长兼总经理。对他来说，这是一个全新的领域。他服从分配上任后，问题一个接一个，考验接踵而来。好在自己还有一点经济方面的知识。毕业后，他曾在负责全校政治理论课教学的马列主义教研室担任领导工作。当时教研室开设“哲学（辩证唯物主义与历史唯物主义）”“政治经济学”“中共党史”等课程。金老师重点学习政治经济学，并仔细阅读了复旦大学蒋学模教授主编的《政治经济学》。这本堪称经典的高校通用教材，使金老师对政治经济学产生了兴趣。同时，他还跟班听课，在此基础上通读了马克思《资本论》。“虽然，现在回想起来只是一些基本知识，谈不上有多少深度，但有与没有这些知识是不一样的。这是引导我入门的重要基础，使我从了解经济规律着手，逐渐从外行变为内行，胜任工作”。

20 世纪 90 年代末，金老师服从组织调动，从党委宣传部领导岗位调任路桥系党总支书记。关于路桥专业，他几乎一片空白。为克服党的工作和专业工作相脱离的问题，他挤出时间选听了有关课程，虚心向专业教师求教。在对全系专业课程有了基本了解后，他重点学习了道路路线规划有关的专业知识，给自己定的目标是能上选修课，后因调离路桥系而中止。2010 年，他服从学校安排，出任上海环保集团总经理。他的人生再一次踏入一个全新的领域。经验告诉他，没有捷径可走，只有认真学习。于是，他向资深环保专家高廷耀教授和其他教师求教，从基本的概念学起。从"絮凝"等专业名称到污水处理的工艺设计、工艺项目的施工流程，一路学下来，逐步入门。

接着，金老师介绍了他的学习观。概括为三点：第一，适当拓宽学习面。他建议年轻教师除了专业知识的学习，还要学习一点社科方面的知识，会对人生发展有益。第二，要善于向他人学习。他认为，既要与所谓层次高的人交往，也要与劳动人民交往。他说，劳动人民往往有智慧。他举例说，到一个单位去了解情况，不妨先与门口的保安聊聊，可能会获得不少信息，甚至是很有价值的信息。第三，要向社会学习、向实践学习。他特别告诫在座年轻教师，你们有知识，缺的是社会实践，要重视，找机会补上。

脚　印

金老师说，他一辈子奉行"脚印"文化。人生一路走来，不要让自己湮没在茫茫人海中，要在工作的每一个岗位留下自己的脚印。这需要敬业、踏实，有责任心，也需要创造性工作。他举例说："明年（2022 年）是同济大学关工委成立 30 周年，要组织纪念活动。这类活动不少，几乎都大同小异，有特色，令人印象深刻的不多。我们就在特色方面动脑筋。我们拍了一组视频讲话。同济大学关工委成立 30 年来，先后有五任党委书记任主任。虽然任期有长短，各人有不同的作风和风格，但都对关工委工作给予了重视和大力支持，为推进我校关工委工作的健康发展发挥了重要作用。所以，我们策划了五任党委书记的视频讲话。每篇讲话 5 ~ 6 分钟，有回忆、有鼓励、有希望。我们还组织编写了三十年大事记。这就让人有耳目一新的感觉，反响很好。”

传　经

金老师曾长期从事学生思想政治教育和管理工作，是一个学生工作“老法师”。所以，在座的各位年轻教师都希望金老师传授点“真经”。金老师说，学生思想政治教育和管理涉及人的心灵和思想，所以，要做好工作需要智慧，也要讲究艺术。他主要强调三个方面：第一，要了解每个学生的优缺点。只看到优点或只看到缺点都是片面的，难以实现工作的针对性和有效性。第二，要善于发现学生的特点。这往往是学生的闪光点。必须给予特别关注，采取措施把他的积极性调动起来，使他成为有用之才。第三，对学生要有真情。要关心他们的学习、生活，了解他们的真实需要，帮助他们解决一点实际困难。我们的学生毕业后会走上各自工作岗位，走上不同的人生道路，同济的学习经历会一直留在他们的记忆里。他们回忆母校的生活，首先想到谁呢？一般来说，是辅导员、班主任。你们是他们最接近的人，他们会感激你们的。

最后，金老师讲了他与医学院一名学生结对子的经历，在他和有关老师帮助下，这个一度因情感问题万念俱灰的学生，终于走出阴霾，最后完成学业，并顺利找到工作的故事。金老师用这个事例，让年轻教师懂得做学生工作要做到用心、用情、用脑的道理。

一个多小时，似乎很快就过去了。大家都有点意犹未尽的感觉。金老师曾说，一个报告，如下面听的人眼睛与你有交流，时而发出会心的笑声，那么，说明报告是受欢迎的。以这个要求衡量，据我的观察，这是一个成功的报告会。

三点感悟

这场报告会已是两年多以前的事了。为了写这篇小文章，我把当时的录音找出来，又听了一遍，现场气氛热烈、笑声不断，听着听着我也笑了。这就是思想和语言的魅力。我平生听过不少报告，能留在记忆中的不算多。一个成功的报告取决于哪些因素？这是可以写一篇论文的题目，不展开，仅就金老师这个报告稍作分析。我认为有三个显著特点。

第一，真诚。把听众当成可信赖的朋友。他的报告内容是结合自己的经历讲道理，不讲套话、废话。如，讲学习对于人生的重要性，他用自己职业生涯中的例子告诉年轻人，在不确定的人生中，我们经常会遇到好的机遇，同时也面临挑战。学习和经验的积累是把握机遇和应对挑战的法宝。他的人生中遇到的几次跨界调动，为什么都能从外行成为内行，靠的就是学习和平时的积累。他认为教育要用心、用情、用脑。举例说，他曾帮助过的那位学生，为了使这位学生重拾自信，金老师下了不少功夫。比如，针对他良好的数学天赋，利用请他做奥数题等方式，寻找机会向他求教，并适时夸他聪明，帮助他重拾信心，振作起来，回归正常学习生活。他希望辅导员、班主任要善待学生。他用自己学生的事业成功以及对学校和他个人的关心、帮助的事例，说明学生工作的意义和价值。他对年轻教师的建议、嘱咐都不乏真诚和善意。

第二，传播正能量，催人上进。无论是强调学习的重要性，倡导活到老学到老，还是推崇“脚印文化”，讲的都是积极向上的人生观。希望年轻教师珍惜人生、有所作为，为国家的人才培养作贡献。

第三，大实话中隐含大道理。他讲到人与人相处时，举了两个与家人相处的例子。一个是他与爱人去买菜，回来时大包小包物品自己多拿，只让爱人象征性拿一点。他开玩笑说，这是拍马屁让爱人开心。但也说明了一个小细节对于人与人关系的作用。另一个，当孙子向他提不适当要求时，他让孙子去问妈妈。他笑着说，不能得罪孙子。其实，从管理学角度，有效的管理离不开权威。在旧式家庭老太爷是权威，而在现代家庭中，父母是孩子的法律意义上的责任者，爷爷奶奶不是，所以应树立孩子父母的权威。不少爷爷奶奶并不懂，与儿子媳妇及孙辈因此产生矛盾，原因就在于没有用脑，缺乏智慧。

我相信，金老师的报告不仅对那些年轻的辅导员、班主任，对其他人也会有不少启示，他的有些话可能会使人终身受益。

（撰稿：同济大学关工委常务组成员　郭超）

与时俱进　发挥余热

周永康

同济大学经济与管理学院关工委分会常务副主任

1976年我大学毕业后就在高校工作，直至2009年退休，30多年来一直从事学生和党务工作，从未间断，因此我与大学生有着深厚的感情。退休后，我服从组织安排，担任经济与管理学院关工委分会常务副主任。

关工委搭建“师生面对面”的平台后，邀请我参与“师生面对面”的活动，定期与青年学生开展谈心，为学生排忧解难。2012年10月，我又受邀参加学校关工委党建组，并被聘为“党建特邀组织员”，在组织部的直接领导下，审阅入党预审材料，以确保入党材料的质量。同时，还要协助组织部检查指导基层组织的党务干部的工作情况，对他们进行培训等。平时，我的工作更多的是做好学院关工委分会常务副主任的本职工作。

经过十多年的关工委工作，我体会最深的有两点。

一是要配合学校学生工作的主渠道，做好学生工作，当好“绿叶”的角色。老同志参加学生工作，必须在学生党委的工作计划内寻找适合我们能够参与的工作，不可另起炉灶。例如：培训入党积极分子，为他们讲党课，与积极分子谈心；学生支部“对标争先”活动中，与学生党员一起交流讨论，一起参加社会实践；在学生进行各种竞赛中做评委；每学年学院学生党支部书记考评，和学生党支部书记共同探讨开展支部生活的经验；等等。

二是要发挥关工委秘书和学生委员的作用，并通过他们多与学生群体接触，了解学生们对老同志的需求，努力为学生们服务。例如：2019年是中华人民共和国成立70周年，学生党支部开展“铭记四史守初心，传承精神担使命”活动，需寻找共和国同龄人，了解共和国的经历和成果。正好我是1949年出生的，与共和国同龄，便主动接受部分学生的采访。我以自己青年时期参加大兴安岭开发建设的艰苦经历和体验勉励学生：苦难不是我们所需要的，但苦难可以磨炼人的意志。我们十八九岁就离开父母，奔赴祖国的北疆独立生活，为了生存，必须学会在艰苦的环境中生活和工作。这就培养了我们较强的自理能力。我们这一代经历了青年时期的艰苦奋斗，壮年时期改革开放的努力拼搏，老年时期的幸福享受。吃过苦，享过福，所以我们便有了较强的适应环境能力，善于“与时俱进”。2019年，大兴安岭地区政府邀请300名上海知青重返故里，纪念大兴安岭开发建设

50周年，我有幸被邀前往。当地政府和群众热情招待，并带我们到当年工作的旧址，看到了至今部分保留着的我们那时艰苦生活、工作的原貌，这一切都深深感动了我们。它再次告诉我们：为共和国建立和发展作出过贡献的革命者和建设者，共和国不会忘记他们，党和人民永远不会忘记他们。我以此告诫学生：“共和国正是在一代又一代中华儿女的努力奋斗中健康发展，才有了今天的繁荣富强。我希望今天的学生要不忘初心、牢记使命，继续发扬中华民族的优良传统，继承老一辈艰苦奋斗的精神，正确对待生活中的成功和挫折，为共和国的继续发展作贡献，通过将论文写在祖国大地上来实现自己的人生价值。正如共和国不会忘记为共和国建立和建设作出过贡献的我们这一代，我相信党和人民也不会忘记为建设新时代中国特色社会主义作出贡献，为中华民族伟大复兴而努力的你们这一代。”

2023年6月学院学生党委在嘉兴南湖组织学生党支部主题党日及党校学员社会实践活动，我在南湖一大纪念馆内，为参加党校学习的入党积极分子讲了一次党课。以党的历史为学生解读了党的性质、指导思想、宗旨等党纲内容，着重讲解了党员的使命和义务以及学生入党的必备条件和程序，为入党积极分子指明了努力的方向。

综上所述，我的体会是：老同志要发挥余热，用自己的亲身经历和经验，教育青年学生健康成长，但要适应新时代教育的新需要。老同志努力做好关心下一代的工作，也要“与时俱进”。

（撰稿：同济大学经济与管理学院关工委分会常务副主任　周永康）

坚持不懈学习
努力加强关工委队伍自身建设

欧阳杰

同济大学关工委原常务组成员

同济大学关工委在学校党委领导重视和相关部门的支持下，坚持走出去学习考察、参观调研，到革命纪念地深刻了解历史、学党史，到兄弟院校学习先进经验，以不懈的学习精神，加强关工委队伍自身建设，着力把关工委骨干的政治、经验优势转化为工作发展优势，取得明显成效，发挥了重要作用。

2005 年我参加关工委工作。之后的十多年里，我亲历了校关工委组织的外出考察调研，交流学习过程，这些经历让我有所体会、感悟。

了解历史　学习党史　传承革命精神

同济大学关工委坚持进一步弘扬、传承党的优良革命传统，把高举爱国主义旗帜作为队伍建设的主线，到革命纪念地考察学习、参观调研，从韶山、井冈山到嘉兴南湖革命纪念馆，从爱国主义教育基地“铁道游击队”“淮海战役”纪念馆到关工委发源地河南安阳，从殷墟博物馆、“红旗渠”到“焦裕禄同志纪念馆”……都先后留下了足迹。关工委老同志通过参观考察、调研学习，亲眼看见了那一张张珍贵照片、图表，文字，一件件历史实物。这些资料系统、全面、真实地展现了中国共产党一个世纪以来，为中华民族的伟大复兴走过的艰难、曲折的历程，为我们提供了生动的历史素材。真情实感的体验，让大家接受了生动的党史、军史、中国革命史和革命传统教育，对祖国的壮丽河山、悠久的历史、灿烂的文化和革命前辈坚定的理想信念，不怕牺牲、敢于斗争，紧密联系群众、艰苦奋斗精神……留下了难以磨灭的印象。我们深刻认识到，爱国主义教育，就是要从学习历史入手，特别是要学习近代史和现代史，以全面了解伟大祖国的历史和现实，这样我们才能真正树立民族自尊心和自信心，树立对祖国的高度责任感和祖国利益高于一切的思想，树立为祖国、为人民勇于奉献的精神。新时代，要继续弘扬、传承老一辈的伟大精神。

以人之长　补己之短　学习先进经验

同济大学关工委紧扣关工委工作高质量发展，坚持加强关工委队伍自身建设，持续探索建设具有中国特色关心下一代教育体系。为促进学生健康成长，适应新形势下开展工作需要，以及拓展关工委老同志专业视野、激发创新思维，多年来，都会带领关工委骨干走出去考察调研、学习交流，先后到上海财经大学、东华大学、上海交通大学、华东师范大学和上海嘉定区、河南省安阳市、安徽财经大学、江苏大学、山东枣庄学院、南京邮电大学、井冈山大学、井冈山干部学院、中南大学、中国矿业大学、浙江大学、宁波大学、南京农大、江南大学等兄弟院校和地方关工委考察学习交流。还与复旦大学、上海交通大学、华东师范大学、上海海事大学、北京理工大学、吉林师范大学、河南师范大学、三峡大学等市内外十多所高校来校交流互鉴。通过上述活动，学习了兄弟院校和地方关工委先进经验，深切感受到山外有山，学无止境。他山之石，可以攻玉，我们要取人之长，补己之短，认真学习兄弟单位的先进经验，不断提高工作水平。

认真学习　交流互鉴　提高工作水平

在学习考察、调研期间，由于学习内容多，时间安排紧，就在乘车途中传达中央领导同志关心下一代工作的批示、讲话和上级关工委文件精神，在参观途中、在餐桌上交流学习心得，并利用晚上时间召开学习座谈会，学习讨论、认真总结，找差距、明方向。通过调研交流，同志们提高了认识，找到了差距，明确了方向，增强了做好工作的信心。

有备而去　丰收而归　增进彼此友谊

外出考察、参观学习，有备而去、丰收而归，不仅促进了互相了解，还增进了彼此友谊。大家纷纷表示：新时代，高校面临着国际、国内形势变化和改革发展任务重，矛盾、困难多的挑战，关工委工作要明确定位，积极配合主渠道贯彻落实“立德树人”根本任务，扎根中国大地，建设中国特色世界一流大学，为社会主义培养合格的建设者和接班人而继续努力；我们要虚心学习兄弟院校的好做法、好经验，认真总结，交流互鉴；在校院党委领导和相关部门指导支持下，遵循习近平总书记要求，提高工作水平，进一步把新时代关心下一代工作做好，作出新成绩。

（撰稿：同济大学关工委原常务组成员　欧阳杰）

老骥伏枥　不忘初心
情系教育　矢志不渝

——记同济大学优秀“五老”抗美援朝老战士欧阳杰

欧阳杰

原同济大学关工委常务组成员

欧阳杰，福建省三明市泰宁县人，1937年11月出生，1951年3月入伍，1966年2月入党，同济大学医学院原党总支书记、高级政工师。他刚满14岁时，响应“抗美援朝，保家卫国”号召报名参军，赴朝鲜参战，经历了“一把炒面一把雪”的艰难困苦，在残酷的战争环境下，得到锻炼，经受考验，与战友们并肩战斗，信仰逐渐坚定，历久弥坚。从朝鲜回国以后，随部队参加国家社会主义建设，转战祖国南北，作出奉献。退休以后，牢记党的宗旨，不忘初心，始终不计名利，默默奉献，甘愿做一名忠诚于事业、服务于人民、有利于社会的志愿者；情系教育，从事关心教育下一代工作20年，辛勤耕耘，成绩明显，受到领导肯定和师生好评。

家国情怀　奉献青春

欧阳杰参军后，赴朝参战，在艰苦困难环境中，坚持边工作边学习，经受锤炼与考验。他说：“这种人生经历，使我认识到中国共产党的伟大，深刻感受到共产党员身先士卒，冲锋在前，退却在后，哪里有困难、有危险，哪里就有共产党员的身影。认识到共产党员的先锋模范作用，是完成各项任务、取得战斗胜利的关键因素，使我懂得了爱国主义精神实质，学到从书本上难以学到的人生哲理，为人生道路奠定了坚实基础。”

在军队服役32年，历任卫生员、药剂员、化验员、军医、师后勤部卫生科正营职助理员、副科长、沈阳军区赤峰守备区军医训练队队长等职。随部队参加祖国铁路建设，“逢山开路，遇水架桥”，他在从东北的原始森林到西南的云贵高原、大西北的戈壁荒漠到东海之滨、海南岛到核原料基地、唐山地震救灾现场等30个省、自治区、直辖市都曾留下足迹。作为一名军医深入连队基层防病治病，作出成绩。在建设工地，面对隧道施工中“大塌方”的抢救，不顾危险，挺身而出、救死扶伤，挽回战友生命，先后立三等功两次，获师、团通令嘉奖十多次。他在军队奉献了宝贵青春年华。

信仰支撑　不懈学习

1982 年，欧阳杰从军队转业到上海高校工作，服从组织决定，放弃从事 32 年的心爱的卫生专业技术工作，改做党政管理工作。他说：“我是一块砖，东西南北任党搬。”虽然先后经历多个工作岗位，遇到了许多从未经历的问题、困难与矛盾，但他干一行、学一行、钻一行。为适应时代和工作要求，他十分重视通过理论学习来充实提高自己，坚持边工作、边学习，克服诸多困难，40 多岁读大专，50 多岁读本科，提高了文化底蕴和马克思主义思想理论水平。多年来，他广泛收集报刊文献，分门别类汇编了 50 多册《剪报资料》用以指导工作。他勤于思考，善于总结，结合工作实际，先后写出数十篇理论文章、通讯报道，还有拍摄的照片在《解放日报》《党务工作研究》《思想理论研究》等报刊发表，其中多篇获上海市教育系统关工委、上海市退管会一、二、三等奖和征文奖、佳作奖。他把所学知识运用到实际工作中，开展“党员目标管理”“党支部上纲要”活动，出色完成工作任务，被中共上海市委命名为上海市优秀党务工作者、学校评为优秀党务工作者。

不忘初心　服务社会

多年来，欧阳杰积极参与社区教育工作。静安区大宁路街道作为全国和上海市社区教育试点，成立“社区教育志愿者工作站”，他被聘为站长。他以街道社区学校为依托，组织队伍、骨干培训到开展社区教育活动，使工作站成为上海市社区教育十大示范点之一，他也代表街道出席了上海市社区教育工作会议并作交流发言。他还被推选为大宁路街道“老年影视评论社”副社长，并主编出版了《大宁影评之声》一书。为创建和谐社区，构建学习型小区，他作为一名志愿者，尽心尽力，坚持多年在居民区创办《社区之窗》《大宁影评之声》两个专栏，定期刊出时事、保健、影评等，积极宣传党、国家方针政策。他还积极参与社区精神文明建设活动，参加闸北老年合唱团深入社区演出、参加 WHO 知识竞赛、维权咨询等社会工作。曾代表闸北区参加上海市“老年人权益保障法”知识竞赛获优胜奖在上海电视台播出；代表同济大学在东方电视台“精彩老朋友”节目作演播。2023 年 9 月、2024 年 4 月，他两次应邀为静安区延长路西部幼儿园教师培训作主题报告，并被聘为爱国主义教育校外导师。由于成绩明显，被评为大宁路街道“社区教育先进个人”。

情系教育　矢志不渝

2005 年，欧阳杰被同济大学医学院党委聘为学院关工委分会常务副主任。他团结带领团队，积极开展活动，为新生入学教育作报告、讲传统，给党校上党课；深入学生宿舍与学生沟通交流，配合主渠道做思想政治工作。他设计建设了医学院关工委分会网站，成为同济大学唯一的二级学院关工委网站。十多年来，他与老同志坚持不懈上传信息、文章共 16400 多篇，获得 590 多万访问量。医学院关工委分会被评为学校先进、上海市教育系统“五好关工委”。

2009 年，他进入校关工委常务工作组，担任“师生面对面”工作小组组长、报告团成员。他带领团队主动配合主渠道做好学生思政教育，针对社会“热点”“难点”问题，开展了 53 个主题的座谈交流。有 200 人次的老教师与来自 26 个学院 1606 名学生（其中博士研究生 21 名、硕士研究生 197 名、本科生 1172 名；学生党员 544 名、团员和班干部 1082 名）进行了互动沟通、理性交流，学生们普遍反映受教育、有收获。

十多年来，他积极宣传党的路线、方针、政策，先后为杨浦区、嘉定区、静安区的大、中、小学生作关于爱国主义、革命传统教育报告达一百多场次，受众达 13 500 多人次；向同济新闻网发送稿件 71 篇，在“同济快讯”、《同济报》发表新闻报道稿 52 篇计 22 937 字，照片 25 张，提高了关工委知名度、扩大了影响力。

老骥伏枥　奋斗不止

历史是最好的教科书，党史是最好的营养剂。他认为向年轻一代传承红色基因，是每个老党员应尽的义务和责任。尽管他已是耄耋之年，仍坚持为给新时代的大、中、小学生讲传统、上党课，并力争讲深、讲透、讲活。多年来，他坚持认真学习党和国家方针政策，不断学习政治理论，每天都要长时间坐在电脑前学习、工作，即使视力明显减退，仍不顾家人劝阻乐此不疲。有学生提出想到他家里进行采访，进行深入交流，他总是欣然接受，面对学生们提出的种种问题，他推心置腹，坦诚回答，谈起不懈学习和健身锻炼，至今仍每天洗冷水浴、坚持健身走一万多步，没有老年基础性疾病……学生们深受教育，为之感动。

突如其来的新冠疫情，打乱了人们的正常生活。疫情就是命令，防控就是责任。作为曾经的“老军医”，他第一时间主动去报名作志愿者，由于年龄原因被婉言谢绝，但仍然坚持“量力而行、尽力而为”，在疫情期间多次与大、中、小学生进行对话交流。

他在医学院关工委分会、校关工委工作 20 年，积极努力与团队协同合作、克服困难，作出奉献，先后获同济大学“优秀共产党员”、上海市教育系统“关工委荣誉奖”、上海市高校系统退管工作“老有所为精英奖”、上海市教卫党委系统“离退休干部先进个人”称号，并获中共中央、国务院、中央军委颁发“中国人民志愿军出国作战 70 周年纪念章”、中共中央颁发“‘光荣在党 50 年’纪念章”等荣誉。

（撰稿：同济大学关工委）

党建引领　与时俱进　守正创新

范灼华

同济大学关工委报告团成员

我是中华人民共和国的同龄人，从懂事的那天起，就受到党的教育，在党的教育下成长。退休前，我一直从事思想政治教育工作。21 世纪初，学校关工委成立报告团，我有幸和十几位老师一起，被学校聘为第一批报告团成员，至今已 20 多个年头。我现在除担任同济大学关工委报告团成员外，还担任上海市老教授“四史教育讲师团”成员、上海市“五老”德育讲师团成员、上海市东方讲坛讲师团成员、上海市杨浦区“老杨树宣讲汇”宣讲导师、上海市形势与政策教育研究会副会长。多年来，我们一直承担党的历次代表大会和全国两会的宣讲任务，平均每年宣讲 20 次以上，听讲人数最多的一场，有两万多人（线下 + 线上同步）参加。在宣讲工作中，我体会到，要做好宣讲工作，必须做到“党建引领、与时俱进、守正创新”。

做好宣讲工作的指导思想是党建引领

关工委报告团宣讲工作是党的思想政治工作的重要组成部分，是对学生进行思想政治教育工作的主渠道和主阵地之一，是思想政治素质教育的重要载体。

宣讲工作的目的，是使学生的人生观、世界观、价值观更符合客观规律和科学规律的要求，更加坚定拥护党的路线、方针和政策，自觉运用理论指导实践，不断提高新时代坚持和发展中国特色社会主义的信心和能力。宣讲工作要以马克思主义、毛泽东思想、邓小平理论、“三个代表”重要思想、科学发展观和习近平新时代中国特色社会主义思想为指导，紧密结合国内外形势和学生的思想实际，进行系统的党的路线、方针和政策教育。在新时代，深刻领悟“两个确立”的决定性意义，增强“四个意识”、坚定“四个自信”、做到“两个维护”，自觉在思想上政治上行动上同以习近平同志为核心的党中央高度保持一致，把马克思主义中国化、时代化的最新成果，转化为推动实现“两个一百年”奋斗目标的强大动力，增强实现中华民族伟大复兴的信心，使学生在实现中华民族伟大复兴进程中，有坚定的政治立场和较强的实践能力。

做好宣讲工作内容上要与时俱进

宣讲工作内容，至少要包括以下这些方面：

（1）习近平新时代中国特色社会主义思想。习近平新时代中国特色社会主义思想是当代中国马克思主义、二十一世纪马克思主义，是中华文化和中国精神的时代精华，实现了马克思主义中国化新的飞跃。习近平新时代中国特色社会主义思想是在中华民族伟大复兴进入关键时期创立并不断丰富发展的，是在把握世界发展大势、应对全球共同挑战、维护人类共同利益的过程中创立并不断丰富发展的。这是宣讲的核心内容。

（2）党的路线、方针、政策。党的路线、方针、政策是国家发展的大方向，通过学习，可以更好地理解国家的政治、经济、文化等各个方面的发展状况，提高政治站位和参与社会实践的能力；可以更好地了解国家的发展状况，为自己的发展作出更明智的选择，为国家的繁荣发展贡献自己的力量。

（3）“五史”教育。“五史”将新时代伟大变革置于中华民族发展史的长河中观察，为我们更加深刻认识新时代、把握新时代、奋进新时代增加了新的坐标。新时代伟大变革在“五史”中的里程碑意义，是我们确立习近平同志党中央的核心、全党的核心地位，确立习近平新时代中国特色社会主义思想指导地位的有力实践证明，为我们做到不断学史明理、学史增信、学史崇德、学史力行，提供了深厚的历史依据和坚实的现实基础教育。

（4）最新国际形势。通过实时的国际经济、政治、文化、军事情况，国家之间、各种国际组织之间关系等各方面情况的宣讲，帮助学生在学习好相关文化知识和专业知识的同时，理解“百年未有之大变局”“构建人类命运共同体”的深刻含义，及时关注、了解我国重大外交政策，开阔视野、拓展思路，全面提高和发展自己的素质。

（5）最新国内形势。紧密联系党和国家事业发生的变革，紧密联系中国特色社会主义进入新时代的新实际，紧密联系我国社会主要矛盾的重大变化，紧密联系“两个一百年”奋斗目标和各项任务，认识党和国家面临的形势和任务，明确新时代大学生应承担的义务与责任。

（6）世界和社会的热点问题。人类社会是不断发展的。在一个时间段内，基本形势相对稳定，但在社会发展过程中，有时受突发性因素影响而发生突然性的较大变化，由这种变化引发的、产生一定程度影响的问题，称之为热点问题。热点问题是形势发展变化中必然性与突发性的辩证统一。热点问题的特点有二：一是时间的不确定性；二是在一段时期内有其自身的特性。这些是人们关注的焦点，是宣讲的重要内容之一。

做好宣讲工作方法上要守正创新

在新时代，人们的思想观念、价值取向、行为方式等都发生了重大变化，人格意识、竞争意识、成才意识、民主意识日益增强。要着眼于这些新情况、新特点，着眼于时代发展和形势任务变化对思政工作提出的新要求，根据人们思想实际，宣讲要做到有的放矢；要增强工作的针对性、时效性和时代感，拓宽思路，改进方法，运用多种手段、多种渠道，解决大家关心的问题，形成宣讲工作的综合效应，

因此，在宣讲方法上，随着社会的发展，要守正创新。可以从国际与国内、历史与现实、理论与实践相结合的综合视野出发，采取课程系统设计讲授与形势报告、专题讲座相结合的方式。我采用的主要方法有理论教育法、实践教育法、新闻分析法、案例教育法。主要途径包括课程建设和管理（例如党校课程的设计）、报告会制度建设（例如每年中央全会、国家两会精神的学习解读）、开掘节日纪念日等教育资源，及新媒体技术载体的运用和发展等。

高校关工委报告团的资源可以为社会各界服务

当今世界日新月异，飞速发展。随着世界局势的不断变化，社会上每

天都发生着各种各样的新情况、新事物，对党的路线方针政策的了解，成为社会广泛需求。社会上每个人都认识到，要跟上时代，与时俱进，在这方面，高校关工委报告团成员的资源可以为社会各行各业服务。社会的大发展决定了每个单位和个人发展的环境，深刻地影响着社会各界。与此同时，每个单位和个人都应顺应社会的发展，按照党的路线方针政策，找准自己的发展目标，结合自己的优势，定位自己的方向及发展地位，制定切实可行的方案，努力奋斗，为实现中国式现代化伟大目标而奋斗。

（撰稿：同济大学校关工委报告团成员　范灼华）

老骥伏枥守初心，一片丹心育新人

——记生命科学与技术学院退休党员茅冠良*

茅冠良教授

同济大学生命科学与技术学院

* 本文获评 2022 年教育部关工委“读懂中国”优秀征文。

茅冠良老师，1935年生，1962年从复旦大学“八二专业”（国防军工类）毕业后，参军到了北京防化学兵科学技术研究院，后转业回上海，历任上海生化制药厂领导、总工程师，1985年调至同济大学，任测试中心副主任、生物医学工程研究所药物科学研究室主任，1988年获上海市科学技术进步奖三等奖，1995年退休。

茅老师经常说，工作上退休了，但思想不能退休，要始终牢记党员身份。近年来，他积极配合生命科学与技术学院关工委分会牢牢把握立德树人根本任务，助力“三全育人”，开展对大学生进行爱党、爱国、革命传统教育。特别是在校关工委统一部署的“读懂中国”活动中，他积极发挥“五老”优势，以其坚定的理想信念、对党的赤胆忠心、丰富动人的人生阅历，悉心关爱新一代大学生的身心健康，教育他们听党话、感党恩、跟党走，自觉践行社会主义核心价值观，全面发展，成长成才，为实现中华民族的伟大复兴贡献自己的智慧和力量。

2021年3月，茅冠良老师接受生命学院大学生的采访——“讲好入党故事　传承红色基因”，1个半小时的访谈，茅老师准备了一周的时间。茅老师郑重回望自己的青葱岁月，密密麻麻几页纸记录着：“我们这代人为什么要一心跟党走，加入中国共产党？”茅老师于复旦大学毕业前夕加入中国共产党。深爱科研工作的他，梦想是到中国科学院做科学家，希望搞出成绩来为国家建设作贡献。当时国际形势严峻复杂，国防军工急需人才，当上级有关方面征询茅老师意见时，他脑子想的是：考验你的时候到了，你到底对党忠诚不忠诚？是否一切符合国家利益？党的利益？于是茅老师走进了总参直属防化学兵科学技术研究院（北京），在此经受了军队的洗礼。

茅老师说：“那个年代很简单，党要干啥就干啥。党培养了我，要我去部队，那我坚决服从组织需要，为军队工作服务一辈子，甚至牺牲自己的生命。我这一生，能力有限，党叫我干啥，我干啥，在每个岗位上尽我所能，踏踏实实，把该做的事做好。”

茅老师寄语新一代大学生：一代更比一代强。年轻人就是一定要听党的话，按照习近平总书记的要求，当学生就是要多掌握科学知识；干工作就是要踏踏实实、勤勤恳恳，为把我国建设得更加繁荣富强作出自己应有的贡献。

2021 年 6 月，生命科学与技术学院毕业晚会上放映了茅冠良老师的访谈剪辑视频，学生们深受感动，现场反响热烈。

2022 年 9 月，茅冠良老师再次接受生命科学与技术学院大学生的采访——《系好人生第一颗扣子》。

茅老师重点讲述了自己在部队几年受到的洗礼。当时他所在部队有几位首长是开国少将，他们平易近人，与战士同吃同住同劳动，而且身先士卒，丝毫不因为自己位高权重就享受特殊待遇。他说：“看了这些老同志以后，我感到这样一些人，从思想境界上，从他们对党、对人民、对国家的忠诚上，永远是我们学习的榜样，他们的思想境界之高，我们普通人一辈子都难以企及。”

通过访谈，学生们更加体会到了赓续红色基因的重要性。茅老师说，现在中国已经逐渐崛起，在和平的环境里，我们作为新一代的青年学生应该努力学习知识，掌握技能，永远跟党走，听从习近平总书记的召唤去把祖国建设得更加繁荣昌盛，实现中华民族的伟大复兴。生动的故事、殷殷期望，大学生们纷纷表示受益匪浅。

（撰稿：同济大学生命科学院分会原常务副主任　王蕴洁）

不变的情怀

——我在老年公寓关心下一代

周铭孝

同济大学关工委原报告团成员

我曾经是同济大学关工委报告团的一员，为大学生的健康成长贡献了一点自己的微薄力量。后因年事已高，离开了关工委工作的岗位。2020 年年初，我和先生一起入住苏州怡养老年公寓。几年来，我总是在想：作为一名长期受党教育的老共产党员，虽然已年老体衰，但还应做一点力所能及的工作。作为一个老教育工作者，我对党的教育事业，对青少年有一种难以割舍的情感。所以，我想到了以前从事过的关心下一代工作。

2021 年 7 月，为庆祝中国共产党成立 100 周年，我们认真收听了习近平总书记在会上所作的报告，报告明确提出了我国第二个百年奋斗目标，令人鼓舞。报告特别指出：“未来属于青年，希望寄予青年。”青年是党和国家的希望和未来。从那时起，我开始关心公寓年轻员工的思想和工作，发现表现好、有培养前途上进心的，主动找他们个别谈心，耐心给予启发和引导，先后引导八名同志成为入党积极分子。利用一次回沪机会，我买了党章，准备送给他们。公寓党支部书记得到信息后提出，这是一件很有意义的好事，决定举行“不忘初心 薪火相传——送党章 学党章”仪式。仪式上，我和老伴董廉文（也是中共党员）一起向八名同志赠送了党章，并在发言中提出希望年轻人要通过学习加深对党的认识，端正入党动机，做一个名副其实的共产党员。活动收到了良好效果。

我也积极参加当地中小学的关心下一代工作。2022 年 8 月，我为组织举办“寻找红色足迹　传承革命精神”活动，并给某小学学生作题为“从小立志　为祖国强大而努力”的报告。报告结束后，参加活动的学生和家长和我合影留念，一些家长要求和我交换联系方式。好几名家长通过发短信或语音表达谢意：“您的课不仅让小朋友深受鼓舞，我们家长也受益匪浅。”“感谢您给孩子们上了有意义难忘的一课，相信他们在以后的人生路上会不时想起那个聆听革命故事的下午。”

2023 年 4 月 17 日，我应邀参加了一所初级中学的升旗仪式并讲话。仪式结束后，初一（23）班班主任和全班学生与我合影留念。不久，该班主任与我联系，邀请我在班会上讲话。我请老年公寓的工作人员帮忙把升旗仪式的合影打印了 43 张，并在每张照片的背面印上习近平总书记在党的二十大报告中的一句话："青年强则国家强。当代中国青年生逢其时，施展才干的舞台无比广阔，实现梦想的前景无比光明。"班会上，我先将照片当作见面礼发给每名学生，又把习近平总书记的这句话大声朗读了一遍。发言中，我首先回顾了自己的成长经历，讲到了我小时候我国遭受日本侵略，山河破碎、民不聊生的情景。今天的幸福生活来之不易，我们应倍加珍惜。我也讲到了自己当年克服重重困难刻苦学习，以求报效祖国的经历。我向学生们展示了在小学毕业时，校长、教导主任、班主任给我的毕业赠言。校长——"前进前进　登到最高峰"；教导主任——"你的品行与学业都很好，所以教师和同学都选你为优秀儿童。希望你将这一光荣称号带到将来国家建设工作中去。"班主任——"路愈长则跋涉愈深，事愈大则挫折愈多，不畏艰苦，奋斗向前，终必有成功的希望。"我告诉学生们，老师们的鼓励和鞭策是我不断前进的动力，我珍藏了 72 年。我希望他们也不要辜负党中央和习近平总书记的厚爱，不要辜负老师和家长对他们的期望。接着，我送给每个学生一张精心准备的纸片，正面印的是中国少先队队歌，背面是毛泽东主席 1957 年在莫斯科接见中国留学生时的一句话："世界是我们的，也是你们的，但是归根结底是你们的。"我告诉学生们，在我们那一代人中，这句话几乎每个人都能背诵，希望你们也要永远牢记，要担当中华民族伟大复兴的历史重任。最后，我们齐声高唱中国少先队队歌，班会在嘹亮的"我们是共产主义接班人，继承革命先辈的光荣传统……"中结束。课后，不少学生还不愿离去，他们拥到讲台前，有的送我精心制作的祝福卡片，有的要我在他们的书本扉页签名留念，他们的热情让我感动。

教育别人自己先受教育，要为人师表。平时我关心时事形势，每天收看央视新闻，学习党中央的重要会议精神，努力使自己的思想能跟上时代，不落伍。新冠疫情期间，我曾两次积极报名加入志愿者队伍，为抗击新冠疫情贡献了绵薄之力。同时，我热情地帮助体弱多病及因丧偶等原因情绪低落的同伴，帮助他们尽快走出心理阴影，快乐起来。

（同济大学关工委原报告团成员　周铭孝）

关工委情系新生

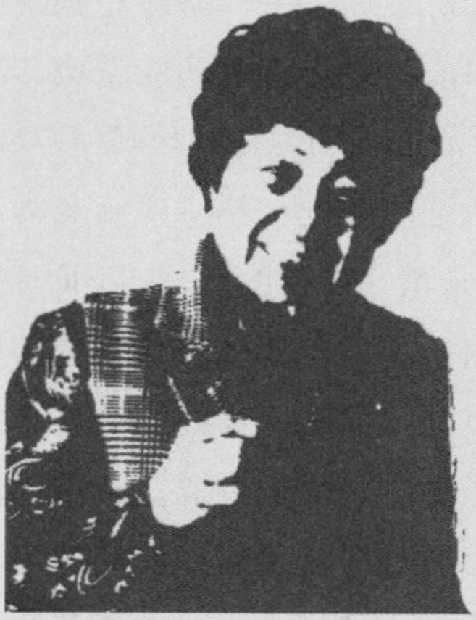

周铭孝

同济大学关工委原报告团成员

有一年的同济大学新生报到日，学校关工委在接待广场内设立了摊位。在常务副主任沈枋的带领下，我和其他关工委成员参加了接待工作。许多新生连同家长络绎不绝地来到摊位前，我们都站起来热情地向他们介绍：学校关工委愿意在他们大学四年中，无论在学习、生活、交友等方面遇到的问题时都给予帮助，并递给他们事先印好的联系方式。有的家长说：“看到你们老师这样关心学生，我们十分感动。”有的外地家长说：“这样我们就放心了！”有名来自山西的家长说女儿学习成绩蛮好，但不懂知恩图报，不会关心别人，怎么教育都不听，不知怎么办才好。我帮她分析了青春期孩子的心理特点，建议她改变恨铁不成钢的急躁情绪，不要过分唠叨和指责，要多从正面引导和鼓励，等等。这位家长醒悟地说：“看来问题还在我身上，要先改变自己才能教育好孩子，你的一席话使我受益匪浅，希望今后得到你更多的帮助。”接着我们互留了手机号码，没想到教师节就收到了这位家长的祝福短信。

在这次接待中，我们了解到有好几位新生不喜欢录取的专业，要求调换专业。对此，我们耐心地劝说他们，一年后有调换专业的机会，但必须有较好的学习成绩。

关工委考虑到退休教师年纪大，只安排半天值班。中午回家后，我本来打算睡个午觉，但又想到关工委前一年建立“师生面对面”活动的难点是学生不熟悉关工委及老同志们，所以极少有学生主动来参加。我想，迎接新生是个极好的交流和相互了解的机会，一学年只有这一天，下午不能放弃。于是，又冒着酷暑炎热，赶到接待广场。下午工作主要是散发介绍关工委的资料。我想到自己家的信箱中常收到许多广告，不屑一顾地被扔掉了，为避免广告的如此命运，在散发资料时，我们对新生说：“祝贺您考取同济大学！”对家长则说：“祝贺您的孩子考取同济大学！”他们立即笑容满面地回应：“谢谢。”这样无形地拉近了双方的距离，为进一步交谈营造了融洽的气氛，当他们拿到印有我们的网址、邮箱和电话等联系方式的资料时，都小心翼翼地收起来。经过这样的努力，相信今后我们关工委“师生面对面”活动能够吸引更多学生。一天下来，话讲多了，嘴巴干了，喉咙哑了，但心中是乐滋滋的。我们虽然年纪大了，身体也差了，为了下一代，我们仍活跃在关工委的岗位上，以微薄之力为建设世界一流的同济大学添砖加瓦！

（撰稿：同济大学关工委原报告团成员　周铭孝）

紧跟共和国前行

武家国

同济大学关工委报告团成员

我与共和国同年诞生，成长在红旗下。通过实行市场经济与建设法治国家，中国坚定地走上了光明的发展道路。国家实行改革开放后，1977 年恢复高考，我进入大学学习，毕业后从一名国企的工人变成了人民教师，走上了讲台。1986 年我参加了全国第一次律师资格考试，有机会成为律师，代理当事人，站在由法官主持下与检察官激辩的法庭上。1988 年我国宪法第一次修正案规定：土地使用权可以依照法律规定转让。这一政策极大推动了中国沿海地区房地产和建筑产业的兴起，带动了数十个行业的蓬勃发展。1993 年和 1999 年我国宪法第 2 次、第 3 次修正案又分别规定国家“实行社会主义市场经济”和“建设社会主义法治国家”。这三大改革新政的实施，使我坚信只有社会市场经济和国家法治建设兴旺发达，人民才能奋发有为。我花了八年左右的时间潜心研究物权法、房地产法和建筑法相关的国内外著作文章，以及司法活动实践的案例。在反复修改后，2005 年我先后主编出版了《工程建设法概论》和《房地产法新教程》两本近百万字的教材。在课堂内外，我经常与学生探讨国家房地产与建筑市场规范发展的未来，大学课堂的讲台使我与国家法治建设发展相连相通。

2009 年退休后我虽然离开了留恋的课堂讲台，但我仍然饶有兴趣地关注着学生。我看到了国家“一带一路”建设的愿景，这不仅是国家长期对外开放的大战略，是国家走向国内外联动发展的世界大市场的重要步骤，也是青年一代走向国际化奋斗的途径。我花了九个月时间进出虹口区图书馆，阅读研究了大量的相关资料和文章，撰写了《关注中国周边安全环境和战略》《“一带一路”建设为青年学子开拓国际化发展的新路径》等课题报告。我深深领悟到了中国“一带一路”走向国际化的坚定信心，源于中国工业品的丰富及其具有的诸多优势。从各种基础设施的建设到产业集群积聚的工业园区的建设运营，再到港口城市的建设经营，中国已具备很强的一揽子技术人才优势，形成了坚实的工业化、市场化能力支撑。这也使我有底气在 2014 年到 2016 年，分别为汽车学院和法学院的学生干部作了三次讲解，并针对学生提出的问题与他们作了有益的探讨，共同提升了对“一带一路”建设认知的水平。

退休加入关工委后，无论是给学生做报告讲解，或是面对面交流沟通，还是在网络平台发文交流，我常常在观察思考，并与关工委的其他同志讨论：我们能给学生什么样的精神食粮和视野？漫漫人生路，学生奋斗的路径是什么？学生最想要的是什么？帮助解决或者解答困惑固然需要，但最核心的帮助，应当是使他们建立可持续发展的理念和信念，这无论是对国家还是个人当下和未来的前行，都是最宝贵的支撑，是持续的动力和动能源泉。发展是硬道理，而持续的发展就尤为可贵，需要登高望远。这是一颗长期滋养心灵成长的种子，根植于学生的黄金时代。国家强大发展的韧性源于千百万青年学子的奋进努力。无论是中华民族伟大复兴，国家现代化的建设，还是"一带一路"的推进实施，新质生产力的发展，都可内化为学子们深度学习思考，学科专业的钻研，攻坚克难的顽强意志和团队品质的养成。面对未来发展的征途中必然遇到的挫折、曲折和转折，要有探索、创新和纠错的能力和素养。在这方面几十年来同济必有许多学子成长的精彩历程，值得我们关工委老师去记录，去启迪新一代的。

退休以来，我始终运用法律专业知识，积极为社会公共领域的安全发展和老年人养老领域的研究建言献策，先后发表了 60 多篇文章并获得了有关部门的奖励。其中，2013 年的《老年人权益保障的三个法律问题的研究和建议》、2014 年的《涉房养老权益保护的法律对策研究》、2021 年的《用好民法典新制度分享社会养老新红利》三篇文章，分别获得上海市高校退管理论研究会发布的一等奖和三等奖。还有一些建言献策文章，如治理妨害公交车安全驾驶的有效措施建议，高空抛物的有效治理等相关文章，得到了上海市政协等部门的采纳。为社会公共安全问题发声，提供智慧成果，这正是我的志之所趣，也让我在参与社会公共产品信息交流沟通中感受到了无比的愉悦。

（撰稿：同济大学关工委报告团成员　武家国）

为“读懂中国”活动添彩

钟勤

同济大学校关工委常务组成员

我做微视频是半路出家。以前给学生上“新闻采访与写作”课时，虽然也有这部分内容，但受条件所限，实践机会不多。自从2016年教育部关工委开展“读懂中国”征文活动以来，我就义不容辞地挑起组织和指导学生撰写征文和拍摄微视频的责任，并且取得了较好的成效，共收获5部最佳微视频、6篇最佳征文，以及1部优秀短视频、7篇优秀征文，在全国高校中获奖数量位居前列。可以说，在为“读懂中国”活动增光添彩的同时，这项活动也为我的关工委生涯增添了一抹别样的色彩。

“读懂中国”作品的主人翁都是学校德高望重的老党员、老专家、老教授，平时我对他们也有一定的了解。为了拍摄视频和写作征文，必须贴近他们，把镜头对准他们的音容笑貌，用笔墨描绘他们的奉献足迹。在这个过程中，我和学生作者们要更深刻地了解他们爱国敬业的崇高品质，把握住他们事业成功的力量所在。以郑时龄院士为主人翁的微视频《承诺》获得最佳作品殊荣。在拍摄过程中，我们听他讲述了留学归来的情景，他反复强调：“我出国时有过承诺的，我一定要回来报效祖国的。”这句话让我们印象深刻，因此作品的主题目也就跃然而出了。为汪品先院士做视频时，我们预先收集了大量资料，对做好视频充满信心，尤其是看到80多岁的汪先生从“蛟龙”号深海潜水器中出来那一刻的镜头，我们被震撼到了：这就是科学精神，这就是爱国情怀！我们当即决定，就用这组镜头作为作品的开场，相信它一定可以征服评委们，也一定可以激荡起青年学子为国争光的心潮。果然，这部作品毫无悬念地获得了最佳作品的荣誉。为退休物理教授吴於人拍摄视频时，她面对镜头侃侃而谈：“只要我还有精力，我就会一直将科普工作做下去。”她的白头发和她标志性的背心组成和谐的画面，让我脑海中立刻浮现出了一个念头：姥姥正年轻。以此为题的微视频也获得了最佳作品的荣誉。

得奖作品中比较特殊的是《情系紫马》这部微视频。那年学校关工委在贵州紫马中学要设立一个奖学金，同时顺便去探望一下金正基老师长期资助的两个当地小女孩。我们本来没有报送这部作品的想法，一方面是对这种纪实性作品没有把握，一方面也是金老师谦虚。但是在现场拍摄时，我们经常被浓浓的情感所感染。我关照摄像的学生，要把孩子们求知的眼神拍出来，把雨后泥泞的山路拍出来，把奶奶因劳作而变形的手指拍出来，把金老师和孩子爷爷相见的泪花拍出来。这些情感交织的镜头串联起来后，便超越了个人的视野，闪现出人性的大爱。恰逢那一年是全面脱贫的胜利之年，我们的作品就旨在为这一伟大的成就添彩。

另一个短视频获奖作品也很有意义。我原来不了解微视频与短视频的区别，参与了“读懂中国”活动才获得了这方面的知识。微视频是横屏制作的，适应电视和电脑播放；短视频是竖屏制作的，更适应手机等移动终端播放。短视频的片长比微视频更短，更具碎片化阅读的特点，所以短视频创作难度可能更高，需要突出主题、开门见山、一目夺睛。我们从学生采访志愿军老战士张万顺的初稿中，看到铿锵有力、朗朗上口的入党培训内容，他将其概括为“三头考验”——对待工作要埋头苦干，有点成绩不能抬头骄傲，战场上不怕牺牲不怕杀头，这就是老前辈入党的初心。我们将这些内容制作成短视频参加“读懂中国”征稿，初次尝试即获奖，这让我们对新媒体内容为王的信条有了深刻的体会。

在多年组织活动的过程中，关工委逐渐形成了一套完善有效的工作机制。每年活动布置阶段，会充分动员发挥基层关工委老同志和学生作者的积极性；实施阶段，则开展培训、加强交流，提高作者采访写作能力；申报阶段，我们组织学生评委和“五老”评委共同打分；推广阶段，我们运用关工委网站和学校宣传平台展示获奖作品。除了这些有效的工作机制，我们还发掘和培养了一批优秀的学生创作者。艺术与传媒学院上报的微视频《滴水之恩涌泉相报》，原来标题平淡，结构比较松散，结尾韵味不足。经过我们提出修改意见后，剪辑水平明显提高，内容前后呼应，主题更加鲜明，最终成为由学院创作的第一个获奖最佳作品。该院贾同学多次随我们采访创作，如今已经是学院创作小组的骨干成员。物理科学与工程学院参加采访的研究生邵同学还自告奋勇为视频配解说词，效果非常不错。这位学生本身是学教育技术专业的，今后还可以参与更多工作。土木工程学院庄同学在中国教育电视台参加了获奖作品的演讲后，深受感动，第二年保研后又主动采写了一篇“读懂中国”的征文。为了进一步提升学校“读懂中国”活动水平和影响力，我们还计划从学生作者中选拔组建创作团队，开展能力培训和实践活动，期待未来取得更加卓越的成果。

（撰稿：同济大学关工委常务组成员　钟勤）

尽绵薄之力，表寸草知心

——退休后参加关工委工作的点滴感言

祝文美教授

同济大学机械与能源工程学院关工委分会原常务副主任

我是机械与能源工程学院的一名退休教授，在职任课时曾较长时间兼任班主任工作，因此，与学生有着更自然的亲近感情。退休后，我就很乐意地接受并参加了关心下一代的工作。

关心下一代就是关心下一代的茁壮成长、成才，这是我们教师的天职——教书育人的重要组成。基于这一认识，我决心要充分利用好“关工委”这一平台积极开展好关心下一代的工作，并给自己规划好工作目标，争取成为年轻人的良师益友。

注重青年学生的思想进步要求

机械与能源工程学院每年都按计划举办春、秋两期学生要求入党积极分子培训班。每次我都会参加，并结合自己长期努力积极争取入党的经历谈体会。平时，我也常与学生促膝长谈，谈理想、谈信仰、谈事业、谈成长中的烦恼与成功经历。这些面对面的坦诚交流感动了许多学生，他们一致赞扬一名老教师能够如此坦诚地说出自己的经历，非常难能可贵，并从我长期坚持、不懈努力、追求进步的历程中深受启迪和鼓舞。他们表示，要向祝老师学习，认真学习党章，按照党员的标准严格要求自己，争取早日实现自己的理想，成为一名光荣的共产党员。

同时，我还发动学院关工委分会小组的其他成员一起参加关心学生方面的党建工作。另外，还积极认真组织要求入党积极分子参加校关工委和党校联合举办的网上阅读活动，做了许多协助和指导工作，取得了好成绩。为此，机械与能源工程学院获得 2011 年和 2013 年度网上阅读活动组织奖。

多方面关心青年学生的学习、生活，并为其排忧解难

每年新生入学，我都主动投入迎新工作。热心为新生介绍大学学习和生活的新环境、新规律，让他们尽早适应大学生活。对有专业困惑的个别学生及时介入谈心，帮助其释疑解惑了解专业，树立学习信心。

更重要的是，平日里我们必须怀着一颗热忱的爱心关爱学生，开展面对面的谈心交流，做好学生的心理咨询和辅导工作，并给予切实的帮助。为了表示我的诚心，我把手机号给了我的学生们，并表示只要他们有需求，不论白天或是夜晚，无论是工作日还是节假日，只要时间安排不冲突，我皆可随叫随到。学生们倍感亲近和放松，一下子拉近了师生间的情感距离，获得学生们的信任，为开展工作奠定了坚实的基础。比如，一些来自新疆的少数民族学生受汉语水平所限，再加上学习基础不好，学习有困难，因成绩不理想而自卑。为此，我及时通过谈心交流，疏导其心理压力，又联系其任课老师加强辅导，改善学习方法等措施，逐步提高了他们的学习成绩。又如，一名博士生因未能按时通过毕业论文答辩而非常苦恼。我知道后与他一起分析原因，并联系他的导师，协助寻找加强辅导的具体措施。经过大半年的艰辛努力终于完成论文并通过答辩，顺利走上工作岗位。再如，有一名国防生对毕业后不能同普通大学生一样报考地方院校研究生的规定不解，通过座谈会、促膝长谈等多样沟通，耐心细致地做思想工作，使他认识到作为一名合格的军人，毕业后理应积极地投身到祖国国防建设，从而愉悦地走上工作岗位。对学生中存在的疑惑问题，也要尽力帮助排疑解惑。比如，有个别研究生对奖学金评定有异议，我便向相关方面了解情况后与其沟通、解释，使其消除疑惑，他最后愉快地接受了未获得奖学金的结果。又如，一名青年教师因爱人暂无工作，家庭总收入不多，导致连买婴幼儿奶粉钱都捉襟见肘。我迅速行动，帮他联系了利用业余时间到夜大上课的兼职机会，以缓解他的经济困难。

此外，我平时也比较关注学生感兴趣的话题，如就业、婚恋、健康生活，等等。我有机会也会同他们进行朋友式的聊天，开展交流和讨论，相互启发和学习。在充分理解和尊重青年人合乎情理想法的前提下，我循循善诱，给予指导。学生们亦乐于接受，并感到受益良多。这些日常的沟通交流，有如细雨润无声般地促进思想教育工作。

为关心青年教师的培养和发展搭建沟通平台

学院为了更好地关心年轻一代教师的培养和成长，启动了筹建沟通平台——“青蓝工程”建设。院领导委托我联络青年教师召开座谈会听取意见。于是，我逐一打电话给各青年教师，诚邀其参会。会上，我首先表示愿意尽力为大家转达民意，排忧解难，做一两件实事。我这番坦诚和务实的开场白激发了大家浓厚的兴趣，随后的发言也非常热烈。年轻老师们反映了有关职称评定、岗位津贴、房贴、对青年教师教学科研资源的支持等方面的问题。会后，我即向院领导并向院务会议作了汇报，并及时将领导的解答意见反馈给相关的老师。这次会议成功的效果及我信守承诺、务实的工作风格，深得青年教师的好评。其后，许多青年教师、研究生遇到一些难题往往都乐意找我谈心求助。

在我积极的推动之下，学院成立了青年教师联谊会，将其作为常态化机制，持续发挥着凝聚青年教师交流、沟通平台的作用。我有幸受邀担任顾问。联谊会定期举办沙龙，交流学习科研经验与成果，有力促进了学院文化建设，活跃了教学和科研氛围。学院这一活动项目被评为 2012 年上海市教育系统关工委“示范特色项目”。

结束语

退休后有缘参加长达十多年的关心下一代工作，实乃幸事，感慨良多。首先，能尽自己的绵薄之力为青年学生、青年教师做些微不足道的实事，于 2005 年 9 月和 2012 年 6 月分别获得上海市高校退管系统颁发的 2003—2005 年度和 2009—2011 年度“老有所为”精英奖。其次，在经常与年轻人融洽相处、坦诚交流中，我也深受年轻人朝气蓬勃、好学上进的精神的感染，好像自己的精神状态重新焕发，重显活力，深感到“老有所为”之乐。老年生活也许就是要忙有所值、学有所取，老有所为、老有所乐，莫道近黄昏，夕阳无限好。

（撰稿：同济大学机械学院关工委分会原常务副主任　祝文美）

传承红色基因——爱国 爱党

赵关孝教授

同济大学口腔医学院

中国共产党的理论、理想、价值取向、奋斗品质，彰显出了中国共产党人的历史主动和精神追求，必将为中国式现代化注入强大的能量。在历史自信和文化自信中，我们能深入挖掘中国共产党人的精神血脉，发扬红色传统，赓续家国情怀，实现爱国、爱党、一代代的传承，生生不息。

从我懂事起，母亲就给我们兄弟几个讲故事：讲大禹治水，三过家门而不入；岳飞的精忠报国，为人要舍得一切，艰苦朴素；等等。上海刚解放，父亲失业，又因子女多，只能靠借债度日，但大家以十分兴奋的心情，迎接新中国的到来。由于全国没有全部解放，我准备去参军，二老坚定支持我入伍。他俩在后方生产自救，积极参加双拥工作，听党课，争取入党，后来都被评为邑庙区双拥社会主义积极分子，喜报寄到部队，成为我前进的强大动力。

军队是一座革命的红色大熔炉，以献身报国为最高荣誉，这就是红色基因的动力。回顾几十年来，我们守海疆，参加修建黎湛铁路，响应20世纪60年代"我们也要造原子弹"的号召。我主动报名，火线宣誓入党。1962年，中印边境战争爆发，我被医院调往新疆前线，救治伤员。战争结束后，准备调回北京，可好事多磨，又一道命令下达，我便在原地扎根、建设边疆，保卫边疆。边疆条件艰苦、交通不便、语言不通、生活不适应，对每个人都是严峻的考验！其间，常遇到个人与国家利益矛盾时，留疆还是退役，如何坚守初心，都是爱国爱党的考验。在这风风雨雨中，一干就达27年，直至党中央裁军100万的重大决策，我才服从命令转业回沪，开启新的征程。

时光荏苒，传承的接力棒到了我们一代的手中。根据学院党委和关工委的要求，参与了"读懂中国"采访活动，有机会与年轻一代对话。他们生活在和平年代，隔代交流，我一直在认真思考如何让他们了解真实的过去，读懂今天的美好是因为有无数的前辈们在负重前行。

第一次交流是在新冠疫情期间，我在网上与王萍等学生互动，叙述了我从军经历，特别在新疆战斗的日子，让他们深入了解六七十年代的新疆艰苦困难生活条件，那时一切靠自力更生。之后，得知王萍同学出生在新疆库尔勒，是我生活工作过的地方，时光交叉更让我们同频共振。我详述了在战争环境下，如何救治口腔伤员，又如何创业，先从防病着手，深入部队，刻苦钻研，学做口腔全科医生。作为新时代的追梦人，她写了篇采访录——《钻研方寸口腔，传承红色血脉》，获得好评，并被推荐至上海市教委。

第二次交流在 2023 年 5 月，学院党委和关工委组织我和陆立贵、刘自芳两位老同志，还有研究生初丹娜、宋宸宇、卢铭轩等三名同学交流。通过一张泛黄的老照片，我们讲述了同济口腔医院始于简陋、终于蓬勃的文化故事，后这个故事被编撰成文，刊发在《中国医学论坛报》上。40 多年前口腔医学院创业之初，条件十分简陋，只有三幢简易楼和五个学科的口腔门诊部。然而，秉着坚守人民至上的理念、优良的服务态度、高质量技术的追求，以及一代代的传承，如今的口腔医院进入了高速发展的阶段。这一切源于党的正确领导以及华咏梅书记，王佐林院长的带领。通过制度的创新、优秀的品德、严谨的学风，奋发图强、刻苦钻研，引进优秀人才，如今已发展成拥有 20 余学科，集医、教、研一体的口腔医学院，成功建立起口腔一级学科博士点和博士后流动站，并拥有多项国家和市级重点科研项目。学院在人文内涵建设上尤为突出，例如儿童口腔开展了十余年的关爱孤独症患儿的公益诊疗服务，为医学院的文化建设增添了浓重的一笔。在其他各领域也荣获了多项先进、模范集体及奖状。医学院的蓬勃发展源于年轻人对老一辈无私奉献精神的传承，以及坚守与创新。他们坚持高质量的党建工作，引领医学院继续全方位高质量发展前行。这一任务任重而道远。

这两次访“五老”活动，充分体现了党对当代大学生的人文关怀。我们饮水思源，立德树人，传承红色基因，抒发爱党爱国的热情，并为实现社会主义现代化强国贡献一生。

（撰稿：同济大学口腔医学院　赵关孝）

同舟共济君子道

——采访晏克非教授

晏克非教授

同济大学交通运输工程学院

“同舟共济君子道”，这是晏老赠予母校同济大学的深情寄语，也是他一生践行的人生信条。在一个阳光明媚的下午，我们有幸在衷和楼的会议室里见到了晏教授。他以亲切的长辈身份，将他与同济大学，与祖国交通事业发展的故事向我们娓娓道来。

“我很感谢同济大学给我打下的基本功！”晏老对同济大学的感激之情溢于言表，他深感在学校打下的坚实基础对其学术生涯有着不可磨灭的影响。20 世纪 60 年代，晏老踏入了同济大学的校门，那时的同济大学已是全国土木工程领域的翘楚，对基础知识的教授尤为重视。在短短三年的大学时光中，晏老不仅系统地掌握了高等数学、三大力学等基础知识，而且每门课程都获得了优异成绩。

尽管晏老的大学生活因“上山下乡”的浪潮而被迫中断，但他始终没有抛弃在同济大学学到的宝贵知识。晏老凭借扎实的基本功和优异的成绩，1978 年末一回到上海便被同济大学聘为教师，负责为本科生讲授高等数学。晏老认为，无论时代如何变迁，扎实的基本功和不懈的勤奋始终是科学研究和工程实践最坚实的基础。身处同济大学这座工科底蕴深厚的学术殿堂，晏老鼓励学生们要珍惜并充分利用学校提供的优质资源，以踏实的态度完成对基础知识的学习和掌握，从而为未来的学术探索和职业发展打下坚实的基础。

“挑战也是机遇啊，年轻人要好好把握住！”20 世纪 80 年代，晏老加入了交通专业教研室，尽管只有 30 多岁，却已经展现出卓越的领导力和专业素养。他带领学生完成了上海综合交通规划五大交通调查之一的“停放车调查”，并在 1991 年出色完成研究课题，获得上海市科学技术进步奖三等奖。

当时正值改革开放的大潮，国内交通事业也如火如荼地发展起来。由于在停放车调查中的出色表现，中国城市规划设计研究院向晏老伸出了橄榄枝，邀请他参加“大城市综合交通体系规划模式研究”。该研究有 21 个科研设计单位、100 多位专家参与，这是晏老参加的首个国家级攻关子课题。后来，总课题负责人邀请他参与总报告的编写任务。晏老毅然承担起撰写总报告的重任。尽管任务艰巨，在那个沟通还依靠书信的年代，晏老不畏艰难，以坚韧不拔的精神和强大的毅力出色地完成了任务。他提交的主报告汇总大纲在多个单位方案中脱颖而出，得到众多专家所认可。该项目在 1992 年荣获国家科学技术进步奖二等奖。

晏老感慨地说："这种机会，一辈子可能都很难有，尽管我吃了一点苦，但我感觉很幸运，我把他抓住了。"机遇不会无缘无故找上门来，只有敢于迎接挑战，才能抓住机遇，实现自我超越。正如古人所言："千里马常有，而伯乐不常有。"年轻人就应该有股冲劲，化挑战为机遇，在磨砺中展现出自己的才华和价值。

"青年的发展应当与国家的战略同频共振。"晏老以身作则，用三部著作（1996 年《汽车行驶的基本原理与性能》、2012 年《交通需求管理理论与方法》、2023 年《现代客运交通枢纽规划设计理论与实践》）诠释了这一理念。每部作品都紧扣国家交通事业的发展脉搏，彰显了他对国家战略的深刻洞察和积极响应。

《现代客运交通枢纽规划设计理论与实践》是晏老倾注 12 年心血的力作。在这部著作中，晏老围绕交通强国战略，深入探讨了如何提升客运枢纽体系的性能和服务水平。他系统总结了改革开放以来，我国在枢纽规划建设方面的理论研究和实践成果，为推动我国交通事业的高质量发展提供了宝贵的经验和启示。晏老的著作不仅是个人学术探索的结晶，更是对国家交通事业的深情告白。他用自己的实际行动，激励着青年一代要将个人发展与国家战略紧密结合，以国家的需求为导向，不断探索创新，为实现中华民族伟大复兴的中国梦贡献青春力量。

"国家的繁荣昌盛，离不开每一位青年的奋斗和奉献。"晏老的话语饱含着对青年的殷切期望，他用自己的学术成就和人生经历，激励着他的团队（80 多名博士、硕士生弟子）踔厉奋进，为青年一代树立了榜样，激励着他们以国家战略为导向，不断追求卓越，为国家的交通事业和现代化建设贡献自己的智慧和力量。

"同舟共济君子道。"这是晏老对母校同济大学的深情寄语，也是他一生践行的人生信条。2017 年 5 月 20 日，同济大学 110 周年校庆之际，也是晏老毕业 50 周年和执教 35 周年的重要时刻，晏老以实际行动诠释了这一信条。晏老慷慨捐赠 100 万元人民币，成立了同济大学晏克非交通发展基金。该基金旨在奖励交通学科领域的优秀研究生，资助家庭贫困的本科新生，帮助他们克服困难，实现学业梦想。晏老设立的奖学金对受助学生来说是一种莫大的激励和鞭策。晏老以其卓越的学术成就和无私的奉献精神，树立了榜样，让同路人们深刻感受到肩上的责任与使命，更加珍惜学习的机会，不断努力提升自己的能力和素质，将来也像晏老一样，用自己的知识和力量回馈社会，帮助更多需要帮助的人。

晏老的一生，是同舟共济、君子之道的生动诠释。他用自己的行动告诉我们，无论时代如何变迁，同舟共济、互助共赢的精神永不过时。作为青年一代，我们要以晏老为榜样，以君子之道自勉，不断追求卓越，为实现个人梦想和国家发展贡献自己的青春力量。

（撰稿：同济大学交通运输工程学院　马若轩、马裕焯）

胡银亭老师是埋头苦干的“老黄牛”

胡银亭

原同济大学关工委副秘书长

胡银亭，1961 年入伍，1965 年毕业于解放军武汉后勤学校，后分配在第二军医大学干部处工作，1966 年入党，1968 年因帮助给养员买菜被汽车撞倒骨折，定为 8 级伤残，曾获部队嘉奖，1989 年以副团文职转业。曾任同济大学离退休工作办公室副主任、同济大学关工委副秘书长，同济大学第六届团校“人生发展导航导师”，获 2009 年“上海市教育系统关心下一代荣誉奖”。

我永远感恩的引路人

2004 年一天中午，我正在原老教师食堂用餐，远处一位老者浓重的晋北方言吸引了我，于是便凑了上去，得知这位老者退休后在学校关工委工作，通过他我才知道“关工委”与“公关”是两码事。我向他表示愿意加入，不久参加了在行政南楼召开的会议，开启了我一生最有意义的公益活动。那位老者正是胡银亭老师。

截至 2023 年，我已经在关工委工作了 19 个年头，超过我在职期间任何一个岗位，感恩胡老师！

军人特质充分体现

胡老师在军营 28 年，坚守浇筑成的信仰、风雪磨砺出的勇敢、艰险中培育的乐观、硝烟砥砺出的血性……这些军人特质，在胡老师身上均有所表现。他和同事多次说起在军营的经历，如整齐划一的内务、雷厉风行的作风……

2018 年，在新生院举办的“鸿儒讲故事”主题教育活动中，胡老师向学生们介绍了自己在军队服役多年的军营生活，讲述了部队一些鲜为人知的故事。严整的内务、严格的训练、服从命令听指挥……培育了一代代军人的良好作风，铸就了坚毅性格，也使他养成了做好事、做善事的习惯，并成为他的毕生追求……

当年关工委办公室在学校四平校区行政南楼四楼。人员接待、会务、送校稿子、分发《简报》、签收文件、搬运资料……所有繁杂业务都是胡老师一人完成。

进入信息化时代，办《简报》也从手工劳动转变为电子文档。年轻人录汉字，熟练者采取“盲打”，不熟练者或采用“全拼”“双拼”，或采用“五笔”，速度也快，可是胡老师年事已高，上述方法实行有难度，怎么办？他就买了“写字板”，眼睛盯住“显示器”，右手在“写字板”上画，一个一个字输入。写得草了跳错字，写得工整太占时间，特别是碰到字符，以及文件编辑时会受阻，所以，胡老师往往需要几倍于别人的时间来完成一篇稿子的录入，这一切胡老师都默默地承受着，我们每次看到，敬佩之情油然而生！

晚年生活丰富多彩

胡老师业余爱好十分广泛，我自愧不如。

一书法篆刻：胡老师常与周朝海老师切磋技艺。他的行书已形成自己的风格，他还掌握了装裱技术。2020年之前，我经常在清晨看到他骑自行车来校，后座上装一个“地书笔”，就是一根棍绑上一块剪成毛笔形状的海绵笔头，可以蘸水在地上书写，称作“地书”。他走到哪儿写到哪儿。他还下载篆书、草书两种字体在线转换器，学写自己喜欢的汉字。

二下棋打牌：他会在电脑上下棋、“炒地皮”。

三喜欢唱歌：胡老师虽普通话不太好，但唱歌没问题，他不但“识简谱”，而且一唱起歌来就没有晋北口音了，音准、节奏都很好。

四强身健体：胡老师向我们展示过他练的武术软器械——三节棍。这是由三条等长的短棍，中间以铁环连接而成，又称“三节鞭”。假如走夜路遇到不测，掌握了“三节棍”技巧，可以应对歹徒，进行正当防卫。

五养花：不论在办公室，还是在行政楼屋顶，他养的花都是“百花争艳”。原来养花也有学问，浇水（雨水）、施肥（废弃东西变有机肥）都有讲究！

胡老师坦言：“作为一名共产党员，我做的全是分内事，用高标准衡量还远不够，与王平、周朝海、李国安……同志相比，太微不足道了。”

胡老师年过八旬，虽身患重疾，但心态平和。祝胡老师幸福安康！

（撰稿：同济大学关工委原常务组成员　刘艺林）

我与关工委之缘

高申兰

同济大学汽车学院关工委分会原常务副主任

2008年，汽车学院成立关工委分会，我被任命为分会常务副主任，2016年离任。任职期间，在学校关工委和学院党委的指导和支持下，我们组织学院关工委“五老”，积极配合党政，围绕立德树人总目标，开展了多方面工作：参与学生党建工作，对要求入党积极分子进行教育引导；建立“爱心屋”，帮助在学习、生活中遇到困难的学生，使他们增强信心、渡过难关；配合校关工委组织开展“师生面对面”活动等；探索同济大学关工委与嘉定区黄渡镇的中小学、社区共同育人新模式。我们充分发挥老同志自身优势，为学院的人才培养发挥了积极作用。关工委分会的工作得到学院党政和上级关工委的肯定和鼓励。2009年我荣获同济大学关心下一代工作“表扬奖”；2013年汽车学院关工委荣获上海市教育关工委颁发的“五好关工委组织奖”。

组织开展学生党建活动，
建立“爱心屋”，用爱传递正能量

大学生作为未来国家建设的储备军，关心他们成长，为他们的成长排疑解难是关工委工作的应有之义。我们在学院党委的领导和学工办的配合下，具体开展了如下工作：

协助党组织开展政治思想教育、对要求入党积极分子的考察、为预备党员的转正把关等工作。应学工办邀请，我多次为要求入党的积极分子讲党课，结合自己的成长经历谈学习体会，帮助学生深入了解我党的宗旨和共产党员的责任使命，引导他们要把加入中国共产党作为一种信仰，克服功利心。在参加学生党支部对要求入党的积极分子考察时，我认真听取他们的思想汇报，了解他们平时的表现，积极提出自己的意见建议。在预备党员的转正谈话环节，我会提出一些最基本的问题，如“党员的‘八个必须’”“预备党员批准日期”等，对不能给出正确回答的学生给予批评。一名被批评的学生会后对我说：“高老师，你的批评是给我警示，我将终生不忘。”少数党员有一种片面认识，认为作为一名学生党员，只要积极

参与学院和班级工作或担任志愿者做一点社会工作就可以了。针对这种想法，我对他们说，当然，热心为大家服务是对党员的基本要求，但更重要的是加强党性修养、提高政治觉悟。

建立“爱心屋”，对需要特别加以关心的学生送去温暖，重点是每年入学新生中有特殊困难的学生。学工办教师在新生入学后会把来自灾区、贫困地区的学生和其他有困难的学生名单列出来，在进一步摸清情况后，有针对性地制订工作措施，给学生以切实帮助。

积极配合学工办开展学生心理健康建设，主要包括以下三项工作：

开展心理健康教育。我们邀请具有心理健康辅导资质的刘桂芹老师向学生普及心理健康知识，并传授一些具体方法。一些因学习困难、恋爱受挫、家庭变故等产生心理问题的学生听后表示，增长了知识，对心理疏导的基本方法有了初步了解，有收获。

通过师生座谈谈心等形式，结合自己的经历和学生中的典型事例引导学生树立正确的人生观、价值观，每个人的人生之路都不可能一帆风顺，要敢于拼搏、迎难而上，主要是鼓励学生树立信心，自强进取。

组织研究生与学习有困难的本科生结对，让研究生从树立正确人生观、端正学习态度、培养刻苦精神着手作引导，并给予学习方法的具体指导，取得了良好效果。

开展“师生面对面”活动

“师生面对面”是同济大学关工委打造的学生思想政治教育平台。这个平台对于学生正确认识国内外形势，正确理解党和国家的方针政策起到积极引导作用，也有利于学生了解学校的光辉历史、优良传统，培养他们对学校的感情和学习自觉性。我们会与学工办教师认真组织本院学生参与。为了使学习产生带动效应，出席对象以学生干部和要求入党的积极分子为主。我们要求学生认真听讲，在师生互动环节踊跃发言。学院学生的良好表现受到学校关工委的好评。

每年新生入学教育时，学院党组织会安排关工委老同志（我和董尧清老师）参加新生座谈会。我们分别以自己丰富的人生阅历和扎实的专业知识与新生交流，教他们如何适应大学生活；帮助他们规划未来的发展方向；勉励他们刻苦学习、勇于探索、服务社会。我们的经历传授，常常获得学生们的阵阵掌声。

学院关工委多次邀请学校关工委领导来学院进行专题讲座，与学生面对面交流思想，为他们答疑解惑。例如欧阳杰老师的党史教育和抗美援朝经历，武家国老师的法治教育等专题讲座，让学生们从中受益匪浅，感触颇深。

针对学生对职业规划的盲目性，我们组织校友面对面。2012 年，邀请时任泛亚汽车技术中心整车集成部执行总监的 91 级本科校友方健来学院作“谈谈职业发展观”讲座。方健校友先从大学教育上要学会问“为什么”谈起，然后讨论了从被动完成任务到主动思考工作目标和发展方向，接着提出了一个好的工程师必须具备的能力是专注于技术工作的同时也需要积极主动地表达，才能有更多的技术实践和个人专业发展的机会，同时还强调了团队协作精神在产品开发中起着重要的作用，最后对学生们感兴趣的入职、职业发展等方面的问题进行交流。方健校友由浅入深的报告引起了学生们的共鸣，深受学生们的欢迎。

积极探索关工委与嘉定区黄渡镇的社区、学校共同育人新模式

2004 年，汽车学院搬迁嘉定。那时嘉定校区尚在建设当中，工地众多，许多设施不完善，学生缺乏活动空间。当时我返聘并兼职年级研究生班主任，如何协助党总支开展学生活动，丰富学生的课外生活，帮助学生增长才干、承担社会责任，始终是我及老年志愿者们一直在思考的问题。一个偶然的机会，我结识了时任黄渡镇人大主席叶遇华同志（2006 年被聘为汽车学院兼职辅导员）。我们不谋而合，“共建”的想法得到汽车学院党总

支的支持和具体指导，关工委开启了“三区融合，共同育人”的新模式。

汽车学院老年志愿者以研究生党支部组织生活为载体，开展活动如下：

与黄渡镇大众春盛苑社区共同组织开展“携手走进上海市新郊区建设”主题活动。针对社区居民以动迁户为主的特点，我们组织2006级硕士研究生支部的党员走访了居民，了解他们的生活状况和要求，并向有关部门反映，积极为新社区建设献计献策。组织支部党员向社区捐赠图书，帮助社区建立了宣传栏、网站。工作得到了当地政府的高度评价，同时获得了同济大学“最佳党支部组织奖”。

与黄渡镇铁三联村联合开展“迎世博——城市让生活更美好”主题活动。在迎世博期间，2008级硕士研究生党支部与村党支部共建，两个支部的党员一起，沿嘉松公路和曹安公路拾垃圾，清除水沟淤泥，有效改善了环境。2008级硕士研究生党支部还发起并组织“世博英语大家说”系列活动，从单词到句子再到世博英语情景对话，学习循序渐进，居民表现出积极的学习热情。活动得到镇世博办的高度肯定，《黄渡报》《安亭报》作了跟踪报道。

组织研究生用所学知识服务社区和学校。大众春盛苑小区是嘉定区智能化管理示范试验区，2010级硕士研究生党支部积极配合，组织党员深入社区，以老年居民为主要对象，宣传计算机知识，传授一些基本操作方法，帮助他们跟上时代发展，享受新的科技成果带来的日常生活便捷和丰富的精神生活。大学生还积极举办知识讲座，向中小学生普及汽车文化，培养他们对科技的兴趣，受到学校、学生和家长的好评和欢迎。

2009年9月，汽车学院学生代表共建单位黄渡经济开发园区，参加安亭镇党委举办“共祝愿祖国好”暨庆祝中华人民共和国成立60周年的演讲比赛。该参赛选手以回忆春晚为切入口，通过国人耳熟能详的春晚经典节目，分享了思想解放、香港回归、中国加入世贸组织、北京奥运会等在内的中国人的集体记忆，以小见大，反映了中国在改革开放中取得的巨大成就。他在众多参赛选手中脱颖而出，获得此次比赛三等奖。该生表达了对学院党总支和关工委分会的感谢，感谢这次的参赛机会，让他得以与众多选手一起回顾历史、展望未来。他表示，自己今后必将以更饱满的热情投入新的学习和工作。

感　言

汽车学院关工委在时任学院分管书记曹静老师的领导下和时任学工办主任兼关工委秘书葛畅老师的组织下，以及曾担任关工委秘书的陈觉晓老师的积极参与下，充分发挥关工委老同志的潜能。关工委的老同志在积极配合的同时也收获了快乐。2016 年，我离开了学院关工委工作岗位后，至今仍与一些学生保持联系。已踏上社会的他们乐意和我交流生活和工作情况，分享他们的快乐，有时也向我倾诉他们成长中的烦恼。当他们遇到困难时，我会尽力而为给予帮助。2022 年年初，我收到一名学生的求助，他提到与一名学友因误会产生了矛盾，对方情绪比较冲动，希望我帮助调解。我找到这位有误会的学生，与他作了深入交谈，使他情绪稳定下来，并引导他对这件事进行了理性的分析，最终消除了对学友的误会，两人也恢复了友好关系。他们对我的帮助表达了感谢，我则回应说：“你们信任我，我感到高兴，我为你们的和好感到欣慰。”

我离开关工委工作岗位已多年，学生在遇到困难时还能想起我，这不仅是对我个人的认可，也是对关工委这个组织的信任。以后，只要学生需要，我还会尽我所能。

（撰稿：同济大学汽车学院关工委分会原常务副主任　高申兰）

把热情与汗水洒在祖国最西部的高校——喀什大学

陶伟忠

同济大学航空航天与力学学院关工委分会常务副主任

2021 年 9 月，怀着对祖国西部的向往和对祖国高等教育事业的热爱，同济大学航空航天与力学学院退休教师陶伟忠主动报名参加教育部银龄教师支援西部计划，来到了祖国最西部的高校——喀什大学。时光荏苒，时间来到了 2024 年 3 月，转眼间他在喀什大学已度过了两年半的美好时光。在那里，他重拾了年轻时的激情与梦想；在那里，他感受到了太多的温暖与感动；在那里，他看到了西部教育工作者的坚韧与付出——“胡杨般坚韧、红烛般奉献”；在那里，他见证了喀什大学朝气蓬勃、蓄势待发的动人场景；同样在那里，陶老师也收获了令他难忘的点点滴滴。

一

陶伟忠老师在喀什大学土木工程学院、化学与环境科学学院主要承担工程力学、材料力学、结构力学三门课程的教学工作。在教学中，他注重以下三点。一是站在学生的角度，分析班级学生的学情来安排教学内容和教学进度，尽可能地做到因材施教。二是以耐心的态度、做学生知心者的心态对待学生：在课上，他激情洋溢、循循善诱、深入浅出，在课下，他做到给学生多答疑、多辅导、多交流。三是注重提炼课程体系中思想史和方法论，将每一个章节内容的发展脉络和其运用的分析方法完整地交代给学生，使学生们逐渐地爱上力学这门课程。

一名维吾尔族学生在期末考试结束后，给陶老师写了一封信，信中写道：“陶老师：我要感谢你，在给我们上课期间你辛苦了。你耐心地教我们，关心我们，你用休息时间，给我们答疑和补课。不知道下个学期你还教我们吗？但我们始终还是你的学生，我们不会辜负你的期望！”另一名学生在元旦的贺信中写道：“您幽默风趣，我们从您那里学到的不仅仅是科学文化知识，更有学习的方法和做人的道理。您有着崇高的人格魅力。最让我们喜欢您的原因还有：您不仅是传道授业解惑，还常常与我们谈心，开导我们，劝告我们要多去图书馆（您常用‘拥抱图书馆’来勉励我们）。希望学校能多请像您这样的好老师来教我们。我们想对您说：人生旅途，遇见您，幸运！感谢老师您的默默坚守，不言苦累，祝您快乐！您的教诲催我风雨兼程，我的祝福伴您昼夜心耕！”看着学生们的来信，他瞬间觉得自己以往所有的付出都是值得的，能够得到学生的认可，这是教育工作者最大的幸福与满足！

二

2021 年 11 月 26 日，喀什大学举办了首期“课程思政”示范课教学观摩活动，陶伟忠老师以力学与航空航天工程的发展为教学主题，以飞行器所遇到的“声障”瓶颈作为问题导入，声情并茂地讲解了力学家郭永怀的故事，深刻讲述中国力学家对于世界航空航天工程发展的重要贡献。陶老师结合专业基础课的特点，有机地融入家国情怀、社会责任、人文精神等思政元素，展现了教书育人的生动场面。观摩活动结束后，喀什大学教育科学学院和计算机科学与技术学院的教师说：“教务处组织的课程思政示范观摩课效果很好，尤其是银龄教师陶伟忠的授课感染力特别强，非常值得学习，希望这种活动多多组织。”

2022 年 4 月 26 日，陶伟忠老师上了一堂“工程力学课程思政”公开课——以“神舟十三号回家”作为切入点，以“迎接英雄凯旋、立志科技报国”为主题，勉励学生们：科技领域中尚未解决的难题还有很多，前面的路还很漫长，其中“黑障”问题（飞船返回大气层，飞船表面材料的分子被分解和电离，形成了一道等离子电磁波屏蔽层，飞船内外的无线电信号被阻断）是目前在世界航天领域中尚未解决的问题，尽管只有短短的几分钟的时间，但它牵挂着亿万国人的心。他勉励学生们要立志科技报国，努力向着新的科技高峰攀登。如果能把尚未解决的科技问题作为自己终身努力的方向和目标，相信定会“有志者，事竟成”，祖国的科技事业定会后继有人！在这次公开课上，有来自土木工程学院、化学与环境科学学院、物理与电气工程学院、计算机科学与技术学院、生命与地理科学学院等 20 多名教师到课聆听，课后有不少教师握着陶老师的手，深表敬意和感谢。

三

周培源全国大学生力学竞赛是业界高度认可的、含金量很高的大学生学科竞赛。2023 年 5 月 21 日，第十四届周培源全国大学生力学竞赛开幕。为了能帮助喀什大学学生取得好成绩，陶伟忠老师主动请缨，负责这一届大赛的培训工作。在动员和组织下，有三个专业的 82 名学生报名参加。陶伟忠老师根据参赛学生的实际情况，制订了培训计划，编写了培训教材；他把理论力学、材料力学两门竞赛课程内容按体系分成 20 个板块，出了 20 套练习题和 8 套综合练习题，利用晚自习时间和周末时间对学生开展系统的培训和练习。许多个夜晚和周末，他和学生们都在培训和练习中度过。当他看到学生们有了一点点的进步，心里就有说不出的高兴。在师生的共同努力下，这一届大赛喀什大学取得了历史最好成绩，有 7 名学生获得了国家奖，23 名学生获得了自治区奖。他深知此次成绩的取得来之不易，既是对他工作的肯定，也是对学生们努力付出的褒奖，同时也提升了学生们的自信心。

他对学生们说，此次竞赛辅导其目的有三：一是为了竞赛本身，取得好成绩；二是为以后专业课的学习打好基础；三是为学生们树立参加考研的信心。他和土木工程学院的教师们达成了共识：要在学院内形成一种学生们你追我赶，积极投入考研复习的氛围。他也答应学生们：在考研复习过程中，都会全力以赴地帮助他们。2023 年 9 月，土木专业成立了应届毕业生考研班，陶老师就利用周末时间定时为学生们辅导。他与考研学生建了微信群，及时为学生们答疑。哪怕是在晚上，陶老师只要收到提问，会当场予以解答，绝不过夜。2024 年 2 月 26 日是考研成绩公布日，那天陶老师收到了不少好消息：“陶老师：感谢您的教导，我的专业课才能得以这么高，谢谢老师。”“陶老师：我专业课考了 122，总分 316。”……这次喀什大学土木专业共有 11 位考生过了国家线，达到了历史最佳！

四

2023 年 10 月 30 日下午，陶伟忠老师与土木工程学院的青年教师开展了一次交流活动，主题是“课程思政——我的一点思考”。他将材料力学课程的思政元素梳理成四个板块，即：力学与“两弹一星”、“梁的切应力公式”与土木工程师、梁挠曲线近似微分方程与“沙漠中的一滴水”、“强度理论”与结构抗震，以此拓展开来与青年教师进行了深入的讨论与交流。他说，课程思政实际是“爱”的传递，即通过课程知识点的讲解，有机地融入“爱”的情怀，让学生从中感受到一种“爱”的滋润，慢慢地从爱课程到爱专业，从爱专业到爱工作！

陶老师注重“引导”青年教师，他与青年教师谈得最多的是要自信而且要有自信的理由（有良好的专业训练和计算机运用技能）。他说，作为青年教师，要努力过好“三关”。一是“助教关”，关键是听、做、答：“听”——全程听一名老教师的课；“做”——完整地做一遍教材的习题；“答”——做好给学生答疑（或质疑）的环节。二是“教学关”，关键是查、问、赛：“查”——查课程的各种教材和资料，取各家之长；“问”——每讲新的一章内容，最好以问题导入的形式展开；“赛”——积极主动参加青年教师讲课比赛，学习他人，锻炼自己。三是“教研关”，关键是申、参、写：“申”——申请课程建设项目，深入践行课程教改；“参”——参加各类课程建设和教学研讨会议，走出去、请进来；“写”——写教学法论文，写课程建设总结报告，编写教材等。在“传、帮、带”的过程中，他与喀什大学的青年教师建立起了深厚的感情和友谊。他鼓励青年教师要将教学和科研相结合，积极申报科研项目，敢于向科研难题挑战，他在评审和指导过程中会提出一些中肯的意见，并为他们牵线搭桥，提供相关的咨询和帮助。

五

新疆维吾尔自治区庆祝第39个教师节优秀教师代表座谈会于2023年9月9日下午在自治区党委会议中心召开，陶伟忠老师作为优秀教师代表参加了会议，并在座谈会上作了发言。他的发言围绕着三个方面：一是通过两年的银龄教师工作，他认识到多形式教育教学是推动教育高质量发展的重要前提；二是认识到加强学科竞赛是提升学科专业水平的关键环节；三是认识到发挥好“传帮带”作用是提升学校青年教师队伍质量的重要抓手。他，作为一个在高教领域里耕耘了39年的老教师，在聆听了习近平总书记在第39个教师节来临之际给全国教师的致信后，心情激动，久久不能平静。总书记对中国特有的教育家精神进行了深刻阐述：心有大我、至诚报国的理想信念；言为士则、行为世范的道德情操；启智润心、因材施教的育人智慧；勤学笃行、求是创新的躬耕态度；乐教爱生、甘于奉献的仁爱之心；胸怀天下、以文化人的弘道追求。这极大增强了全体教师教书育人的荣誉感、使命感和紧迫感。陶伟忠老师满怀深情地表示：要牢记为党育人、为国育才的初心使命，只要在教师岗位上坚守一天，就要用仁爱之心善待学生、上好每一堂课，做好教书育人的使命担当，甘愿把自己的热情与汗水洒在祖国最西部的高校！

（撰稿：同济大学航空航天与力学学院　汤可可）

我眼中的关工委“五老”

徐讴平

同济大学口腔医学院

2017—2023 年，我兼任学校关工委秘书长，与关工委的老同志们相处了六年多，在我的心中，他们不仅是老领导、老教师，更是忘年交的朋友，是阅历丰富的长者，是人生的导师。从他们身上，我看到的是关爱青年学生的情怀、对工作敬业奉献的责任、坚守初心使命的底色和乐观豁达平和的人生态度。

隔代亲，分外亲，这句话用在关工委老同志身上是最恰当不过了。记得某学院的一名研究生因为接连的刺激，产生了严重的负面心理，多次流露出轻生的极端念头。校关工委常务副主任金正基得知后，一次次前往其宿舍看望，还驾车带他外出，一边逛街吃饭一边开导他。为了帮助他顺利通过论文答辩，金老师帮他找资料、联系导师、审看初稿。论文答辩前，学生十分紧张，金老师就到现场为他打气鼓劲。金老师打趣地说：“我对自己的儿子都没这样上心过。天天围着这孩子转，一把老骨头都要散架了，不过看到他顺利通过答辩，我这心里是真的高兴呀。”拿到毕业证后，金老师又操心起他离开校园走上社会的生活，不仅帮他落实就业单位，还为他寻找合适的出租房，甚至连搬家的琐碎事宜金校长也安排得非常妥当。金老师经常说：“学生离开熟悉的环境来到同济读书，他们在思想、学业、生理等方面难免会产生一些波动。我们关工委老同志就要扮演家中长辈的角色，关键时期给他们一些关心和帮助，一句鼓励的话，可能都会对青年学生的整个人生产生影响。”土木工程学院关工委刘艺林老师用长达五年的时间对八名潜能生持续跟踪，通过电子邮件、微信、访谈等多种形式进行教育引导，关心他们的成长，这八名学生都发生了很大的变化，有考上研究生的、有参军的等。这种隔代亲般的爱是关工委老同志对青年学生发自内心的情感，是他们加入关工委队伍致力于关爱青年学生健康成长成才工作的一种情怀。

关工委老同志对待工作的严谨态度和敬业奉献精神一直是我敬佩的。刚接手关工委工作时，我以为关工委都是退休老同志，做事应该比较粗线条。可是当我浏览我校关工委的网站时，彻底改变了想法。学校关工委的网站不仅板块设计精美、内容丰富，有很强的针对性，而且更新非常快，还拓展到手机移动版，比很多二级学院或部门的网站建设和维护得更好。学校关工委网站的运行和维护是由一支老同志组成的固定的队伍在负责，组长是校关工委副主任万腓力老书记。万书记是以严谨认真为风格的网站创始人。在他的带领下，校关工委网编组定期开会分析讨论网站各栏目的点击率、学生的信息反馈等，从而不断探索和调整网站的内容和形式。为了便于小组成员学习和掌握网站的操作，他们编写了《网站功能设计任务书》《网站用户指南》等手册。网站的每一篇稿件都有严格的审核流程，要经过几个老同志的把关。为了提升网站对青年学生的影响，万书记多次牵头，对关工委网站的定位、运作机制、“互联网＋关工委”平台建设、网络阵地建设评估体系等进行调研，开展课题研究，从理论分析和实践检验两个维度不断创新网站的功能。正是老同志这种一丝不苟的做事风格和严谨敬业的工作态度，使学校关工委网站的内容贴近学生关注的热点，成功吸引了大量青年学生。这一平台已成为全国高校关工委运用互联网参与青年学生思想政治建设的品牌项目，并获评上海市教育系统关工委理论研究基地。

学校关工委队伍中，绝大多数是共产党员。在中国共产党成立 100 周年之际，关工委老同志中有近 40 人获得“光荣在党 50 年”纪念章。从他们身上，我深深感受到共产党员坚守立德树人的初心和传承红色基因的使命。医学院关工委“一号老同志”欧阳杰老师，就是他们中的典型。他 14 岁就参加抗美援朝，现在虽已是耄耋之年，仍坚持在学院和社区上党课、作报告，用自己的亲身经历教育引导青年学生热爱祖国，听党话、跟党走。陶伟忠、胡春风老师刚退休不久，本该享受美好的退休生活，在教育部发出“银龄教师支援西部教育”的号召下，主动报名赴新疆喀什大学支教。他们说：“立德树人是教师的职责，我们要把上海先进的教育理念带过去，也要把关工委助力青年学生健康成长的责任带过去。”为了让考入同济的新生懂得要做同济人，先知同济事，学校关工委老同志合力编写出版了《同济的故事》，赠送给每一名新生。该书从校史、人物、建筑、文化等方面再现了同济大学的历史发展轨迹，成为新生了解同济红色历史，传承同济红色文化的辅导读物。我在关工委工作的几年里，协助老同志们开展了“院士回母校”“读懂中国”“老少同框，讴歌党魂”等活动，这些活动极大地激发了广大青年“爱国家、爱科学”的热情和永远听党话、跟党走的使命担当，我在受到教育的同时也更加深刻地领略到关工委老同志身上具有的政治品格、家国情怀、优良作风和立德树人的初心使命。

每个星期一到上班时间，关工委副主任陈立丰老校长就已经精神抖擞地坐在办公桌前，开启了一天的工作。陈校长是关工委的“老黄牛”，事无巨细，他都要一一审核把关，一丝不苟。然而，他是一位久病缠身的老患者。退休前一年，他被查出患有癌症；退休后，他没有选择在家养病，而是向党组织提出自愿参加学校关心下一代工作。不幸的是，前几年他又罹患上了另一种癌症。尽管如此，手术后，他仍坚持边治疗边工作，脸上总是乐呵呵的，丝毫看不出患病的样子。陈校长说：“生活就要开开心心，放下顾虑，做自己喜欢做的事。关工委工作已是我生活中不可缺少的一部分，也是我和疾病做斗争的法宝。”

学校关工委队伍是一支充满友爱和正能量的集体，关工委老同志是一群乐观向上宽容豁达的群体，他们用宽广的胸怀包容生活中的困扰和挫折，用智慧和淡然点燃生命的烛光，他们的乐观、积极和韧性向我展示了不管年龄如何，我们都应该拥有积极向上的心态和活力，不断学习、追求梦想，让生活更精彩。

莫道桑榆晚，为霞尚满天。关工委老同志的责任心、使命感和对待工作生活的态度深深感动着我。在我眼中，他们永远是天空最绚丽的霞光！

（撰稿：同济大学口腔医学院　徐讴平）

青年学子的领路人
——徐宝富教授

徐宝富教授

同济大学机械与能源工程学院

徐宝富，教授，博士生导师，毕业于同济大学建筑与筑路机械专业。曾任同济大学机械工程系主任，上海师范大学天华学院机械工程系主任，中国工程机械学会常务理事、秘书长、学术委员会副主任，《中国工程机械学报》主编，国务院特殊津贴获得者。长期从事工程机械、机械电子工程专业的教学和研究工作。主要研究方向是液压传动、控制和非开挖施工机械的研究。参加过国家“863”计划、市科委科研项目5项，企业科研项目近20项。曾获国家、省部级科学技术进步奖8项，其中国家科学技术进步奖二等奖1项，省部级科学技术进步奖二等奖4项、三等奖5项。

徐宝富老师退休之后，凭着对教育的执着和热爱，退休不褪色，继续用行动践行着自己的初心与使命。作为学院关工委分会老同志，常年奔波在关心下一代工作中，为所热爱的教育事业发光发热，深受青年学子的尊敬与爱戴。

在每年新生入校周的学院所召开的迎新会议上，徐老师用自己的学习和工作经历来教育新生。当时城市的马路经常被“开膛破肚”，有时“结疤”不久又要动手术，城市交通、行人走路都受到影响。徐老师所在的同济大学地下穿孔机研制组克服种种困难，攻克了地下穿孔机非开挖管线施工技术。他们在1996年研制出重达5吨的“巨无霸”——DH600型地下穿孔机，实现了不用开挖路面就能完成地下铺设煤气管、自来水管、污水管等的技术，避免了马路常被“开膛破肚”，降低了对城市交通影响，推动了我国土建工程领域的技术进步，取得了巨大的社会效益和经济效益。DH600型地下穿孔机是当时世界上最大的穿孔机，其轴向冲击力可达2000多吨，而且施工时不需反力支撑。当时在外地某家压缩机厂的空压机上连续两天做了许多试验均未成功，有人认为无后坐力违反机械原理，不可能成功，原来支持试验的那位厂长最后也下了“逐客令”。徐老师等人冷静思考，终于发现原来是地面阻力不足，改用橡皮垫。结果，一声闷响，整个车间被震动起来。在场的工人全部跳起来欢呼：成功啦！徐老师时常用这个事例鼓励年青一代好好学习，要秉持着严谨求实的态度和勇于面对科研挑战的精神，拥有敢于创造的雄心，勇于提出新理论、开辟新领域、探索新路径，拼搏奉献，勇攀高峰。

徐老师时刻提醒年青一代在大学期间要努力钻研专业知识，不断地吸收新知识和新技术，加强自己的基础理论和实践能力，勇于创新，突破自我。同时，他鼓励学生们保持严谨细致的科研精神，坚信所取得的科研成果定能与西方比肩。当年，奉浦大桥四号路有两根直径518毫米，长度32米的煤气管子要穿江而过。施工单位先是用英国进口的机械设备施工，不料任务没完成，机械设备却被打坏了。煤气公司也急了，规定日子完不成合同约定的任务，只能法庭上见。这时，有人想起了同济大学地下穿孔机研制组。到现场察看时，施工单位总工程师就向徐老师描绘英国人是怎么打的，又不放心地问："你们的机械能打吗？"徐老师回答："英国我们没有去过，但英国有英国的打法，我们有我们的打法。"当晚，"巨无霸"大显神威，完成了两根管路的施工。他希望来自五湖四海的青年学子团结一致，共同奋进，树立正确的人生观、价值观和世界观，成为一个利于社会、利于人民的人。

退休后的徐老师也没能闲住，主动承担了本科生液压传动课程和研究生机械工程液压系统设计课程，希望自己深厚的理论知识和丰富的工程实践经验，能为社会和学校多作一份贡献。身为博士生导师的徐宝富教授无论对于科研还是教学，态度都是严谨求实、尽职尽责。"液压传动"这门课程徐老师已经讲授过许多遍，课程内容早已烂熟于心，但是他仍然坚持在每次上课之前投入大量的时间和精力，认真细致地备课。他会将每节课的知识点梳理清楚，力争以最浅显、最生动的语言讲解这门知识概念抽象、入门较难且繁杂的专业性课程。每次上课徐老师都不辞辛劳，坚持用板书上课，将知识要点高度浓缩，展现在板书中，清晰地反映出知识要点部分与部分之间、部分与整体之间的逻辑关系。随着徐老师娓娓道来，青年学子的思维由始至终，逐渐展开，渐渐地建构出课程的学习脉络，知识难点被逐个攻克。在教学过程中徐老师善于把"教书"和"育人"有机地结合起来，经常会在课堂上引入一些实际的案例或他亲身经历的事情，除起到调节课堂气氛的作用，常令学生捧腹大笑，从而加深了对教学内容的认识和理解，感悟了人生的道理。徐老师的课堂教学是一种艺术，让学生身临其境，体会到无穷无尽的学习魅力和乐趣。

徐老师始终认为，教书育人是教师的天职，不仅要传授青年学子知识和技能，更要让青年学子明白做人的道理。当学生学习遇到困难时，徐老师会尽自己所能去帮助他，一遍又一遍地讲解，直到学生能够完全理解该知识点。当有学生上课开小差时，徐老师会特意在上课提出问题，让开小差的学生来回答，间接地提醒他。事后，徐老师还会私下与之交流，耐心地进行教育，使学生真正认识到错误并及时改正。在课下，徐老师将青年一代视为自己的孩子和朋友，时刻关心着学生的学习生活情况，与他们无话不谈。学生也常乐于聚集在讲台边，与徐老师进一步探讨感兴趣的话题。这不仅缩短了师生间的距离，还加深了师生间的彼此了解。凡是上过徐老师课的学生，都能深刻地感受到徐老师教书育人的魅力，并被徐老师渊博的知识、广阔的胸襟、热情诚恳的待人之道所折服。

徐老师既是一位慈祥的长辈，也是一位真诚的朋友。他对青年学子的关怀体现在方方面面，如春风化雨播撒在年轻一代的心间。他总是鼓励青年学子要有远大的理想和抱负，要不怕艰难，只要每天坚持向着自己的目标迈进一小步，总有目标达成的那一天。徐老师悉心指导，用自己的知识为年轻一代指点迷津；徐老师言传身教，用自己的人格魅力感染年轻一代；徐老师严于律己，以身作则，为年轻一代树立榜样。

（撰稿：同济大学机械与能源工程学院　李梦如）

贾瑞云：满园桃李的同济“五老”，栉风沐雨的爱党之心

贾瑞云

原同济大学建筑城规学院关工委分会常务副主任

满园桃李六十年，耕耘硕果尽芳菲。退休建筑系教师支部书记贾瑞云同志是长于同济的老一辈共产党员，同时也是同济“五老”先进人物的代表。自青年时期，贾瑞云同志就在为同济大学及社会的工作奉献着自己的热血与青春，同济的学生们喜欢亲切地称呼她为“贾奶奶”。

长于同济六十三载

贾瑞云同志如今已年逾 80 岁，60 多年前，她进入同济，这里也成为她人生中许多重要经历的开始。贾老师在这里学习、工作，也在这里加入了中国共产党。她将学校视为生命中最珍视的一个部分，将党组织作为自己家一般的归属，一生都在为对这二者的热爱与信念贡献着自己的心力。

贾老师在年轻时，为同济贡献了很多的心血，为大家创造与提供着温暖。她和她那一代前辈们为学校的建设作出了很多贡献。同济大学四平路校区的大礼堂、西北一楼等建筑是由贾老师的同班同学设计；三好坞的建设与整治，也是在 1959 年的 3 月 8 日，由贾老师带着当年建筑系的女生们挖下了第一锹；南、北楼前道旁的许多树木，有许多还是贾老师和同学们当年所亲手植下的。这些年贾老师和同学们进行聚会时，总会去这些地方留影；用她的话说，这是由于对学校有着一种始终如一的热爱。

在国家与社会的各种建设活动中，贾老师和学生们也作出了不可或缺的贡献。贾老师说，一辈一辈的学生们，为学校、为国家做了一些事情，而这样的事情还要做下去。她提醒大家，美好的景致，都要由劳动创造出来；前人种树，后人乘凉，有过去的先辈的工作，才为我们如今的生活创造了良好的条件，就如同改革开放这四十年来所取得的巨大成就，是在无数人的辛劳与付出上建立起来的。而如今，我们也要在这个基础上努力，继续创造新的美好的景象。

先人后己的党员精神

作为一名怀揣理想与责任感的老一辈共产党员，贾老师诚挚、认真、关怀，致力于在建筑专业领域与社会工作中发挥自己的作用，努力让身边的人生活得更好，推动社会取得更好的发展。

忠诚敬业、无私奉献是她对于理想信念的追求。她曾说，“同志”这个宝贵的称呼时刻提醒着我们拥有为实现共产主义奋斗的共同志向。贾老师在同济读大一的时候加入了共产党的大家庭。她曾对同济的入党青年说：“共产主义信仰与宗教不同，共产党人做好事不为自己，不求名利，而是一心为了人民，凡事吃苦在前，享乐在后，见困难上，见荣誉让。这种崇高的理想信念鼓励着我所从事的一切工作。”对党忠诚、艰苦奋斗是她不变的人生信条。1961 年建筑学专业毕业后，贾瑞云留校任教直至退休，其间她做过专职教师、班主任、专职辅导员、教师党支部书记、学院工会主席……不管到哪儿她都是个“热心肠”，工作认真。在同济 81 建五毕业 30 年返校的时候，学生们谈及印象最深刻的老师时说：“贾瑞云老师就像家长一样，晚上经常来教室。”做班主任的时候，不管家里有什么事，贾瑞云坚持到教室辅导学生功课，因为这样她可以及时发现学生在学习上、生活上的问题与困惑，给予解决。久而久之，学生们爱戴她，信任她，什么话都愿意跟她讲，还亲切称她为“贾母”。

栉风沐雨的一棵树

贾瑞云同志关爱后辈，无私奉献的精神，令学生们十分动容。退休后的贾老师没有开启闲云野鹤的退休生活，而是转向承担了更多社会工作。作为国家一级注册建筑师、中国建筑专家，她利用自己的专业优势倾心为学生解答上海世博园区的建筑类型、中国馆的建筑风格等学术问题；作为有着 60 年党龄的老党员，她凭借自身丰富的人生阅历和教书育人经验，结合当代大学生的心理特点，为他们指点迷津。正如她在“关心下一代委员会”网站上留下的寄语——“青年永远是希望，关心下一代永远是老一辈的责任”。

她还热衷参与青年教育工作，经常参与学院与党支部的各类活动，并且乐于与年轻的党员们交流，以长者的慈爱之心，热心关怀，永不言弃。不论是在同济庆祝中国共产党成立100周年“两优一先”表彰大会上，还是在建筑与城市规划学院研究生支部党课与主题党日活动中，都能看到贾老师谆谆教诲的身影。她还是学院关工委常务副主任，是“师生面对面”工作小组的一员，组织参与的活动不计其数。在这里，她与学生们一同探讨两会，关注国家发展和民生热点问题，弘扬传承同济精神，用心倾听年轻人学业及生活上的困惑与苦恼。贾老师曾说，虽然她从学院的工作岗位上退休了，但是党员的身份不会退休；她只是希望能够为其他人做一些力所能及的事情，让大家都能够更加开心地生活。

共产党员应该做一粒种子，在社会的建设里生根发芽，坚持为使这个社会变得更好而作出努力。桃李不言，下自成蹊，而我们看见她，有一种更深的感受：穿越几十年的时光，她早已是一棵大树。

（撰稿：同济大学建筑与城市规划学院　闫瑾、蒋竹翌）

重认识　找差距　明方向

——浅谈做好大学生党建工作的基本思路

钱爱民

同济大学关工委党建组成员

我从事党建工作多年，退休后受党组织和关工委推荐来到党建特邀组织员岗位，一转眼已快十年了。

近年来，随着我国高等教育跨越式发展，高校招生规模大幅度提升，使得大学生发展党员工作面临许多新情况、新问题。大学生是祖国的未来，民族的希望，但是随着对外开放和市场经济的发展，受国外多元文化和思想的冲击，大学生在思想方面也存在许多问题。一些大学生入党积极分子的入党动机不够端正，对党的认识缺乏理论高度；一些学生党员的党员意识淡化，先锋模范作用不明显；一些学生党组织战斗堡垒作用不强等。这些问题的存在和蔓延，是大学生思想政治教育和发展党员中不容忽视的严峻挑战，所以我深感责任重大。

从事党建工作多年，我深刻体会到，高校的党建工作关系到党的发展和社会主义建设的伟大事业，在复杂多变的社会变革面前，我们必须坚持以习近平总书记系列重要讲话和党的二十大精神为指导，积极承担起高校管理者的重要责任，在高校培养育人环境中，努力培养高素质综合能力的人才。进入了新时代后，随着我国的社会发展需要和高校长期改革实践的深化，党建工作迎来了前所未有的发展机遇与挑战，每个从事党的建设的工作者都应以问题为导向，不断更新观念，创新工作方法与思路，以增强党建工作实效性为基础，以党建工作高质量发展引领高校立德树人事业的均衡发展，为党和国家培养合格的建设者。

深刻理解高校党建工作的重要性

习近平总书记说：“自然生态要山清水秀，政治生态也要山清水秀。”党的生命力是党长期执政的根本，而其根基是党的生机活力，依赖持续不断地为党内输送新鲜血液，即优秀的入党积极分子。只有确保高质量党的后备力量，才能保证国家政权永远掌握在中国共产党人的手中，才能保证国家更加繁荣与稳定。党的基层组织支部工作是党的一切工作和战斗力的基础，是党建工作中的一项基础且重要工程，党支部的政治核心作用、战斗堡垒作用以及党员的先锋模范作用都是支部工作的充分体现。

高校党建工作的不足

高校党建工作在党的领导下取得了很大成绩，尤其是党员数量在逐步增加，党员意识及综合素质有了提升。但同时应该看到目前高校党建工作中还存在一些不足和薄弱环节。

一是高校党建工作的创新意识有待提高。基层单位的党建队伍不健全不稳定，特别是对学生党建工作面临的新情况、新问题研究不深，思路不宽，缺乏主动创新进取意识。如在党员发展工作中，深入考察发展对象入党动机是否端正时，我们发现实际操作过程中某些隐性的指标难以量化。有些发展对象为了证明自身，过分强调将学习成绩作为发展的主要指标，在考察过程中我们也忽视了对其政治标准、综合素质的考察。

二是在党员发展工作中重数量轻质量。随着高校专业及规模的不断调整和扩展，学生人数也随之不断增加，高校党建工作进入了一个快速发展时期。然而，学生党员的发展工作难以同步适应，加上专职党务工作者数量偏少，且多是兼职人员，队伍稳定性不足，导致对发展党员的质量的把关变得尤为困难，从而影响到了发展的质量。

三是启蒙引导教育形式简单化。教育培训的力度不够，形式单一，未能充分发挥党校的真正作用；部分二级学院党校学习考勤不严，未达到规定的课时要求仍发放培训合格证书；辅导报告理论深度不够，未能讲深讲透党的基本知识，导致部分积极分子的入党申请书达不到基本要求。

四是支部组织生活虽有计划，但支部生活的积极性不高、意识淡薄，缺少生机活力，创新亮点少。部分支部将支部主题党日活动与研究室的专业活动同时进行，自学多于集中学习，弱化了支部的政治功能及严肃性，没有充分发挥支部的战斗堡垒作用。

建议与对策

高校党建工作只能加强不能削弱，因为这关系到党教育方针和党的事业。党的各级组织必须从党的建设高度认识到这项工作的意义和重要性，不断探索和完善党建工作的机制及发展党员质量保障体系，按照“控制总量，优化结构，提高质量，发挥作用”的总体要求，建立一支坚定信念、素质品行优秀的党建干部队伍，为社会主义建设培养更多的优秀人才。

一是不断优化相关制度，加强和改进工作机制，建立以书记为第一责任人的党建工作责任负责制，了解熟悉参与党员发展工作的流程，认真审查发展材料，杜绝仅加盖签名章的现象。对于已制定的《党建工作文件汇编》《党员发展工作手册》《党支部工作手册》等文件资料，应根据当前形势和任务要求，不断完善和优化，保持制度的先进性和适用性。

二是创新学习内容的形式，提高党支部学习的积极性与创造力。要以创新活动为载体，以不断促进党员及学生的全面发展为目标，结合不同时期党的中心任务，积极与创新项目相结合，把党的基本理论、基本路线、基本方略作为教育重点，充分利用现代化教学手段，大胆尝试创新型学习活动的形式与内容，以点带面，把“主题教育、理论学习、特色拓展”等多种形式有机结合起来，不断提高广大党员的学习积极性。

三是提高党性的基本认识，早教育早引导。抓住大学生入学启蒙教育的窗口，结合入学教育的一系列活动，激发引导大学生加入党组织的热情，真正从思想上端正入党动机，提高对党的历史、党的任务的理解和认识。

四是严格坚持标准，保证党员的发展质量。把好“推荐关、培养关、考察关、审查关、再教育关”，对于已确定的入党积极分子，通过初审预审，在推优确定为发展对象并公示的基础上，要认真听取学生、班主任、任课老师等对其的综合评价，并向其反馈存在的主要问题并给予帮助、改正。同时要重点考察发展对象对党的基本知识的掌握、入党动机、对当前国家形势的认识理解程度，确保发展党员的材料的合理性、客观性和真实性。明确支部对党员发展工作的主要职责及责任，规范考察过程的严肃性，本着谁签字谁负责的精神，把责任和职责前移，减少不必要的问题。通过各级党组织的严格要求及把关，引导教育党员发挥先锋模范作用，做一名合格的共产党员。

五是建立一支政治素质高、业务能力强、作风过硬的党建特邀组织员（党建指导员）队伍，积极探索党建工作“网格化”质量管理体系。将特邀组织员与党建工作紧密结合起来，形成有效的工作合力。面对新时期党建工作新情况新问题，要在实践中不断创新，以适应时代变化发展；充分认识到从事党建工作实现中华民族伟大复兴的重大意义，通过创建标杆、树立典型、表彰先进等活动，把高校的党建工作推向新的高度。

（撰稿：同济大学关工委党建组成员　钱爱民）

“学生是我人生最宝贵的财富”

——记翁维嵩老师

翁维嵩

同济大学材料科学与工程学院关工委分会原常务副主任

翁维嵩老师是一个深受学生爱戴的育人名师。在他近 20 年的行政管理、班主任工作中，给无数学生送去了真诚的关怀和无私帮助。他曾帮助一度迷失方向受到处分的学生迷途知返，使其成为一名热心公益、学业优秀的学生。他为遇到经济困难的学生提供资助，尽自己所能关爱学生。他为学生付出，也获得了学生的爱，学生视他为亲人，亲切地称他爷爷，愿意对他说心里话。直到现在，他与学生结下的深厚感情并未因岁月而淡薄，学生自发组织庆祝他 70 岁和 80 岁生日，多名学生专程来沪参加他的生日聚会。新冠疫情期间，学生们专门建立微信群，为他采购需要的蔬菜、食物、药品并送到家里，让他安然度过那段艰难时光。2023 年 6 月 3 日，93 专科学生组织相识30年活动，当年的班长向班主任翁老师发放“感恩红包”，团支书给翁老师献花。四名学生凑了 6 万多元，为翁老师换了一对飞利浦助听器。说起学生对自己的好，翁老师有说不完的话题。他说，这辈子学生是他人生最宝贵的财富！

翁老师的感人事迹和先进经验不仅在校内广为人知，也为不少兄弟高校的同行了解和称颂，他也因此而多次获得上海市和学校的表彰。1993 年，翁老师任班主任的“90 高分子”被评为上海市先进集体，他同时被评为上海市教书育人先进个人。他十分珍惜所获荣誉，并鼓励自己不断前进。

如今，年已 88 岁的翁老师对我国教育事业的热爱、对学校人才培养工作的关心、对学生的关爱，一如既往。前不久我们又听到了他关心帮助困难学生及家人的动人故事。怀着敬意和好奇我采访了他。他说，这是举手之劳，并随手递给我一张照片，并向我解释，这是他和一个五口之家的合影，就是近几年来他资助家庭的三兄弟和他们的父母。这个家庭的老大 2014 年考入同济，而翁老师是在该生一年级下学期注册时与之相识的。在接待学生来访时翁老师才知道，由于入学时某些方面的失误，其助学贷款未能成功办理。于是翁老师让他在 2015 级入学时再申请，并提醒他会有点难度。见他着急，翁老师便又对他说：“如申请不到我个人贷款给你，不要利息。”他还特地与 2015 级辅导员沟通，请她关心此事。后来，翁老师了解到这位学生来自黔南布依族苗族自治州，一个地处偏远、经济相对落后的地区。当时，三兄弟中的老大刚考入大学，老二、老三均在中学就读。这样的家庭经济状况可想而知。虽有当地政府提供帮助，但要改变困难局面仍需时日。翁老师想到这是一个需要关心和帮助的家庭，决定向他伸出援手。还好，助学贷款后来办理成功了，但翁老师对他的关心并未因此而结束。他的关爱似乎都是随意而为，比如时不时给他的饭卡打点钱，寒冬季节给他买件羽绒服，为方便他出行，还特地购买了一辆自行车送给他……学生升三年级时，在翁老师资助下考了驾照，为他未来的工作和生活又增加了一项技能。2015 年，翁老师从微信朋友圈得知学生父亲脑梗的信息，他主动表示关心。在了解到他家庭经济有困难后，立即转去 2000 元，以解燃眉之急。2018 年，学生毕业走上工作岗位不久，又遇到难题：工资没有拿到而银行要扣款还贷，十分着急。翁老师得知情况后当即给他转了一笔钱，帮他一次性还清三年贷款，额外又给了 2000 元生活费，让他轻装前进。

翁老师的关心并不仅限于经济方面。通常每隔 2~3 周，翁老师会与他见面聊聊天，了解其学习、生活等方面的情况，并叮嘱他要刻苦学习、努力上进，积极参加社会活动。这名学生没有辜负老师的期望，获得过奖学金，还参加了不少学校和社会的公益活动。例如，发挥自己书法特长参加校园文化活动，为养老院书写春联等。后来，三兄弟中的老二考上了广西的一所大学，翁老师又及时转去一笔钱，让他用于支付学费、住宿费、书本费，并持续资助直至他顺利毕业。另外，翁老师还在老二入学时给他购置了电脑，升三年级时为他买了手机，四年级时考虑他找工作面试需要又为他买了一套西服。老三学习一向不错，今年考上了北京的一所大学。翁老师告诉我，近日已启动对老三的资助，先给他购置了一台电脑，后转去交通费、学杂费和教材费等开学所需费用 12000 元。翁老师给予这位学生和家人的资助大约超过了他一年的收入。他说没仔细算过，大概有那么多。但他又说，自己年纪大了，消费有限，他们需要，资助他们是应该的。翁老师对他们兄弟三人说，你们可以不记得我，可千万不能忘记养育你们的父母，更不能忘记国家的恩情，毕业后要好好工作回报国家、奉献社会。老大毕业工作后，常常看望翁老师，帮他干点活，也给了他亲人般的关心和照顾。逢年过节，学生父母总不忘记给他寄一些土特产。他们已把翁老师当作一家人。学生告诉翁老师，村里给他家挂上了“大学生之家”的牌子，还发来照片，翁老师看了很是欣慰。也许，他对学生一家的倾心相助的意义已超出了这个家庭本身。

这只是翁老师退休以后继续热心从事关心下一代工作的一个故事。

翁老师在 2003 至 2015 年间两度出任学院关工委分会常务副主任。他始终牢记作为一名老教育工作者的责任，心系学生、关爱学生，悉心帮助学生健康成长。在任期间，他每两周一次接待学生，与学生进行交流，了解学生思想和需要，提供及时的指导和帮助。每年 9 月组织在关工委工作中结识的学生聚会，已坚持多年，2021 年后因新冠疫情聚会暂时停止，拟于 2024 年再组织。翁老师说，我与学生的感情难以割舍，只要身体允许，我对学生的关心会持续下去。

（撰稿：同济大学关工委常务组成员　郭超）

以关工委为家，做青少年健康成长的助推器

——我在关工委工作这十八年

徐筠

同济大学政治与国际学院关工委分会常务副主任

2006年，我加入了法政学院关工委，当时对它并不熟悉，认识也不足。在王平、范锡洪等老同志的敬业精神和认真负责的工作作风的影响下，通过几年的工作才开始认识到自己身上的责任重大。2010年，我担任了文法联合分会关工委常务副主任，我觉得身上的担子沉甸甸的，责任特别重大。如何开展工作？我经过思考，认为在入党积极分子中开展共产主义理想信念教育，即入党初心的教育是完全正确的。为此，必须抓好马克思主义理论的学习。我首次提出组织入党积极分子学习马克思、恩格斯著作《共产党宣言》，因为它是共产党第一个马克思主义的纲领。马克思、恩格斯以马克思主义的三个组成部分为武器，结合人类社会发展史，特别是资本主义发展史和无产阶级诞生成长发展的过程，阐明了无产阶级必然胜利，资产阶级必然灭亡的客观规律；指明了共产党的性质，它的近期目标和最终目标、它的战略和策略原则；共产党人必须走在群众的前头，引领他们，启发他们的觉悟。在导读中，我逐章逐节地引导入党积极分子掌握学习要领，深入理解基本观点，使他们认识到马克思主义是不断发展的理论体系。同时，我也阐述了中国共产党人是如何把马克思主义与中国革命和建设的实际相结合，从而孕育出中国化的马克思主义，形成马克思主义新成果的。通过学习，学员们在认识上有了提高，纷纷表示以后要认真学习。

共产主义理想信念教育必须抓好的第二项任务是开展革命传统教育，弘扬英雄烈士精神和爱国主义精神。我和关工委老同志多次组织学员参观上海龙华烈士陵园。为了确保参观效果，我有时甚至一周要去好几次为他们作讲解。在参观过程中，我始终精神饱满，想方设法与学员交流。由于我去得频繁，陵园的工作人员已认识我，知道我们来自同济。参观结束后，我们组织了讨论会，我鼓励学员分享体会，并让他们每人朗读两首革命烈士诗词，以加深印象。在讨论中，我不仅会和他们分享我多年来参观上海龙华烈士陵园的体会，还会和他们分享参观河南焦裕禄纪念馆和观看电视剧《焦裕禄》《毛岸英》的体会。对于学习中表现好的学员，我会赠送《革命烈士诗抄》和《钢铁是怎样炼成的》等书，勉励他们不断进步。此外，我还会在党课上为学员作学习和弘扬英雄烈士精神的报告。

参加关工委工作以来，我克服了很多困难。随着年龄的增长，生活的劳累，健康状况每况愈下。我爱人患有多种重大疾病，起居很难自理，家务事全压在我一个人身上，我晚上经常睡不着觉，思想负担很重。但是，关工委的每次活动我都参与策划、组织，会采取一切方法积极参加，发挥应有的作用。我会一直坚持在关心下一代这个岗位上，为党的教育事业多作贡献。

（撰稿：同济大学政治与国际学院关工委分会常务副主任　徐筠）

“努力做一个比较像样的老同志”

——记曹英多老师

曹英多

同济大学外国语学院关工委分会原常务副主任

“努力做一个比较像样的老同志”引自外国语学院关工委分会常务副主任曹英多老师在一次工作交流会上的发言，原话是：“不计得失，不为名利，努力做一个比较像样的老同志。”这朴实无华的话语早已成为他的座右铭，也是他从事关工委工作 20 年来的具体写照。

2003 年，曹老师退休手续刚办好，学院领导就找他，提出希望他参加关工委工作。当时，他并不了解关工委这个组织和有关工作，但如他一贯的风格，想都没想就一口答应了下来。时任学院关工委分会常务副主任的赵其昌老师因身体和家庭困难等方面的原因，多次提出辞去关工委工作，因无人接手而无法交班。曹老师很快接了赵老师的班。没想到，这一接就是 20 年。

外国语学院的历任领导都重视关工委工作，积极提供各方面的支持。党政领导的重视是关工委开展工作的根本保证。学院还有一批热心关工委工作的老同志，如蒋财珍、朱建华、董琦等老领导和方建梁、高拥霓等老教师虽然有各自的忙碌，也有这样那样的困难，但只要关工委工作需要，他们都会热情支持。蒋财珍老师患糖尿病多年，往返一次学校需近三个小时；董琦老师和朱建华老师都退而不休，继续为人才培养发光发热；方建梁老师有重病妻子需要照顾……但他们从不把困难作为推辞的理由。被学生们亲切地称为“高奶奶”的高拥霓老师曾因骨折不能参加学生活动，她对去医院看望的李立贵书记说：“李老师，等我出院了，我就来参加关工委工作。”曹老师感慨，学院工作环境好，对此，他和同志们十分珍惜。

常务副主任，也称“一号老同志”，是学院关工委的核心人物，把握方向、协调各方、凝聚队伍、收获成效，都与他的境界和努力有关。

遵照党的有关文件和上级关工委的要求，曹老师多年来坚持关工委要在党委领导下开展工作的原则，做到重要问题及时请示，定期汇报。汇报工作既要报喜也要报忧，所谓忧就是工作中还存在不足，或遇到的困难，使领导能全面客观了解关工委的工作，及时给予指导和支持。

为了使关工委工作规范有序开展，每学期开始时曹老师都要制订工作计划；学期结束时，又会花不少精力总结工作并制订下学期计划。为此，他必须了解上级关工委的有关精神，了解学生的思想和要求，并根据老同志的特长等情况作好安排。这么做的目的是让学生真正有所收获，也是为了更好地调动大学生和老同志参与工作的热情，提高积极性。

学院关工委的工作大体可分为两部分：一是配合上级关工委组织开展有关活动；二是以学院为主开展的活动。曹老师的工作特点是认真，这一点在他的工作中得到了充分体现。

学校关工委组织开展的“师生面对面”交流活动，当时由欧阳老师主持，这是一个很受学生欢迎、有影响力的思想教育平台，各学院都组织学生参加。简单的做法是随意安排几个学生，通知一下了事，而曹老师和学工办的老师会根据活动的主题和要求选择适合、有需要的学生。学校关工委组织开展的“三区融合，共同育人”是一个创新型学生培养平台，外国语学院关工委是参与较早、参与力度较大的学院之一，先后与育鹰中学、同济初级中学和五角场街道蓝天居委等社区共建教育实践基地。学院精心挑选学生党员和要求入党积极分子，让他们通过爱心助学、居委挂职等形式服务社会，同时也锻炼自身、提高素质、增强能力。近年来，教育部关工委组织开展的“读懂中国”系列活动和学校关工委组织的“老少同框话党恩”、感恩教育、网上阅读等征文活动都得到了外国语学院关工委的有力支持。

外国语学院关工委分会长期以来致力于打造立足学院实际的特色品牌。经过近 20 年不懈探索与实践，“心语屋”已成为学院学生进行有针对性思想教育、解决学生困难的重要工作平台，这里有贴近学生实际的主题交流，有学有专长的老师指导。曹老师及其团队对此倾注了大量心血。每一次交流的主题设定、参会老同志的安排，乃至活动现场和设备的布置及茶水等小事都需要深入细致的工作，确保不出差错。每次活动曹老师基本都会提早到场，检查一遍才放心。

同时，曹老师作为参与交流的老师，总要事先备好课，内容涉及对时事政治及社会热点问题的关注和分析思考，对党中央重要精神、重大战略与决策的学习理解等。他还善于发挥自身的独特优势，凭借丰富的阅历和经验，开展思想教育。曹老师人生经历比较丰富，是一个有故事的人。在中学时代，他父母每月60多元的工资，要支撑六个正在上学的孩子的学业，经济十分困难。他刻苦努力品学兼优，高中毕业时作为优秀毕业生被选送到部队院校深造。他经历了求学、任教、下连队当过兵，在部队期间，还从事过保密工作。1964年，他向党组织递交了入党申请书，1966由党组织表决通过，虽由于“文化大革命”原因未能如愿，七年后他终于正式加入党的组织。他乐于与学生们分享他的人生故事，鼓励他们志存高远、刻苦学习，努力掌握专业知识和技能，成为国家需要社会欢迎的专业技术人才；他教育入党积极分子要端正入党动机、坚定党的信念，能经受各种考验，努力成为一个合格的共产党员；他关心一时难以适应大学学习的学生，首先启发引导他们树立有较高层次的人生目标，端正学习目的、学习态度。在他看来，这才是根本的，然后才是具体的方法指导。

坚持十多年的“心语屋”因新冠疫情而几乎中断，在学校活动基本停止的几年里，他们还在勉强坚持。曹老师介绍说，那种情况下只能采取“打一枪换一个地方”的办法，有时在校门口附近找个地方聊一聊，有时在校医院门诊大厅一角交流片刻。幸好疫情已过去，“心语屋”活动也已经恢复。

外国语学院关工委分会两次获得上级关工委授予的“五好基层组织”，多次获得学校关工委的表彰奖励，曹老师也多次获得先进个人称号。但他是一个低调的人，要他谈自己，话很少，挤牙膏似的。他乐意介绍学院的历任领导对关工委工作的重视和关心，谈学生工作等部门的支持配合，谈兼职秘书的主动和高效，谈和他一起工作的乐于奉献的老同志。回顾人生、追溯往事，他会流露出对党和政府，对培养他的学校和给他创造良好环境的工作单位及同事的满满感恩之情。他说，几十年来认真工作、不计名利，以求回报国家、单位，都是应该做的。他关注的是工作中还有很多不足，并对如何改进有所思考。相信面向新时代的外国语学院关工委必将迎来新的发展。

（撰稿：同济大学关工委常务组成员　郭超）

关工委十年琐忆

郭超

同济大学关工委常务组成员

退休后，我谢绝了同济大学出版社和一些单位的邀请，彻底卸下了沉甸甸的责任，离开了职场的纷扰。

2014 年 4 月，我从出版社岗位退下整三年。4 月的一天，多时不联系的老朋友乔建新老师给我打来电话，在获悉我赋闲在家时，向我转告了老领导金正基老师的口信，邀请我加入学校关工委工作。对关工委这个组织，我以前没有关心过，并不了解。乔老师向我作了简单介绍。我曾有十年多时间从事与学生思想政治教育有关的工作，所以，关工委工作对我来说并非完全陌生。加入关工委工作事情就这样定了。时光飞逝，一晃就是十年。

我在同济大学工作 30 多年，大致分为学生思想政治教育、工会工作、出版工作三个阶段，每个阶段都持续了十年左右。关工委的工作是我一段新的工作经历，丰富了我的人生。2023 年，金正基老师建议出版《同济“五老”风采》，号召老同志踊跃撰稿，既可写自己的经历，也可写他人，目的是更好发扬“五老”精神、传承同济“五老”优良传统和作风。我本人可记事例不多，所以主要写写让我感怀的一些记忆。

一个帮助我进步的工作团队

多年担任同济大学关工委常务副主任的沈枋老师曾说过，同济大学关工委是一个团结、奋进，能战斗的集体。我加入这个团队时，沈枋老师已离开关工委领导岗位，由金正基老师接任。老一辈的宝贵精神财富和优良作风得到了继承、发扬。

这是一个胸怀大志、奋发有为的团队，是一个互相尊重、团结协作的团队，这与团队成员，尤其领导的素质和经历有关。金正基老师曾长期在高校从事党政管理工作，又有执掌大型企业的经历。陈立丰和万腓力两位老师曾在高校领导岗位任职多年。三位领导的共同点是政治思想水平高，经验丰富、作风务实，勇于担当、积极进取。丁经纹、乔建新、钟勤、曾富荣、谢伟芬、冯方一等都是素质高，有丰富人生经历和工作经验、各有特长的老同志，且都有很强的责任感和奉献精神，有很高的主动性和工作热情。

学院关工委分会的老同志也都具有良好的素质。还有曾在关工委任职，对老同志十分关心、敬重，也深得老同志好评和尊重的徐讴平老师等。说同济大学关工委是一个藏龙卧虎之地，也一点不为过。在这样一个团队中我有清醒的自我定位，认为应谦虚谨慎、注意向他人学习，包括思想上的提高，工作态度、工作作风的改进。虽然我的工作与其他老师相比不值一提，但我还是认为十年的关工委工作中自己取得了一点进步。我要感谢大家给我树立了榜样，以及给予的帮助。

有关工作简述

我在学校关工委的工作主要是校园文化建设，协助领导做一些具体工作。其中，我投入较多精力的项目包括金正基老师主编的《同济的故事》，吴广明副书记主编的《同济学子话恩师》和由吴广明副书记主编的《同济“五老”风采》。这三本书我均是责任编委之一。两位主编尽责到位、领导有方。他们对工作有明确要求，以内容框架的确定、征稿、编撰等重要环节为抓手，确保工作有序推进。同时，他们给予我们充分的信任，使我们做具体工作的同志有较大的施展空间。

责任编委的工作繁杂琐碎，不作全面介绍。我参与的工作主要有以下三项：

（1）组稿、选稿。物色优质稿件是一项基础性工作。对此，主编、副主编及有关编委都尽了很大努力。我们采取多管齐下的办法。首先是广泛动员师生和校友积极投稿，书中不少优秀文章来自学校师生的投稿。其次，积极在校内寻找线索，收集优质稿件。如，金正基老师了解到有学院编印出版纪念文集后，出面借阅，并从中选用了多篇。钟勤老师消息灵通，他推荐了关于李德华、沈祖炎及赵为诚等先生的回忆佳作。李杰老师两位高足撰写的《桃李不言　卓荦有杰》一文就是万腓力及时将信息告诉我，由我向李杰老师约稿而得。按领导要求，我阅读了学校有关报纸、刊物和图书中500多篇文章，并遴选若干推荐给编委会。我们就像一群淘金者，每当遇见好文章，都会兴奋不已。

（2）剪裁、修改。有的文章篇幅较长，也并非全部内容都适合入选，就需要剪裁文章，作适当取舍。有部分文章存在结构不尽合理、行文不够通顺、文字比较粗糙等问题，就需作必要的修改。《同济学子话恩师》大约百分之八十的文章来自校内师生投稿，我们花了较多精力来修改加工部分文章。《同济“五老”风采》有部分文章，也根据需要作了适当修改。

（3）撰稿。领导率先垂范，《同济的故事》《同济学子话恩师》中就有多篇佳作出自金正基老师之手。钟勤老师及已故的林章豪老师均有多篇高质量的文章入选。《同济“五老”风采》一书中，金正基、陈立丰和常务组的钟勤、谢伟芬、乔建新、曾富荣、冯方一等老师都有精心之作列入。我撰写的一些文章源于让我感动的人和事，大致分两类：一是如《同济的故事》中的几篇，原稿所记人物都是令人敬佩的先贤，所记事件较有影响，但由于是多位作者在不同时期或从不同角度撰写，使得内容略显零散。因此，我结合这本书的要求，利用多种素材，进行全新的构思与写作，力求内容更丰富，人物更丰满，故事更完整。二是《同济“五老”风采》的几篇，多位老同志因年事已高或其他原因不便撰文的，我通过采访收集素材后完成。他们多年来为关心下一代无私奉献、业绩突出。我怀着对他们的敬意，抱着向他们学习的态度倾听他们的讲述、了解他们的事迹，并提炼成文，以更好地展现他们的精神风貌。从采访、酝酿到完成撰稿往往要作多次补充修改，但我与他们的合作愉快且富有成效。此外，我还撰写了几篇回忆、记述类文章。

以上是这十年来关于三本书的一些工作的零散回忆，因篇幅所限，难以对有关人员一一介绍，但谢伟芬老师和办公室有关老师的工作应该稍加记述。一是稿件征集。《同济学子话恩师》和《同济“五老”风采》的征稿工作，编委会花了相当多的精力。金正基老师和陈立丰等老师想方设法作了大量动员，采取了不少措施。谢老师和办公室的老师积极配合，采取了“盯”人战术，逐一与各单位和老同志们沟通交流，终见成效，一些文章就是在这样的坚持与努力下完成的。二是文稿的整理、打印、校对及出版有关事项等，涉及大量琐碎工作，谢老师及办公室的周老师和小屈、小李老师等付出了大量辛勤劳动。

遵金老师要求，我对自己的思想、工作作了简要汇报。回顾这段经历，也使我收获了在关工委这个大家庭中老有所学、老有所依、老有所为、老有所乐的宝贵体验。

回顾关工委工作的十年，有不少值得回忆、值得珍藏于心的人和事。由于篇幅所限，就此打住。

2012 年前后，中国教育系统关工委进入新的发展阶段，同济大学关工委也在学校党政支持下，进入了全面深入提高新阶段，大力推进了队伍与机制建设、品牌打造与维护、模式探索与创新等各方面工作，并取得了优异成绩，在关工委历史留下了精彩一页。我和同事们能参与并见证了这一不平凡的过程，是幸运的。

（撰稿：同济大学关工委常务组成员　郭超）

学习使人进步

曹丽芬

同济大学关工委网编组编辑

2012 年 8 月，学校关工委邀请我参加网编组，在关工委网站上传有关立德树人，有利于青年学生成长成才的文章。青年学生处于思想变化时期，加上现代社会的快速发展，科学技术的进步，因此思想教育的手段随之也出现了多种多样的变化。要用科学家精神、模范先进人物的故事，用深入浅出的道理，用社会主义核心价值观、习近平新时代中国特色社会主义思想，向青年学生宣传，让青年学生懂得把个人理想融入国家发展，成为社会主义建设的参与者、建设者、奉献者，承担起建设国家的责任，承担起民族复兴大任。因此，做好网站编辑工作意义重大。

经过学习培训后，我开始正式工作，陆陆续续上传了报纸上的好文章。网编组是一个宣传的平台，也是老同志学习新技术的学校。选择、思考、上传，每一个环节都要认真对待。利用网络平台，学习新的信息传播方式，从生疏到熟练，从上传文章到配发照片，都让我有机会学习新的操作技术。照片配发不符合要求，就向网站的高手老师学习、请教，提高上传照片的质量。网编组有不少高手老师，可不能浪费了这么好的老师和资源！我还参加了学校老年大学摄影班，为的是学习更多摄影知识。平时，外出旅游、上街溜达，我也会注意周边情况，拍摄照片，留意选择，配发到需要照片的有关文章中。2023 年 8 月初，为了给《光荣之城的武装斗争》一文配图，我两次一早到黄浦江与苏州河交汇处，拍下了由江泽民题字的以外滩为背景的上海人民英雄纪念塔的照片。

为了适应青年学生接受传播方式的多样性，根据网站编辑工作需要，网编组在网站改版后，推出视频栏目。我又学习了上传视频的操作要领，开始留意主流媒体播放的视频文件，选择其中适合青年学生成长成才的视频，上传到网站。主流媒体的视频文件都很感人，讲历史、讲现实、讲道理、讲故事，有图片、有实物、有音乐、有解说，看了给人以思考，给人以鼓舞。配合“读懂中国”、建党百年、习近平新时代中国特色社会主义思想学习教育，初步统计，几年来我共上传视频文件 52 篇（视频选播栏目 36 篇，历史回眸 10 篇，党课心得 1 篇，共产党员 3 篇，杰出人物 1 篇，交友恋爱 1 篇）。

在网编组工作的十余年间，我不仅收获了新知识，更深刻体会到了网编组老师们认真负责、忘我勤勉、不断创新的精神。每当遇到困惑，我都会积极请教、不断学习，始终保持求学求进的态度。关工委网站则成为我们继续发挥作用的舞台。

（撰稿：同济大学关工委网编组编辑　曹丽芬）

诲人不倦教书意，薪火相传科研情

——记同济大学海洋与地球科学学院董荣鑫教授

董荣鑫教授

同济大学海洋与地球科学学院关工委分会原常务副主任

自1975年同济大学海洋地质系成立以来,同济海洋学科不断发展壮大,先后被评为上海市“重中之重”学科、国家“重点学科”,入选世界一流学科建设计划。数十年来,海洋学科的蓬勃发展离不开众多科研前辈的学术钻研与无私奉献,董荣鑫教授就是其中一位。

科研无止境,讲台无尽期

董荣鑫教授是我国海洋科学领域的资深学者。董老师的科研和教学之路始于1965年,那一年,他从北京地质学院毕业并留校任教。1977年董老师响应国家号召,借调到上海研究海洋资源开发同时参与海洋地质学科研工作,并于1979年正式入职同济大学,在进行科研工作的同时向青年学生展示海洋科学的魅力。董老师在学院任教20余年,培养了大批海洋地质学领域的优秀人才。

“痴心一片终不悔,只为桃李竞相开。”2004年退休后,董老师毅然选择接受返聘继续教学,特别是在野外实习方面,他几乎年年带队奔赴北戴河、舟山等地。他坚信,理论知识必须与实践结合,才能培养出真正的科研人才。董老师的无私奉献和无尽热情,成为教育界的楷模,也深深感染和激励了每一位学子。

投身科普,心系教育

董荣鑫老师不仅在科研领域有着卓越的贡献,同时也积极投身于科学普及工作。他坚信,科普是科技强国的重要基础。董老师回忆,20世纪民众的科学素养不高时,会有人对一些自然现象产生错误的认识,这时就需要科研工作者用科学理论知识为民众解惑。为了提升公众的科学素养,董老师多次参与科普展馆的筹办,并积极开展科普讲座,参与《申城石头记》等科普读物的编纂。董老师通过生动有趣的方式,向大众传播科学知识,激发了人们对科学的兴趣和热情。他的努力不仅提升了公众的科学素养,也为社会培养了更多的科学爱好者和未来的科学家。他的科普工作，展现了一个科学家的社会责任感和使命感。

不忘初心，奋楫笃行

作为一名老党员，董老师时刻以党员的标准严格要求自己，每天坚持向支部成员发送学习资料，传播正能量。他认为，党员要有坚定的信念和严格的自我要求，才能真正发挥模范带头作用。董老师的言行不仅激励了他周围的党员，更为广大青年树立了榜样。他以实际的行动诠释了党的宗旨和使命，为党的事业和国家的发展贡献了自己的力量。他的党员生涯，是对信仰的执着追求，也是对国家和人民的无私奉献。

鼓励后进，寄语青年

“海洋的未来在你们手中。”在谈及对海洋学院青年学生的寄语时，董老师认真鼓励道。董荣鑫老师对海洋学院的年轻学子寄予厚望，他认为海洋领域还有许多未知的领域等待探索，年轻人需要掌握广泛的知识，珍惜在大学的学习机会。董老师鼓励大家积极参与各种学习交流活动，时刻保持追求知识和探索未知的热情；同时主动参加实践锻炼，提升自己的社会交际能力。他的寄语不仅是对学生们的期望，也是对未来海洋地质事业发展的期盼。

董老师希望中国海洋界的年轻一代能够赓续“忠于事业、艰苦奋斗、开放创新、争创一流”的海洋精神，为国家的海洋事业贡献力量，开创更加美好的未来。

（撰稿：同济大学海洋与地球科学院　王星皓）

以业为志：欲以学养修己渡人

——“教育强国，奋斗有我”学习体会

章仁彪

同济大学关工委报告团成员

感谢谢秘书长的多次诚邀与恳请，让我有幸参与“五老”风采征文。尽管我婉拒过，但最终还是恭敬不如从命。在再次提笔之际，恰逢同济的“520”校庆日。想起数年前，我客串“本色出演”校庆纪念片《520 我们回家吧！在日子的中央》时，曾寄语青年学子：“问学之道无他，转识成智；成人之道在己，化性为德。”我想，这也是本人十年前退休前接受刘艺林老师的邀请参加校关工委报告团的初衷。

然而岁月如梭，稍感遗憾的是，十年来个人受邀以报告团名义所作的“报告”并不多，其中既有客观原因——退休后先是因所带研究生尚未完全毕业等事缠身，继因腰疾手术后行动欠便，再因新冠疫情而被按下“暂停键”，当然也可能是与我个人所报选题有关。我觉得作为一名哲学老师，在报告团工作中要“老有所为”，最好的路径之一就是结合自己专业所长，“以业为志，由技入道”，扬长避短，贡献“余热”，以免陷入“以其昏昏使人昭昭”的窘境。所以，我提供的选题主要聚焦高等教育与城市研究这两个领域，欲分享多年来我在教学科研中积累的成果以及所思所得。我期望结合中国式现代化实践，与青年学生共同读懂中国与世界、历史与现实，收“转识成智，化性为德”之效，达臻启迪思维修己渡人之目的。

因此，在做相关最新理论文件精神的学习辅导时，我侧重结合自己的专业背景进行诠释，确保内容有一定的理论深度。同时，我深知“成人之道在己”，仅一堂课的交流，难免会有远水难解近渴之虞。比如我也曾经应邀作过一些时事政策的学习辅导，但重点都是放在突出对社会主义核心价值观、人类命运共同体理念和生态文明建设等的哲学诠释而非文献的全面解读。在为配合各类重大纪念日和时事政策教育所需，作一些时效性强的专题讲座时亦如此。如在应邀为纪念马克思诞辰 200 周年作的专题讲座中，我重点诠释了“生产力的最高度发展与人的最全面发展”相统一的科学共产主义信仰的学理逻辑；在庆祝改革开放 40 周年座谈会上，我强调的是“思想解放无止境，改革开放再出发”的深远意义；庆祝七一党的生日“不忘初心，重温入党志愿书”的活动中，谈的是新时代共产党人应有怎样的“忠诚与信仰”问题等。当然，作为曾任学校党委宣传部部长的我，深知要做好这方面的“宣讲”更需要广阔和通畅的信息渠道来源，以及接受上级部门专门的精确指导培训。在这方面，我们报告团的范老师等老同志的确做得很好，我自愧不如，只能尽己力所能及略作专题解读分享。

我提交的有关高等教育与现代大学研究的报告选题，因未凸显同济校本研究的点题特色，易被误解为是教育学的泛泛而谈，但其所涉对同济文化、同济精神的诠释等方面的实际效果还是不错的。如关于现代大学理念与功能的“守护与创新”研究（含尝试提出以文化传承与文明互鉴为主题的“交往”为大学自觉使命的第四功能说，曾获上海市教育科研的理论创新奖），关于“转识成智”创新人才的培养的可能性研究，关于科技教育与人文教育的协调发展的必要性与可能性的研究，实际上都结合阐释了同济人提出的“教学—科研—服务—交往（TRSC）”多功能的现代大学理念和“知识—能力—人格（KAP）”三位一体的育人模式，也体现了坚持“学术自由与社会责任，适应需求与导引变革，文化传承与科技创新，民族认同与全球视野”的四个统一的创新探索，都激起了不少同济学子的思考兴趣。

与城市研究的相关专题则围绕城市化理论重构与城市治理现代化研究为核心，传播了有关“地理物理—社会经济—文化心理”三大空间论的研究成果，以及中国式的新型城市化的“超越技术中心，回归以人为本；扬弃消费主义，实现永续发展；化解文化冲突，构建和谐城乡”三大原则等理论创新成果，如所涉“城市如何让生活更美好”的城市哲学探索，通过对新公共管理的理论反思与现代城市治理的再认识而形成的空间—政治哲学之思。这些成果内容大多也是受启于和同济多专业教师跨界合作研究，因其有利于当代大学生创新思维的开发且与同济的专业特色相关而颇受学生欢迎。

当然，因为我的这些研究更多关注和切入具体问题与背后的哲学反思，因而在听众中，我不时会捕捉到他们一丝颇感深奥略带疑惑的眼神。但是，我认为，有疑惑正是我所希望的“转识成智”之学问之道的开启。对于大学教育而言，我始终认为，评论任何一堂课堂教学效果之高下，不仅在于其提供的知识是否周延准确，更在于其能否激起具有自学能力的大学生更为深入的探索兴趣和绽开更为丰富的想象涟漪。这不只是我曾受聘为教育部本科教学水平评估专家和学校教学督导期间的听课体会，也是我多年来呼吁从知识灌输型教育向启发理解型教育的转换，及对教科书只能提供确定无疑的知识点这一陈规质疑的继续。作为立德树人的辅助配合的关工委报告团的报告，可以也应该更多关注激发大学生提高创新思维探索未知的潜能开发，这样也许更能达到“授人以渔”，培养杰出创新人才的目标。

古人曾曰“思无邪”，今人更应该提倡学无止境“思无涯”，自知无知乃为智。对于思维活跃但又难免接触到较多垃圾信息的当代大学生来说，提高对各种社会思潮反思的自觉性，增强对鱼龙混杂的信息的辨别判断能力，无疑是利大于弊的。“分析好，大有益”。当然，要在报告团工作中真正“老有所为”的前提是不断地“老有所学”。在报告团不定期的学习交流中，我们研讨新形势、学习新知识、贯彻新精神，成效很好。校关工委常务副主任金正基等领导也时常参与我们的学习讨论，亦让人受益匪浅。我的体会是，谦受益满招损，只有坚持学思结合，才能不罔不殆，只有自知无知求大智，才能诲人不倦育后贤。

总之，值此人类面临百年未有巨变之际，“外面的世界真精彩”，然外面的世界也颇无奈，面对“高科技与低接触（情感）”的矛盾与“高效率与高风险”的并存的局面，网络时代的大学生思维空前活跃，价值观多元与“信息爆炸”的现实又常使他们陷入“内卷”与“外惑”的困窘。世界大事件频出，亟须大智慧解惑，而马克思主义仍然是人类21世纪的大智慧。哲学本非屠龙术，而是作为世界观和方法论的学问，强调“寓大用于无用之中”。关工委应当协助青少年解决“三观”问题，教会他们运用正确的立场、观点方法认识分析所面临的挑战和机遇。避免“以其昏昏使人昭昭”的关键就是继续“老有所学”，且学无止境，才能与时俱进。报告团的诸位同仁皆做得比我多、比我好。而结合专业所长，提供既能改造本能又能开发潜能，既逻辑严谨又释疑解惑之“立场观点方法”乃是哲学育人之道。

以上汇报，仅供参考，亦为学习贯彻教育部关工委“教育强国，奋斗有我”主题宣传活动精神的一点体会。如有不当，敬请指正。但愿我们这代人探索思考的对“学而时习之，不亦乐乎”之中华教育哲学传统的守护与创新，以及与践履笃行之以培养造就大批杰出创新人才为旨的高等教育改开的脚印，能对赓续教育强国的征途之后人有所启迪。谢幕背影留长思，承乾启厚继伟业。

路漫漫其修远兮，吾将上下而求索……

（撰稿：同济大学关工委报告团成员　章仁彪）

敬业奉献的副秘书长谢伟芬

谢伟芬

同济大学关工委常务组成员

谢伟芬老师自 2009 年参加同济大学关工委工作，并担任校关工委副秘书长，到现在已有整整 15 年了。她在这个岗位上老有所学、老有所为、老有所乐，默默无闻、辛勤耕耘，为我校关心下一代事业作出了显著成绩。

爱岗敬业，忠于职守

她担任副秘书长以来，主动深入学院分会调查研究，了解分会的各种信息，为学校关工委工作献计献策。2022 年年末，校关工委要求各学院分会认真总结三年新冠疫情中的工作情况并提出 2023 年工作思路。大部分学院都按要求交来总结，但有几个学院一直未交，谢老师一次次耐心联系催促，一直忙到春节前夕。这为 2023 年学校关工委开展“基层组织建设年”，深入全校各学院开展调查研究提供了一手材料。谢老师就是这样凭着对工作的高度责任心，认认真真做好每一件事。

作为校关工委副秘书长，要与教育部关工委、上海市教育系统关工委联络沟通，发挥桥梁作用。在近三年中，学校关工委先后承办了教育部直属高校关工委第四协作组会议和上海市高校关工委东片协作组会议，举办了全市高校关工委网上工作交流研讨会等。谢老师总是最忙的一个，从发通知、会议的组织安排，包括人员的住宿、就餐等都亲力亲为，受到与会代表高度赞扬。

热情关心青年，敬重爱护老同志

谢老师长期在学校关工委工作，性格又比较随和，关工委老同志几乎都和她有联络，不管是节假日，还是休息日，只要给她发微信，她总是有求必应、信息必回。老同志有什么事情都愿意和她交流，遇到什么困难也会想到请她帮忙，只要她能办到，她都会热心帮助解决。她对老同志怀有一颗敬重关爱之心，哪个老同志病了，她都会电话询问或者陪校关工委领导去医院或家里探望。每次学校关工委开会或举办活动，有个别老同志不熟悉微信操作，她总是单独打电话一一落实。她的热情真诚也得到了老同志家属的信赖。

2021 年 9 月的一个休息日上午，谢老师突然接到一个陌生的电话，原来是一名分会“一号老同志”的爱人打来的，她在电话中哭诉着他爱人患了重病，情绪低落，想放弃治疗，希望学校关工委帮忙做做工作，向谢老师求助。虽然她不认识谢老师。谢老师接到电话，先安慰家属，然后立即报告校关工委常务组领导。随后校关工委常务组两位主任和谢老师一起登门慰问，并晓之以理、动之以情做他思想工作，鼓励他振作精神，配合医生积极治疗。后来，这位老同志接受建议，表示一定配合医生积极治疗，她爱人也露出了欣慰的笑容。一个素不相识的人在困难的时刻能够想到关工委、想到谢老师，这其实就是对谢老师的认可。对于网编组和校关工委常务组老同志们，即使他们因年龄和健康原因已退出关工委工作岗位，谢老师仍时常关照他们，如王德林、蔡林根、胡银亭、万腓力等，她经常对他们嘘寒问暖，向他们通报学校关工委信息等。因此，谢老师深受老同志的爱戴。

谢老师对担任学院分会兼职秘书的青年教师及担任校关工委网编组的学生助理们也是关怀备至，她有他们每个人的联系方式，她关心他们的思想、学习、工作和生活。她指导兼职秘书积极申报上海市教育系统关工委面上课题。在谢老师的关心下，有一位青年教师领衔的课题获得了二等奖。凡有兼职秘书生病，谢老师一定会第一时间用微信或电话送出学校关工委的关心和问候。

主动作为，不断创新

十几年来，谢老师和关工委老同志一起经历了关工委网站的成长全过程。从初期的 8 个栏目发展到至今的 16 个栏目 42 个子栏目，其间又克服种种困难，不断改版创新，以更好服务学生。2010 年起，又创造性地开展了网上阅读征文活动，取得了很好的效果。网站每年举办的征文活动，从与学生处、团委的沟通、发通知、收征文、组织老同志评审、统计结果到联系学生、文章上网及召开颁奖会议等工作都是由谢老师牵头负责。学校关工委网上阅读征文活动获评 2011 年上海市教育系统关工委“示范特色项目”。关工委网站 2014 年被评为同济大学先进网站，2016 年被评为上海市教育系统关工委“优秀网站”，2016 年荣获教育部关工委“基层教育关工委优秀网站”一等奖。

在新冠疫情三年期间，谢老师和网站老同志们一起坚守岗位，继续开展线上网上征文活动，还积极发现和挖掘学校老同志在疫情第一线做志愿者的信息，组织他们撰写各种体会文章。她还把老同志们在疫情期间的点滴先进事迹记录下来，撰写成文章进行报道。谢老师共整理撰写了学校 12 位关工委老同志在抗疫一线开展志愿者工作的事迹。

无私奉献，再立新功

十几年来谢老师克服自己身体患有高血压、颈椎病等基础疾病的困扰，克服母亲、爱人生病需要照顾的种种困难，全身心地投入学校关心下一代工作。她说：“我之所以能在关工委工作坚持那么多年，愿意在关工委努力工作，是关工委的老前辈们如王平、李国安、周潮海、沈枋、吴杏云等，他们默默无闻、兢兢业业的无私奉献精神教育了我、影响了我，我要学习他们的精神，在关心下一代的事业中努力作出自己应有的贡献。”

（撰稿：同济大学关工委副主任　陈立丰）

深情讲述　立德树人

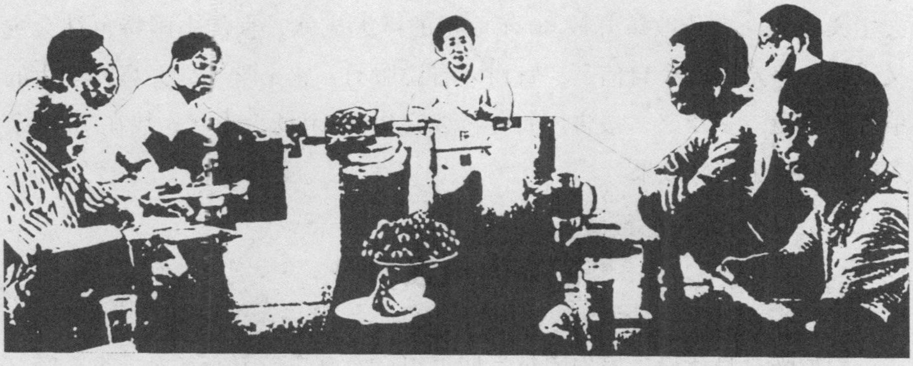

同济大学关工委报告团

2004 年 4 月 9 日，同济大学关工委报告团正式成立。学校有关领导向受聘的 12 名专家颁发了聘书。万腓力任团长，王平、吴德康任副团长。新、老交替，现有 10 名成员。其中有关工委现任领导、马克思主义课程教授、长期从事思想政治工作的干部、心理咨询专家等，他们都已退休，但自愿从事关心下一代工作。党的十九大报告提出：“青年兴则国家兴，青年强则国家强。青年一代有理想，有本领，有担当，国家就有希望，民族就有希望。”全党要关心和爱护青年，为他们实现出彩人生多搭建舞台。这就要求关工委报告团宣讲人要有坚定的理想信念，让有信仰的人讲信仰，才能教育学生、感动学生。因此，报告团成员都是经过精心挑选的老同志，都有坚定的政治信仰，都有一颗真诚为关心下一代做点事的心。只有内心充满真诚信仰，真心实意，才能理直气壮地宣传习近平新时代中国特色社会主义思想，宣传改革开放 40 年取得的巨大成就，宣传中国特色社会主义道路；坚定“四个自信”，宣讲才有说服力，感染学生，并赢得学生的信任和尊重。多年来，报告团每年都要宣讲 40 余场，受众人数在 7000 余人次，取得了较好效果。

苦练内功强自身

为加强自身建设，报告团每学期组织一次自身学习，每次一个主题，确定一名主讲人，提前准备，然后展开讨论，这样既互相交流又相互提高。报告团为每名主讲人提供范例和样本，为的是使宣讲效果更好。在开展“读懂中国”活动中，报告团根据校关工委的要求，将四个主题“历史篇”“民族篇”“国家篇”“文化篇”落实给每个成员，在主题学习会上讨论每个主题主讲的主要内容。这样，每个成员既领受了任务，又得到了主讲内容的启发，对备好课更有信心。

对马克思主义的坚定信仰，让一代代中国共产党人在鲜红党旗上写下忠贞，铸就了不朽的精神丰碑。作为报告团成员，首先自己要不断地学习，接受新事物，才能做好宣讲。

突出重点作宣讲

报告团要当好配角，宣讲应围绕党委中心工作展开。例如，2016年配合学校开展“两学一做”学习教育，报告团成员分别到学生处、海洋与地球科学学院、航空航天与力学学院，图书馆等单位宣讲。报告团强调学习习近平新时代中国特色社会主义思想、学习党章、做合格党员的重要性；强调以习近平同志为核心的党中央以“得罪千百人，不负13亿”的责任担当，力挽狂澜，坚决整治解决群众反映最强烈的腐败问题。老虎苍蝇一起打，不管是“老虎”还是“苍蝇”，无论是大腐败还是“微腐败”，都坚决惩治；反腐无禁区，全覆盖、零容忍，始终保持高压态势，一批贪官纷纷落马。讲全面从严治党，给人民群众带来获得感、幸福感、安全感。这些主题和内容都让听众很受教育和鼓舞。

抓住大事重点讲

每年的重大纪念日，都是开展宣讲教育的极好时机。如在庆祝建党95周年时，报告团李占才教授在校大礼堂为2000余名大学生作“信仰的力量”专题报告。他用激情和感人的话语，结合自身的经历为学生讲述共产主义信仰，赢得学生阵阵掌声。又如报告团与航空航天与力学学院共同举办纪念红军长征胜利80周年报告会，邀请了参加过抗美援朝的老战士、报告团的欧阳杰老师为学生宣讲，效果很好。又如，改革开放40周年时，在学生中大力宣讲改革开放取得的巨大成就，增强了大学生的“四个自信”。

主动出击讲党课

立德树人要抓重点，就是学生、党员和要求入党的积极分子。每个学期开学，报告团都会主动跟各学院的关工委“一号老同志”联系。安排时间给学生党员和要求入党的积极分子上党课，讲理想、讲信念、讲立德做人，引导学生正确认识中国特色社会主义，全面客观认识当代中国、看懂外部世界，正确认识时代责任和历史使命。他们用中国梦激扬青春梦，为学生点亮理想的灯，照亮前进的路；激励学生自觉把个人的理想追求融入国家和民族的事业中，勇做走在时代前列的奋进者、开拓者；鼓励大学生树立远大抱负，珍惜韶华，通过脚踏实地的努力实现远大抱负，让勤奋学习成为青春飞扬的动力，让增长本领成为青春搏击的能量。为上好党课，报告团还在大学生中开展“四个自信”的问卷调查，使党课更有针对性和有效性。

领导带头，成员要求

关工委常务副主任金正基是报告团成员之一，每年他都带头深入学院做报告，有请必到，如他给医学院学生讲的“大力弘扬新时代的奉献精神”，深得学生好评。报告团成员有的被评为上海市十佳教师，有的被评为同济大学第三届名课优师。报告团成员刘艺林老师还专门对土木工程学院的八名潜能学生做了四年的跟踪教育调查，给予关心指导。八名潜能学生有两位保研，一名入了党；除一名学生退学外，其他都顺利毕业。报告团成员他们有的著书立说，有的撰写论文，有的服务社会——经常到社区街道宣讲。

同济大学关工委报告团的同志都在践行用真理的力量感召人，用坚定的信仰引领人，用高尚的人格感染人，用真挚的情感打动人，他们在关心下一代的征途中发挥余热，深情叙说，立德树人。

（撰稿：同济大学关工委报告团　曾富荣）

“我只做了一些摇旗呐喊的工作！”

——记蔡林根同志在关工委工作的点滴

蔡林根

同济大学关工委原常务组成员

蔡林根同志在职时长期负责办公室工作，退休后参加学校关工委工作，是同济大学关工委委员、关工委常务班子成员，从事文稿制作、简报编辑、理论研究等工作。十多年中，他对学校关工委的工作总结、上报材料、座谈会纪要、先进事迹整理、文集编辑等工作倾注了大量心血。

句斟字酌　把好每篇文稿质量关

2000年前后，关心下一代工作委员会在社会上知晓度并不高，许多在职的或是退休的人员都不清楚这个群众组织的性质和任务，关工委老同志在工作中要不时花费时间去解释“什么是关工委”“关工委的任务是什么”等问题。蔡林根同志自参加学校关工委工作后，就加快熟悉关工委的情况，积极投身关工委的宣传工作。他努力将同济关工委工作动态及老同志的先进事迹输送给上海市的《关心下一代》或北京的《中国火炬》等期刊，如《让同济大学关工委工作充满生命力》一文及时将学校的工作经验“勤于学习—动力之源”“重心下移—夯实基础”“以点带面—层层推开”广为传播，提升了同济大学关工委的声誉。又如《关工委“后继乏人”刍议》一文梳理了当时关工委工作中普遍存在的一个问题，思考并提出相关意见和建议，以推进关工委事业的不断发展。

蔡林根同志严谨的工作作风给大家留下了深刻印象。他结合形势和上海市教育系统关工委布置的课题任务，和其他老同志们一起开展关工委工作的理论研究。作为理论组成员，他投入大量时间和精力，对收到的每篇论文都逐字修改、字斟句酌，以保证文章质量。在学校关工委举办第一次理论研讨会后，他按照常务班子决定，负责编辑出版了学校关工委理论研究文集《求索——关心下一代工作理论研讨会论文选编》。这既是对老同志们在关心下一代工作中的艰苦实践和理论探索成果的一次汇总，也为日后继续深入研究奠定了基础。

蔡林根同志在关工委工作期间，在常务班子领导下，在推动总结本校活动经验及学习兄弟院校工作经验方面做了不少切实、有效的工作。2007

年，他在学校党委办公室编印的《同济简报》上发表文章《同济大学形成“五个一”工作特色，发挥关工委在和谐校园建设中作用》，提出组建一个强有力的领导班子、形成一个校院（系）协同的工作网络、健全一个相对完善的制度体系、凝聚一支德高望重的工作队伍、搭建一批灵活多样的工作平台是当时同济关工委工作的鲜明特色。2006 年 1 月，他负责从第三次全国教育系统关工委工作会议材料中选编了 14 个兄弟院校的经验成册《他山之石——兄弟院校关工委工作经验选编》，印发给全校党政领导与广大从事关心下一代工作的同志们参阅，以不断推进学校关心下一代工作。2009 年 10 月，在学校关工委举办表彰大会后，为让这几年的工作留下几个清晰的“脚印”，他负责编印了《脚印——2005—2008 年度关心下一代工作表彰大会文件汇编》，为老同志们记录了这几年中的勤奋工作和辉煌业绩，也为继续奋进指明了方向。2011 年 4 月，全国教育系统关心下一代工作委员会成立 20 周年丛书《烛光心曲》收入他执笔的《十年求索路——舐犊情深》和由他润色的《二十年如一日关心下一代——记王平同志》共两篇文章。2013 年常务班子为保存关工委工作成果，请他负责编辑了文集《老骥伏枥　舐犊情深》。文集中“探索篇”选编了关工委老同志及在职同志参与课题研究及项目建设所撰写的文章；“心得篇”是 2008—2013 年关工委配合校（院）党校培训组织学员网上阅读撰写心得活动中选编的学生作品；“感恩篇”是从关工委配合学生工作部组织 2012 级新生“感恩”主题演讲比赛中选编的学生讲稿。还专请时任学校党委书记、关工委主任周祖翼同志为文集录诗题词：“落红不是无情物 化作春泥更护花。”蔡林根确实为宣传关工委作了很多努力。

脚踏实地下基层，全局工作心中装

按照常务班子的意见，年初拟定工作计划，年中检查落实，年底工作总结，其间还需编发工作简报，各类上报材料的制作等，这都是蔡林根的基本工作。为了更好地拟定关工委工作计划，他经常参加各种会议，了解学校的中心工作及上级单位的工作部署，再根据校关工委的实际状况在年初草拟工作计划。年中他和关工委常务班子成员一起到各学院调研计划落实情况，发现问题及时提出工作建议，努力为基层关工委开展工作提供服务。在调研过程中他不仅能够迅速掌握基层情况，还善于发现典型。有一年，基层报来一份先进材料，但写得不太理想。蔡林根和胡银亭一起凭着对两位老同志的了解，几乎重写了事迹材料。最后，这两位老同志获得上海市教育系统关工委的表彰。

工作简报是同济关工委工作的一大特色。蔡林根和胡银亭二人密切合作，把收集来的材料认真编改，制作成一份份简报，既在校内起到交流、激励作用，又起到向各级领导及时汇报关工委各个阶段的工作情况与经验的作用。有一次，一个学院的关工委分会交来一份关于关心青年教师成长的稿件，蔡林根敏感地发觉这是个很好的题材，于是他主动与分会同志一起分析、研究，后经过仔细反复修改，终于形成一篇有启发性、引导性的简报稿。由于同济简报的鲜明特色，《关心下一代》杂志的"信息平台"专栏经常摘登学校关工委简报的文稿。在学校关工委沈枋同志出席全国教育系统关工委会议和全国关工委会议时也都受到相关领导同志对学校简报工作的肯定和赞许。

蔡林根同志就是这样，在关工委工作的10多年中，勤勤恳恳、任劳任怨、全力投入，克服了家人生病需要照顾、自己也经常生病的困难，只要是需要他修改的稿子或需要他写的报告，他都会认真完成，尽心尽力发挥"笔杆子"的优势，为同济大学关心下一代工作增添了绚丽的色彩。

因为身体原因退出关工委工作后，蔡林根还是默默地关心着关工委的工作。当校关工委领导去看望他，感谢他为关工委做的工作时，他总笑着说："相比在关心工作第一线的老同志，我只是做了一些摇旗呐喊的工作，发挥了一枚细小螺丝钉的作用，实在不值一谈！"

（撰稿：同济大学关工委常务组成员　谢伟芬）

薪火相传，点亮未来

——记交通运输工程学院潘宝珍老师

潘宝珍

同济大学交通运输工程学院关工委分会原常务副主任

在学校，有这样一批老同志，他们虽已步入老年，到了可以安享晚年的人生阶段，但还不忘教育工作者的使命，关心下一代的初心不改，热情不减当年。潘宝珍就是其中一个代表。她在担任交通运输工程学院关工委分会常务副主任数年中，克服了自己和家里各种困难，把关爱无私奉献给了学生。即使在家人身患重症住院治疗的艰难时日和术后两年多恢复疗养期间，她始终坚守在关心下一代工作岗位上。

一分耕耘，一分收获。潘宝珍和学院分会及参加活动的学生获得了学校和上级部门授予的各种荣誉。潘宝珍2014年获评学校关工委工作先进个人称号；交通运输工程学院分会2015年获上海市“基层五好关工委”；分会撰写的研究论文获2017年上海市教育系统关工委颁发的优秀论文二等奖。2016年，分会在学校关工委组织的网上阅读征文活动中取得可喜成绩，多篇征文获奖，一、二、三奖均有斩获。分会还多次获优秀组织奖。

潘宝珍带领分会老同志主要开展了以下三方面工作：

（1）党建引领，铸魂育人。入党积极分子是分会重点关注的群体，学生党建是分会工作的重要抓手，重点是世界观、人生观、价值观及党性教育。潘宝珍带头上党课，对学生进行党的知识启蒙教育。分会还请学校关工委报告团的老教授为学生作报告，面对面交流，向学生讲党的历史、传统，讲党的性质和使命；还组织了龙华烈士陵园清明祭扫、中共一大会址瞻仰学习及配合学校关工委组织开展“中国梦 · 感恩情”主题征文和演讲活动；组织举办了“大学问、济天下——同济交通沙龙”等丰富多彩的活动，引导学生树立正确的世界观、人生观和价值观，提高对党的认识，端正入党动机，努力争取成为一名合格的共产党党员。

（2）用真诚关爱给予学生信心和力量。谈心谈话是潘宝珍开展工作的一种基本方式。通过谈心了解学生思想困惑，她用自己的人生经历和智慧给予解释引导；通过谈心了解学习有困难的学生，帮助他们分析原因，采取措施提供帮助。对学习有困难的学生，每周召开一次座谈会，检查措施落实、学习改进情况，有进步给予表扬，对进步不明显的，研究新的对策，效果明显。

例 1：2014 级一名女生，二年级时已挂科 20 多门，她本人和家人都已失去信心，在与潘宝珍谈话时甚至流露出轻生的念头。潘宝珍与她作多次深入交谈，鼓励她不要放弃，并打电话给她母亲，劝导她母亲不要给孩子压力。在潘宝珍等教师的监督和指导下，这位学生改变了学习态度，把周六周日都用在了学习上，也改进了学习方法。潘宝珍了解到这名学生的姐姐和姐夫都是大学毕业，通过协商，她建议学生寒暑假去姐姐家，这样能够有一个安心补习的环境，遇到困难的时候，也能及时得到帮助。经过两年多的努力，奇迹出现了。学生挂科全部补齐，顺利毕业，并在上海找到了工作。学生母亲闻讯后给潘老师打来电话，对学校、学院和潘老师表示由衷感谢。

例 2：这是一名男生，有多门功课挂科。通过谈心，潘宝珍了解到家庭矛盾的干扰，是影响他学习的主要原因。学生父亲有外遇使父母亲关系恶化，争吵不断。在潘老师指导下，学生分别做母亲和父亲的工作，动之以情，晓之以理。终于使他父母重归于好，家里也恢复了平静。学生的学习取得了明显进步，顺利毕业。

（3）传播正能量，激励学生上进。分会组织各类活动传播正能量，激励学生树立远大理想，做一个对国家，对社会，对人民有贡献的优秀人才。潘宝珍和分会老同志在学院支持下组织了不少活动：邀请有关校友作报告，介绍中国铁路建设的重大成就；宣传本院周顺华、陈小鸿等教授优秀事迹；组织学生采访知名专家孙章教授，并拍摄了微视频。活动点燃了学生的学习热情，鼓励学生激发探索精神、增强创新意识，培养学生对待困难的坚韧不拔毅力。

潘宝珍是学校从事关工委工作的“五老”中的一分子，她和分会同志所做的工作是学校工委工作的一个缩影。广大“五老”用行动证明了，热情与奉献能让年老的生命焕发出新的活力，闪发出绚丽的光芒。

（撰稿：同济大学交通运输工程学院　姚坤）

附录

附录一：同济大学关工委获先进集体奖情况

校关工委获奖情况

1. 国家级

2010 年 荣获“全国关心下一代工作先进集体”称号

2020 年 荣获“全国关心下一代工作先进集体”称号

2. 教育部

2007 年 荣获“全国教育系统关心下一代工作先进集体”称号

2011 年 荣获“全国教育系统关心下一代工作先进集体”称号

2015 年 荣获“全国教育系统关心下一代工作先进集体”称号

3. 上海市

2005 年 荣获“上海市关心下一代工作先进集体”称号

2012 年 荣获“创建基层关工委优秀组织奖”

2014 年 荣获“上海市离退休干部先进集体”称号

4. 上海市教育系统

2006 年 荣获“上海市教育系统关心下一代先进集体”称号

2007 年 荣获“上海市教育系统关心下一代工作先进集体”称号

2011 年 荣获“上海市教育系统关心下一代工作先进集体”称号

2014 年 荣获“上海市教育卫生系统离退休干部先进集体”称号

2020 年 荣获“上海市教育系统关心下一代工作先进集体”称号

学院分会与工作小组获奖情况

上海市教育系统

2007 年 文法学院分会荣获“上海市教育系统关心下一代基层先进集体”称号

2008 年 环境科学与工程学院分会荣获上海市教育系统基层“五好关工委组织”称号

2009 年 医学院分会荣获上海市教育系统基层“五好关工委组织”称号

2011 年 外国语学院分会荣获上海市教育系统基层“五好关工委组织”称号

2012 年 土木工程学院分会荣获上海市教育系统基层“五好关工委组织”称号

2013 年 汽车学院分会、机械与能源工程学院分会荣获“上海市教育系统关心下一代工作先进集体”称号

2014 年 航天航空与力学学院分会、电信学院分会荣获上海市教育系统基层“五好关工委组织”称号

2015—2016 年度 同济大学关工委党建组评为“上海市高校特邀党建组织员先进工作团队”

2016 年 经济与管理学院分会、交通运输工程学院分会荣获上海市教育系统基层“五好关工委组织”称号

2019 年 外国语学院分会荣获上海市教育系统基层“五好关工委组织”称号

2020 年 医学院分会荣获上海市教育系统基层“五好关工委组织”称号

2021 年 土木工程学院分会荣获上海市教育系统基层“五好关工委组织”称号

2022 年 电子与信息工程学院分会荣获上海市教育系统基层“五好关工委组织”称号

2023 年 建筑与城市规划学院分会荣获上海市教育系统基层“五好关工委组织”称号

同济大学

2005 年 文法学院、经济与管理学院、建筑与城市规划学院、外国语学院、环境科学与工程学院等分会荣获“同济大学关心下一代工作先进集体”称号

2005—2009 年 环境科学与工程分会、医学院分会、材料科学与工程学院分会、外国语学院分会、校关工委网编组荣获“同济大学关心下一代工作先进集体”称号

2010—2014 年 经济与管理学院、外国语、电子与信系工程、环境科学与工程、机械与工程、文法联合、医学院、航天航空与力学学院分会、校关工委网编组、党建组、报告团荣获“同济大学关心下一代工作先进集体”称号

2015—2019 年 材料科学与工程学院、建筑与城市规划学院、航天航空与力学学院、

海洋与地球科学学院、口腔医学院、医学院、土木工程学院、外国语学院分会、校关工委网编组、党建组荣获“同济大学关心下一代工作先进集体”称号

附录二：同济大学关工委先进个人获奖名单

国家级

2015 年 金正基荣获“全国关心下一代工作先进个人”称号

教育部部级

2005 年 王平、吴杏云荣获“全国教育系统关心下一代工作先进个人”称号
2007 年 沈枋荣获“全国教育系统关心下一代工作先进个人”称号
2011 年 周家伦荣获“全国教育系统关心下一代工作荣誉奖”称号
2011 年 万腓力荣获“全国教育系统关心下一代工作先进工作者”称号
2015 年 万腓力荣获“全国教育系统关心下一代工作先进个人”称号
2021 年 金正基荣获“全国教育系统关心下一代工作突出贡献者”称号
2021 年 万腓力荣获“全国教育系统关心下一代工作先进工作者”称号

上海市市级

2007 年 王平、吴杏云、吴德康荣获“上海市关心下一代工作先进个人”称号
2008 年 沈枋荣获“上海市离退休干部先进个人”称号
2021 年 陈立丰荣获“上海市关心下一代工作先进个人”称号

上海市教育系统

2006 年 王平、周朝海荣获“上海市教育系统关心下一代荣誉奖”
2007 年 周家伦、李国安、范锡洪荣获“上海市教育系统关心下一代荣誉奖”
2008 年 周潮海、李国安荣获“上海市教育系统关心下一代先进个人”称号
2008 年 万腓力、关德康、吴杏云荣获“上海市教育系统关心下一代荣誉奖”
2009 年 沈枋、万腓力、周朝海荣获“上海市教卫系统离退休干部先进个人”

2009 年 沈枋、蔡林根、胡银亭荣获“上海市教育系统关心下一代荣誉奖”

2010 年 马锦明、陈立丰、丁经纹、欧阳杰荣获“上海市教育系统关心下一代荣誉奖”

2011 年 万腓力，刘先林，胡银亭荣获“上海市教育系统关心下一代先进工作者”称号

2012 年 蒋鲁坚、唐民荣获“上海市高校优秀特邀党建组织员”称号

2014 年 欧阳杰荣获“上海市教卫系统离退休干部先进个人”称号

2014 年 周永康、杨梅芳荣获“上海高校优秀特邀党建组织员”称号

2015—2016 年度 乔建新、张洪兰荣获“上海高校优秀特邀党建组织员”称号

2017—2018 年度 刘秀兰、钱爱民荣获“上海高校优秀特邀党建组织员”称号

2019—2020 年度 乔建新、周永康荣获“上海高校优秀特邀党建组织员”称号

2021—2022 年度 乔建新、张洪兰荣获“上海高校优秀特邀党建组织员”称号

2023 年 陈忠延、张昂、陶伟忠荣获“上海市教育系统关工委先行先试先进个人”称号

同济大学校级

2005 年 王平、周朝海、李国安、蒋晓伟、范锡洪、金福安、张佩英、贾瑞天、赵其昌、鲍成立、孙龙森、邱伯驺荣获“同济大学关心下一代工作先进个人”称号

2005—2009 年 王平、周朝海、李国安、董鉴泓、赵明洲、储祥贵、李继英、陈家峥荣获“同济大学关心下一代荣誉奖”；万腓力、吴杏云、康培吉、赵其昌、贾瑞天、李斌、欧阳杰、刘先林、周彧、李忆、温秉权荣获“同济大学关心下一代工作先进个人”称号

2008 年 王平评为“2008 年感动同济十大人物”

2010—2014 年 欧阳杰、刘先林、胡银亭、耿鸿芝、王家林、刘浩荣获“同济大学关心下一代荣誉奖”；曹英多、王德林、杨梅芳、贾瑞云、潘宝玲、康民、李广君、徐筠、李尧臣、陈忠延、王怀琳、翁维嵩、高申兰荣获“同济大学关心下一代工作先进个人”称号；王小莉、王晶晶、周彧、贺贝贝、贾飞荣获“同济大学关心下一代工作先进兼职秘书”称号

2015—2019 年 丁经纹、曹英多、陈忠延、徐筠、李广君、李尧臣、欧阳杰、厉仁玉、

沈君佐、孙云平、汤建民、范灼华、朱东霞、贾瑞云荣获“同济大学关心下一代工作先进个人”称号；丁雪松、贾飞、钱偲、汪斐娅、万赟、周彧、岑昱玮、张桁嘉荣获“同济大学关心下一代工作先进兼职秘书”称号

附录三：同济大学关工委特色项目

教育部

2015 年 校关工委“构筑面向青年学生的关心下一代网络”获评教育部关工委十大品牌优秀案例之一

2016 年 校关工委网站荣获教育部关工委“基层教育关工委优秀网站”一等奖

2022 年 校关工委《“三区社会　共同育人”——同济大学关心下一代工作新模式》获评全国教育系统关工委参与社区教育十一个最佳案例之一

上海市教育系统

2008 年 校关工委网络获评上海市教育系统关工委“示范特色项目”

2009 年 校关工委“三区融合联动发展”获评上海市教育系统关工委“示范特色项目”

2011 年 校关工委“网上读书启新路”获评上海市教育系统关工委“示范特色项目”

2012 年 校关工委“探索常务组工作机制，促进关工委与时俱进”，机械与工程学院分会“协同青年教师联谊，建设青蓝工程新平台”两项目获评上海市教育系统关工委“示范特色项目”

2013 年 环境科学与工程学院分会“追寻环境精神，编写党课教材”、文法联合学院分会“参与先进实践教育基地，指导校外德育辅导”两项目获评上海市教育系统关工委“示范特色项目”

2014 年 校关工委“感恩教育从新生做起”“创办简报十二年，弘扬核心价值观”两项目获评上海市教育系统关工委“示范特色项目”

2016 年 校关工委“师生面对面，老少心交心”获评上海市教育系统关工委“示范特色项目”

2020 年 校关工委“‘三区社会　共同育人’——同济大学关心下一代工作新模式”获评上海市教育系统关心下一代工作“优秀品牌项目”

2023 年 土木工程学院分会“关学联合创建新时代‘土木之友’育人基地”、航天航空与力学学院分会“同飞蓝天”两项目获评上海市教育系统关工委先行先试优秀特色项目

同济大学

2015—2019 年 航天航空与力学学院分会“同飞蓝天”获评同济大学关工委“示范特色项目”

2015—2019 年 经济与管理学院分会“彩虹计划”获评同济大学关工委“示范特色项目”

2015—2019 年 物理科学与工程学院分会“物理实践工作站”获评同济大学关工委“示范特色项目”

2015—2019 年 医学院分会“关工委分会网络”获评同济大学关工委“示范特色项目”

2015—2019 年 政治与国际关系学院和法学院分会“校外辅导员”获评同济大学关工委“示范特色项目”

注：由于时间跨度较长，人员变动较频繁，加上我们在信息的收集，整理和存档工作中存在不足，因此附录内容难免有遗漏或不准确、不完全之处，敬请谅解并欢迎提出宝贵意见，以便日后适当时候进行增补和修订。